U0932277

“中国地方法制研究与开发研究基地”项目书系　中国地方法制研究中心书系

中国行政诉讼的法律实效研究

Zhongguo Xingzheng Susong de Falü Shixiao Yanjiu

梁　潇／著

中国政法大学出版社

2018 · 北京

图书在版编目（CIP）数据

中国行政诉讼的法律实效研究/梁潇著. —北京:中国政法大学出版社，2018.9
ISBN 978-7-5620-8556-0

Ⅰ.①中… Ⅱ.①梁… Ⅲ.①行政诉讼法－研究－中国 Ⅳ.①D925.304

中国版本图书馆 CIP 数据核字(2018)第 217204 号

出 版 者　中国政法大学出版社
地　　址　北京市海淀区西土城路 25 号
邮寄地址　北京 100088 信箱 8034 分箱　邮编 100088
网　　址　http://www.cuplpress.com（网络实名：中国政法大学出版社）
电　　话　010-58908586(编辑部) 58908334(邮购部)
编辑邮箱　zhengfadch@126.com
承　　印　固安华明印业有限公司
开　　本　720mm×960mm　1/16
印　　张　14.5
字　　数　240 千字
版　　次　2018 年 9 月第 1 版
印　　次　2018 年 9 月第 1 次印刷
定　　价　49.00 元

总　序

不少学者断言，21 世纪是公法的时代，笔者不知道这种判断是否妥帖，但讨论公法的问题在近几年的确变成了某种学术时尚，而对当代公法问题的研究显然属于其中的焦点。择主要者就有：罗豪才先生主持的“公法名著译丛”“行政法论丛”“现代行政法论著丛书”；梁治平君主持的“宪政译丛”；贺卫方教授主持的“司法文丛”；夏勇君主持的《公法》；谢晖教授主持的“公法研究”；张树义教授主持的“公法论丛”；陈兴良教授主持的“刑事法评论”等。各文丛均有所侧重，一部部重头的著作，使得中国法学的学术一时间似乎进入了“公法时代”，这一切当然令吾辈欢欣鼓舞。

众所周知，公法与私法的划分最早可以追溯到古罗马时期。古罗马法学家乌尔比安首先提出：“公法是关于罗马帝国的法律，私法是关于个人利益的法律。”查士丁尼对这一经典性的定义加以肯定：“法律学习分为两部分，即公法与私法。公法涉及罗马帝国的政体，私法涉及个人利益。”罗马法学家这种关于法的部门的划分对后世产生了极大的影响，这种划分在法律技术方面使立法变得无比清晰。作为古代世界最完善、最发达的法律体系，罗马法对后世法律制度最重要的贡献就是公法、私法分立的理念及其制度安排。按德国学者梅迪库斯在其《德国民法总论》中的说法，当今各国对整个法律材料所做的一个根本性的划分几乎无一例外地就是将法律分为公法和私法。可以说，公法与私法的区分是当今整个法律制度基本的分类，当然也是首要的分类。宪法、刑法、行政法、国际法为公法；民法，广义上包括商法、劳动法和其他民事特别法为私法。笔者以为公、私法的划分乃是人类社会文明发展的重大成果。德国著名学者基尔克断言，公法和私法的区别是现代整个法秩序的基础，日本学者美浓部达吉也认为，公法和私法的区分是现代法的基本原则。

相当长的一段时间，由于受到苏联的影响，我国法学界对划分公法、私法的问题大多持否定或回避的态度。至少在笔者读大学的那个年代，就不接受这种划分。主要原因是列宁 1922 年说过的一段话：“目前正在制定新的民法。……我们不承认任何‘私人的’东西，在我们看来，经济领域中的一切都属于公法范围，而不是什么私人的东西。”〔1〕现在看来，这种认识受到了单一的公有制和计划经济思想的影响。改革开放以来，人们的思想解放，特别是市场经济体制确立后，许多法律问题突显出来：市场经济的法律基础是什么？国家宏观调控属于什么性质的法律规范？建立社会主义市场经济法律体系究竟应以什么作为基本结构？如何规范公权力？法治政府该如何实现？法治政体又该如何架构？在此情况下，公私法之分重新被摆上了法学论坛。时至今日，公法和私法的划分传统为当今各国普遍接受并被视为立法科学中的常识。这种划分传统是立法实践的历史的产物，也是立法实践的历史的选择。

但笔者认为，当下的公法是不发达的，与我们正在进行着的宏业不相匹配。自由、平等、正义、民主、秩序、效率这些大词，不仅没有认真地解构，更没有好好地实践，我们为人类公法思想的宝库并没有做出多大的贡献。中国正在努力担负大国的责任，正在跨越“百年民族悲情”年代；而“思在历史，心在当下”正是公法学人应有的态度。为此，我校宪法与行政法学科提出“阅读经典，关注现实”的学科发展思路，并在法律出版社和中国政法大学出版社的支持下公开出版了两套丛书——“中国近代公法丛书”和“中国当代公法研究文丛”。“经典”是人类思想的结晶，是伟大思想家给人类留下的一座座思想“富矿”。牛顿把自己在科学领域的

〔1〕《列宁全集》（第 36 卷），人民出版社 1984 年版，第 587 页。

成就归于站在巨人的肩膀上，我们也可以站在前人经典之作的肩膀上，通过阅读文化经典或者经典解读，提升我们自己的人文素养。素质不是知识，是仁义礼智，是孟子的四心，即：是非之心、羞恶之心、恻隐之心、辞让之心。深入经典，学术才有宽厚坚实的基础。而关注现实，学术才有正确的指向。体悟生活，思想才能打动人心。有生命的思想是需要讨论的，思想争论是一个民族、一个国家走向成熟的标志，不管是左还是右，是新还是旧。我们欣赏也期待带有强烈中国问题意识的公法思想表达。公法思想是人类法学思想的精华，也是精神标杆，它高居于人类法学思想的金字塔尖，如果它缺失了，就是人类法学思想高度的缺失。

西南政法大学宪法与行政法学科于1992年经国务院学位委员会批准获得硕士学位授予权，属于全国较早一批设立硕士学位授予点的法学二级学科。本学科于1996年被确定为校级重点学科，2000年被重庆市确定为省部级重点学科，2004年被批准为博士学位授权点，2005年开始单独招收博士研究生，2009年开始招收博士后研究人员，是重庆市“十五”和“十一五”重点学科。学校历来重视宪法与行政法学科点的建设，在王连昌教授、贺善征教授、郑传咸教授、姚登魁教授、文正邦教授等老一辈学者的创建、经营、带动和培养下，薪火相传，生生不息。经过多年的辛勤劳作，本学科点造就了一批优秀的教学科研人才，并持续保有一支具有探索精神的学术梯队，在中国近代公法制度、行政法基础理论、行政程序法、比较行政诉讼法等领域做出了自己的贡献，形成了自己的专业特色。

目前我校宪法与行政法学科下设有两个校级研究中心：一个是“人大与宪政制度研究中心”，另一个是“中国地方法制研究中心”。

“中国地方法制研究中心”成立于1994年7月，是一个以公法制度为主要研究领域的学术机构，中心成员以西南政法大学宪法和行政法两个教研室的教师为主，并邀请了国内外部分公法学人加盟，中心首任主任是新中国行政法学创始人之一的王连昌先生。成立十多年来，中心倡导对于公法制度进行跨学科、多角度的综合研究，强调学术研究与司法实践之间的对话与互动，力求通过中心的研究成果及学术活动推动公法研究领域的学术繁荣。这套“中国当代公法研究文丛”正是展现中心研究成果及国内外公法制度研究成果的窗口。2009年3月12日，中心申报了中央与地方共建项目——“地方法制研究与开发研究基地”，并于同年9月获得批准。“中国当代公法研究文丛”的出版获得了中心及该项目的大力支持。该“公法研究文丛”是一个持续性的园地，入选作者以西南政法大学宪法与行政法学科学者为主，同时也欢迎国内外公法学界符合中心学术旨趣和成果标准的优秀成果，本文丛的宗旨和学术理念是“用真方法、解真问题、求真作品、做真学问”。

其实，生命的个体往往渺小，而思想则能直达苍穹。我们都是从原点出发去感悟着属于自己的人生。一本书，一个傍晚，一杯清茶，或窗前，或树下，随着书页唰唰翻过的声音，享受着那属于自己的流淌的生命，此为人生最为高远的快意。

唯愿此文丛于我国公法之建设，有所贡献！

是为序。

王学辉

2012年11月4日于重庆渝北回兴

目 录
CONTENTS

导 论

一、写作背景和意义

理论研究表明，实践逻辑与形式逻辑是存在很大区别的。形式逻辑分析注重分析法律文本的内在关系，追求法条之间的逻辑严密性；而实践逻辑分析更注重分析法律实践的过程，探讨法条在现实社会中与各种因素之间的复杂关系。“实践”有着与“理论”不同的独特性。其一，实践是模糊的。实践中的行为往往是随性的，而不是明确的认识和理性的计算，是难以预测的。其二，实践是总体的呈现。布迪厄说，“由于实践已经被习惯赋予了可以融入各种区别的相关性和系统性”，因此，法律实践是具有整体性的，不能根据学科和专业被人为地分裂和破坏，而应该把法律实践当成“整体性社会事实”中的一种。〔1〕其三，实践是相对独立的。实践不会完全等同于静态的理论规划，实践有时候可能不会和理论规划预计的因素完美融合，却反而会和预计之外的因素巧妙地结合。其四，实践是紧迫的。实践与几乎不受时间影响和空间限制的静态理论不同，不会建立一套普适的模式，留充足的时间让人们深入思考和分析。因为实践总是处在不断变化之中。故而，我们要把握事物的本来面目就不能满足“表达”的层面，而应把目光转向实践的过程本身，探讨和发掘其内在的、隐秘的，通常是未经表达的逻辑。这一思路对于法律探讨尤为重要。我们之所以要关注法律的实践：一方面是因为法律是人类建构的最主要的，也是最具有普适意义的规则体系，其在实践中究竟如何运作关涉到每一个社会成员的切身利益；另一方面，理论的逻辑与实践发生混淆的常见领域是法律领域，特别是在目前我国处在法律移植的高峰期，直面法

〔1〕［法］皮埃尔·布迪厄、［美］华康德：《实践与反思——反思社会学导引》，李猛、李康译，中央编译出版社1998年版，第24页。

律的实践过程，找出其内在的深层逻辑，对于反思我们的法治建设具有非常重要的现实意义。

《中华人民共和国行政诉讼法》（以下简称《行政诉讼法》）虽然只是一部部门法律，但它却承载着中国的法治梦想，其实施状况自然也应该成为一个倍受关注的问题。那么，《行政诉讼法》自1989年颁布以来是否充分地发挥了功能并担负起了这个重任？要想客观地回答这个问题，必须首先对《行政诉讼法》的实施现状进行考察。通过对收集资料的考察和案例的分析，笔者发现我国《行政诉讼法》的实际执行情况和国家颁布现行行政法律规定的目的之间存在着偏差，行政诉讼制度的运作状况离我们对之寄予的厚望还存在差距，行政诉讼的实际运作情况并没有完全符合国家颁布的现行法律法规的规定。有学者认为我国的行政法律制度运作已经出现了“困顿”状态，[1]法律的规定和司法的实践是不一样的。那么，为什么会出现这样的情况？任何一部法律都是社会中各种取向和诉求碰撞而最后形成的一种博弈结果，那么，行政诉讼在实际运行的过程中到底受到了哪些因素的影响和制约？面对中国《行政诉讼法》的运行现状，诉讼的实际参与各方（法官、行政机关、行政相对人、律师）有什么样的评价和意愿？在实践中他们倾向于怎样操作，有什么样的想法和感受？行政诉讼在经过各种现实的洗礼和交集之后，能达成什么样的共识，最终会朝向什么样的方向发展？行政诉讼怎样才能回应社会的各种诉求，怎样才能适应现实社会？西方国家的经验是否完全适用于中国？中国行政诉讼运行的现状能不能用西方的法治理论来解释？行政诉讼的运行现状是否还有改进和完善的空间？如果有，应该如何改进和完善？这些问题都很现实地摆在我们面前，需要引起我们对这方面问题的重视和思考。在法学理论上，这些问题被统称为法律实效。法律实效分析是法律实践逻辑研究的重要内容，研究法律，不但应该研究静态的法律条文，更应该研究动态的法律运作过程和状态。只有从法律实效的角度分析研究法律，才能让我们跳出法律制度框架的藩篱，在更宽的空间和时间视野下去考察法律，更深入地理解法律。如何能够客观地反映法律实效，如何提升法律实效，让已经制定的法律变为行动中的法律，是各国学者长久以来探求的问题之一。

事实上，在法理学界，关于法律实效的问题早已成为关注的重点。自从

---

〔1〕 何海波：“困顿的行政诉讼”，载《华东政法大学学报》2012年第2期。

美籍奥地利法学家、纯粹法学派创始人凯尔森19世纪末20世纪初在其著作《国家与法的一般理论》一书中提出了法律效力和法律实效的关系理论以来，法律实效作为一个重大的理论命题和实践课题，在西方学术界引起了广泛的关注与重视。无论是分析实证主义法学派还是现实主义法学派，都从不同方面对这个问题进行了探索，特别是法社会学派，更是将法律实效问题作为其研究领域的重点问题。

总的来说，研究行政诉讼法律实效至少有如下三个方面的意义：

（1）研究行政法律实效可以更好地了解和把握行政诉讼实施的状况。关注法律实效的目的不仅仅是为了强调法律的实施，而是为了有的放矢地根据法律的现实运作情况对现有法律制度进行调整、修正，并最终让法律制度得以完善。国学大师瞿同祖曾说过："虽然说研究法律不能离开对条文的分析，因为这是研究法律的根据。但是如果仅仅局限于对条文的研究是远远不够的，还必须对法律的实效问题进行研究。因为，实践中，可能条文的规定是一回事，法律的实施又是另一回事，甚至，有些法律还可能得不到执行，形同空文。法律条文与社会现实之间总是存在这样或那样的差异。因此，我们有必要了解和把握法律在社会上运行的真实情况，是否被实施，是否有效，会对人们的生活产生怎样的影响等。"[1]可见，法律的制定和法律的执行是两回事。立法目的能够在多大程度上予以实现，现实的运行是否都能达到预期的目标，必须要通过实践的检验。霍姆斯在其著作《普通法》一书中开门见山地说："法律的生命不在于逻辑，而在于经验。"尽管法律的实践过程跟其他事物一样，其产生和发展都具有一定的因果关系，但是绝不是如公式推理一样机械地呈现出来。当下，我国的法律制度已经日趋健全，2011年全国人大常委会委员长吴邦国曾说：我们已经基本建立了比较完善的社会主义法律体系。因此，从实践逻辑出发把法学研究的重点从立法转向法律的执行是很有必要和意义的。

（2）研究行政诉讼法律实效可以更好地揭示影响行政诉讼实施现状的原因。"法律作为一种社会制度和社会规范，是社会的产物，与社会的关系非常密切。法律既是某一社会、某一时期的社会结构的反映和体现，也能够维护现有的伦理、道德以及制度等价值观念。分析法学派忽略其他社会关系，把

〔1〕 瞿同祖：《中国法律与中国社会》（第2版），中华书局2003年版，第2页。

法律看作一种孤立存在是存在缺陷的。无论在哪个社会，法律制定的目的都是为了保障社会的制度和秩序。因此，只有在深刻理解法律产生的社会背景的前提下，才能真正把握这些法律的价值和作用。”[1]法律，作为社会子系统之一与整个社会系统之间是统一对立、相互影响的。那么，到底是哪些因素具体影响了法律的实施？法律实施的现状为什么会呈现某种状态？对这些问题的研究，在法理学上就是对影响法律实效因素的研究。新中国成立以来，虽然经过了几十年轰轰烈烈的立法，法律制度已经比较完备，但是法律执行的效果还差强人意，公民对法律治理的认可度仍然较低，行政法治的理想与现实还存在差距，故而在中国这样一个以成文法为主要法律渊源的国度，法律实效自然就成了较为突出的问题。

（3）研究行政诉讼法律实效能够促进行政诉讼法律制度和法律体系的调整和完善。通过研究法律实效，我们可以发现法律在现实中到底有没有被施行和适用，究竟有没有完成立法宗旨和预期目标，是哪些原因或者因素导致了这样的结果。并在此基础上进一步探究，怎样回避和克服影响法律实施的消极因素，怎样利用和配置影响法律实施的积极因素，从而改善法律实施的环境，让法律功能得以更好地发挥，立法目标得以更好地完成，法律制度得以良性地发展。而对这个问题的研究，实质上就是对提升和改善法律实效途径的研究。

总之，从实践的逻辑出发，考察中国行政诉讼的法律实效，分析行政法治理想与现实运作之间的关系和差异，从“本土”和“中国特色”的角度看待和理解中国行政诉讼的现状，并尝试在遵循法律自身发展规律的基础上改善行政诉讼的法律实效，逐步完成行政法治的历史目标和使命，将是学界长期面临的课题之一。但目前国内这方面的研究还很缺乏，除了几篇学术论文之外，还没有一本关于法律实效的专著，系统研究行政诉讼法律实效的成果更是鲜见。这可能是因为对法律实效的研究不仅仅要研究法律本身，更要研究其实际运作；不但是一个理论问题，更是经验问题。尽管如此，已有的研究成果仍然为我们提供了宝贵的素材和有效的研究模式。

二、研究现状

考察中国行政诉讼法律实效，就要关注现行《行政诉讼法》实施的实证

---

[1] 瞿同祖：《中国法律与中国社会》（第2版），中华书局2003年版，第1页。

研究成果。就目前收集的资料来看，大抵可以归为三类：第一，对中国各级法院已经公布的行政审判资料和统计数据进行整理收集，以此分析行政诉讼当前的适用情况，对行政审判的案件受理、和解撤诉、结案情况进行分析研究。比如我国年轻学者何海波在论文“行政诉讼撤诉考”[1]以及“行政诉讼受案范围：一页司法权的实践史（1990-2000）”[2]中对行政诉讼撤诉状况和受案范围的考察和分析；山东省高级人民法院行政审判庭在《行政法学研究》2002年第4期上发表的“2001年山东省行政机关败诉情况的调查报告”；张志勇在《行政法学研究》1995年第4期上发表的“试析我国行政诉讼的现状及对策”；高树德、王光辉发表的“河南省《行政诉讼法》实施状况和发展调查报告”；[3]费丽芳在《浙江社会科学》2005年第3期上发表的“我国行政审判现状管窥——以湖州市两级法院十五年行政诉讼案件调查为例”；贺欣在《法学家》2012年第5期上发表的“法院推动的司法创新实践及其意涵——以T市中级人民法院的行政诉讼为例”；朱春华2013年发表在《清华法学》第4期上的“行政诉讼二审审判状况研究——基于对8家法院3980份裁判文书的统计分析”；黄启辉在《清华法学》2013年第4期上发表的“行政诉讼一审审判状况研究——基于对40家法院2767份裁判文书的统计分析”等。第二，学者通过田野调查、设计问卷、调研访谈等方式收集资料勾勒出行政诉讼实际运用的情况。如北京大学教授龚祥瑞老先生于1993年主编的《法治的理想与现实》，该书用调查和统计的方法对1989年《中华人民共和国行政诉讼法》（以下简称《行政诉讼法》）颁布到1993年间《行政诉讼法》的实施状况进行了描述和分析；方宁在对苏北某法院1995年至1999年之间200多件案件的撤诉及判决种类进行数据统计和对江苏省多个地方进行了关于行政诉讼实施状况的问卷调查与实地访谈后在《东吴法学》上2001年发表的题为“理性的呼唤：中国《行政诉讼法》实施现状调查报告”的调研报告；程金华在《中国社会科学》2009年第6期上发表的“中国行政纠纷解决的制度选择——以公民需求为视角”；应松年、薛刚凌在中国法制出版社2003年出版的《诉讼

[1] 何海波：“行政诉讼撤诉考”，载《中外法学》2001年第2期。

[2] 何海波：“行政诉讼受案范围：一页司法权的实践史（1990-2000）”，载《北大法律评论》2001年第2期。

[3] 高树德、王光辉：“河南省《行政诉讼法》实施状况和发展调查报告”，载应松年、袁曙宏主编：《走向法治政府：依法行政理论研究和实证调查》，法律出版社2001年版，第555~584页。

法学研究》第4、5卷发表的“中国行政审判制度改革调查报告”；汪庆华、应星等学者从社会学的角度通过访谈、对案卷材料的分析等对《行政诉讼法》实施现状进行研究和考察，得出了许多独到的见解和结论；[1]以及2014年出版的由武汉大学法学院教授林莉红主持的中荷合作项目“中国行政诉讼制度改革的理论与实践”，该项目运用调查问卷、访谈、统计等方法对中国《行政诉讼法》的现状做了比较全面和准确的描述，如此大规模的调查是迄今为止中外学者都没有做过的，里面包括大量有意义的实证研究和颇具价值的资料数据。这些成果最后集大成于林教授主编的《行政法治的理想与现实——〈行政诉讼法〉实施状况实证研究报告》一书中，该项目的研究成果堪称一个富矿，值得每一个学者去细细阅读和用心挖掘。第三，学者们对收集的行政审判案例进行考察，分析行政审判的现状和未来的发展。如孙林生、邢淑艳在《行政法学研究》1996年第3期发表的“行政诉讼以撤诉方式结案为什么居高不下——对365件撤诉行政案件的调查分析”；徐晨、余翠兰通过对武汉市洪山区人民法院典型案例与统计数据的收集，梳理了该区法院从1987年到2009年间行政诉讼的运用和行政审判的发展；[2]林莉红教授在《河南财经政法大学学报》2013年第2期发表的“中国行政诉讼的历史、现状与展望”等。

通过对收集数据和案例的分析，我们会发现我国《行政诉讼法》的实际运作情况和国家颁布的现行行政法律法规之间是存在偏差的，行政诉讼法律实效还不够理想。比如行政诉讼的高撤诉率问题，通过对历年行政诉讼撤诉案件的统计，近年来行政诉讼中撤诉结案的比例竟然高达40%到60%之间，[3]徐军、江厚良在《法律适用》2012年第2期上发表的“透视撤诉率行政诉讼中实践与表达的背离——以法院法官的行动选择为视角”等论文也印证了行政诉讼的实际撤诉率和《行政诉讼法》的规定是有偏差的；而对变更判决的运用，尽管1989年《行政诉讼法》第54条对此有明确规定，却几乎名存实亡。[4]章剑生教授在其论文中对最高人民法院1985年到2008年公布的典

---

〔1〕 汪庆华、应星编：《中国基层行政争议解决机制的经验研究》，上海三联书店2010年版；汪庆华：《政治中的司法：中国行政诉讼的法律社会学考察》，清华大学出版社2011年版。

〔2〕 徐晨、余翠兰：《武汉市洪山区法院行政审判实务研究1987-2009》，中国社会科学出版社2010年版。

〔3〕 何海波：“困顿的行政诉讼”，载《华东政法大学学报》2012年第2期。

〔4〕 梁潇：“试论‘协同行政诉讼模式’在我国的建立”，载《河北法学》2013年第8期。

型案例进行分析，指出："最高人民法院公报上公布的有关违反法定程序的典型案件中，判决理由及判决主文与《行政诉讼法》的规定和学理解释之间存在着较大的差异。"[1]事实上通过笔者对案例的考察和收集发现，现实中行政诉讼运作现状和《行政诉讼法》规定不一致的地方还远远不止这些：比如对"课以义务"判决的执行，根据1989年《行政诉讼法》，原告可以请求人民法院针对行政机关没有正当理由拒绝作出或者停止作出行政行为的情形，作出履行具体、特定行政行为的课以义务判决。课以具体义务诉讼针对的行政行为不仅仅是行政主体的"法定职责"，还包括行政承诺、行政合同、行政先行行为所导致的行政义务等。课以义务诉讼比其他诉讼类型赋予了法官更大的裁量权。[2]但是行政判决的种类规定和行政判决的能力是两回事。尽管1989年《行政诉讼法》第96条规定，对于行政机关拒不履行法院判决、裁定、调解书的情形，一审人民法院有权采取通知银行划拨以抵消款额；对行政机关负责人予以罚款；对行政机关拒绝履行的情形予以公告；提出司法建议；对负责人拘留甚至追究刑事责任的手段。但由于在我国司法权并没有凌驾于行政权之上的权利，既不能对行政裁量权事项作出判断，也不能依法强制执行，所以即便法官作出了课以义务的判决，行政机关也可能阳奉阴违。在笔者对西南某省份C高院法官进行访谈时，该院行政庭的W法官也特别提出了这点，并表达了对这个问题的无奈。再比如行政协议的现实处理问题。按照行政法学理论，行政协议与民法合同和商法合同不同，行政机关在行政协议中是享有"行政优益权"的，而这个"行政优益权"又是基于行政机关的公权力。所以，至少由于行政机关行使"行政优益权"而单方面解除、变更合同引起的行政争议是应该由行政庭受理的。作为大陆法系代表的德国与法国，行政协议也属于行政诉讼的受案范围，行政法院可以解决由行政协议引起的行政争议。对于行政协议可以提起行政诉讼，是没有太大疑义的，[3]2015年修改的《行政诉讼法》也将行政协议纳入受案范围。但是行政审判的现状却

---

〔1〕 章剑生："对违反法定程序的司法审查：以最高人民法院公布的典型案例（1985-2008）为例"，载《法学研究》2009年第2期。

〔2〕 江必新、梁凤云：《行政诉讼法的理论与实务》（下卷），北京大学出版社2009年版，第1180~1181页。

〔3〕 江必新、梁凤云：《行政诉讼法的理论与实务》（上卷），北京大学出版社2009年版，第224页。

是行政审判庭对某些行政协议避之不及，千方百计找理由将因为行政协议引起的争议推向民事法庭，或者虽然由行政审判庭受理，但是最终裁判理由却仅仅适用了民事法律法规而回避行政法律法规等。行政诉讼从西方移植到中国之后，发生了各种各样的变异，有学者认为我国的行政法运作已经呈现了“困顿”状态。[1]对此现象，许多学者都从不同的角度做了解释和说明。学者杨海坤、朱中一发表于《行政法学研究》1999 年第 4 期的文章“我国行政诉讼制度步履维艰的原因探析——从剖析传统法律文化的消极影响入手”，从法律文化的角度分析了行政诉讼制度运作现状的原因，认为中国的行政诉讼制度主要是对西方行政诉讼法律制度的移植和改造，但是我国传统文化中并不具备现代西方行政诉讼制度生存的条件。一味地移植西方现代法律制度，而又不在中国培育西方的经典法律文化，注定行政诉讼制度会举步维艰。学者李瑜青、邓玮从法社会学的角度分析了行政诉讼运作现状的原因，认为对行政法学的研究不能只停留在制度的层面，还应该关注在制度下生存并且具体运用这种制度的主体，去研究这些主体是如何在情、理、法的背景下运作现有法律制度的。[2]学者应星、徐胤通过对华北 T 市和 L 市基层法院行政庭的个案对比研究，思考中国行政诉讼的立案问题，认为虽然我国的法律规定是否立案应该由立案庭来审查决定，但实际上行政诉讼案件都是由行政庭决定，而行政庭除了依据《行政诉讼法》及相关法律法规的规定标准立案之外，还会考虑案件的处理难度、强度、社会关注度等，并以此决定是否立案。应星、徐胤在文章中把这种现象称为“立案政治学”。[3]学者汪庆华的《政治中的司法：中国行政诉讼的法律社会学考察》一书，从中国行政诉讼的司法传统、行政争议各种解决方式的选择和原因、群体性案件中的行政诉讼如何解决、“土律师”周广立的行政诉讼经历和他在这些经历中的感受四个方面描述了我国行政诉讼实践现状，并提出我国的行政诉讼呈现出“多中心主义司法”等特征。[4]学者们的这些研究在对学术界产生影响的同时，

---

[1] 何海波：“困顿的行政诉讼”，载《华东政法大学学报》2012 年第 2 期。

[2] 李瑜青、邓玮：“司法实践中平衡术的动力与行动逻辑——对行政诉讼从法社会学视角所作的一种研究”，载《政治与法律》2008 年第 6 期。

[3] 应星、徐胤：“‘立案政治学’与行政诉讼率的徘徊——华北两市基层法院的对比研究”，载《政法论坛》2009 年第 6 期。

[4] 汪庆华：《政治中的司法：中国行政诉讼的法律社会学考察》，清华大学出版社 2011 年版，第 23 页。

或多或少地引起了政府和社会对行政诉讼制度的关注，也为笔者的写作打开了思路。

三、研究方法

为了能较为准确地了解行政诉讼参与人的真实感受和见解，笔者以中国西南J区法院为考察对象，于2013年前后在该法院行政法庭考察和收集资料。笔者采用了问卷调查和回访两种方式，对J区（当时还为县级）法院从1987年正式成立行政庭受理行政诉讼案件起到2012年为止，25年来受理的行政诉讼案件（特别是撤诉案件）进行了全面梳理。对每件案件查阅并准确登记造册后，笔者针对原案诉讼参与人（包括原告、涉诉行政机关的承办人、代理律师三者）发放了1500份调查问卷，其中公务员600份、原告600份、律师300份，共收到有效问卷781份，其中原告195份，行政机关承办人381份，律师166份。J区地处祖国西南，面积3200平方公里，人口150万。从1987年行政庭成立时只管辖95个乡镇的J县，发展为如今管辖27个镇街、4个工业园的J区，实现了从一个农业大县发展成为一个工业大区的跨越，可以说是中国基层发展模式的一个缩影。同时J区法院在审理行政诉讼案件中，顺应时势改进方式方法，也可以说是全国基层法院的一个缩影，具有一定的典型性和代表性。在写作中，由于笔者一个人力量有限，本书也充分利用现有的期刊、著作、法院报告和调研文章中的统计数字、二手材料、个人访谈等（特别是武汉大学林莉红教授主持的中荷合作项目“中国行政诉讼制度改革的理论与实践”中的大量数据和材料），利用社会学里的现象学研究方法和内容分析法展示当前中国行政诉讼的现状，分析行政诉讼制度面临的困境。除了上述学术著作和调研报告，最高人民法院编撰的大量行政审判案例也为笔者的写作提供了素材和案例。比如由北京市高级人民法院行政审判庭编辑，吴在存主编的系列丛书《行政诉讼案例研究》；2010年最高人民法院中国应用法学研究所编的，由中国法制出版社出版的《人民法院案例（1992-1999年合订本）行政卷》（上）稀缺本；人民法院出版社出版发行的一系列《人民法院案例选·行政卷》以及最高人民法院行政庭主编的若干期《中国行政审判案例》等都是了解和分析行政诉讼具体案例的有效资源。

本书在写作过程中主要采用了法社会学的方法从社会学、经济学和心理学三个不同视角对中国行政诉讼的法律实效进行综合考察和分析。[1]第一，抽样调查法。抽样调查法是法社会学里面的定量研究。①抽样调查法的研究程序可以划分为准备、实施、分析和总结四个阶段。准备阶段是对抽样调查进行总体研究设计；实施阶段主要是根据调查计划拟定抽样方案抽取样本、实施调查；分析阶段是对调查所收集的数据资料分析和研究；总结阶段是对前面的结论撰写调查报告。②抽样调查方法虽然可以运用观察、访谈、座谈会等方法，但是最主要还是使用问卷来收集数据。③抽样调查方法遵循假设—演绎的逻辑，在调查者确定了研究课题和研究目的之后，根据自身的理论储备、文献回顾等形成明确的研究问题，使调查有确切的内容指向。抽样调查法对于研究问题错综复杂，就需要挖掘经验现象深层次含义的研究而言，可能并不适合，但是可以帮助笔者了解基本状况和总体趋势，多数人群的行为、态度和意见。第二，现象学方法。现象学方法属于法社会学里面的定性研究。现象学理论认为，社会规则本身及其意义是在相互交往的过程之中产生的。法律的实施过程同时也是法官、律师、当事人等主体在彼此的互动中对法律内容的理解和协商过程，这个交互的过程又会产生许多非正式的社会规则，而这些非正式的社会规则才是法学理论中所谓的“正式规则”的真正意义和价值体现。[2]①现象学方法要求研究者应该暂时抛开对研究事物或者事件的偏见与前见，从深入研究行动者有意识的社会互动开始，而不是首先搜寻相关的理论文献获得对研究对象的某种预测或者假设。②现象学方法寻求对经验现象本质的描述。研究者既要通过理解行动者的主观意义，重构社会情境及过程，又要探寻研究现象本质的方法，从体验中探寻行动者所赋予现象的普遍性意义或具有普适性的意义结构。在这一研究过程中，现象学的研究方法并不排斥对已有理论和研究成果的使用。第三，内容分析法。内容分析法

---

〔1〕 法社会学和社会学法学是不同的。法社会学是社会学的分支学科，属于社会学的研究领域，社会学法学是法学诸多理论学派流派中的一种，属于法学研究领域；法社会学的创立者是奥地利法学家埃利希，社会学法学的创立者是美国法学家罗斯科·庞德；法社会学强调运用“实证分析”的方法，主张从经验事实中探求法律运行的规律，社会学法学更多采用“规范分析”的方法，从理论预设出发，通过严谨的逻辑演绎和论证得出结论；法社会学主张的是“实然”，着重的是客观描述与解释事实，社会学法学主张的是“应然”，结论往往是“应当如何如何”“怎样做才是正确的”。但是两者都强调要用社会学的观点和方法研究法律现象，重视法律的实行、功能和成效。

〔2〕［英］罗杰·科特威尔：《法律社会学导论》，潘大松等译，华夏出版社 1989 年版，第 171 页。

属于法社会学里面的定性—定量研究方法。①内容分析法以文本为研究对象，是一种非接触性、非直观反应性研究。即采取内容分析法的研究者通常不会亲自去调查和访问获得文本资料，而是全部使用现成的二手资料，其范围包括报刊文章、访谈记录、学术著作、调研报告等书面文本以及以图像、声音等形式出现的信息载体。②内容分析法能够对大规模的文本进行研究，有时候会利用统计的方法来分析。③内容分析方法透过文本表面内容为一些具体的研究问题提供答案。

四、本书的主要观点和创新

法律作为社会治理的一种方式，其主要功能之一就是建立和维护社会的秩序。正如美国知名学者约翰·麦·赞恩所言："法律无非是指导人们在其所存在的社会环境和结构中彼此联系并让行为转化为现实的一系列规则中的有机组成部分。"〔1〕法律作为一套规范体系，法学家和法律工作者总是站在法律体系的内部去关注法律内在的有效性，去研究怎样使法律更完美。但是当前，中国法治建设面临的主要问题不再仅仅是立法的问题，而是很多法律在实践中的实际效果并不理想。我国制度层面的法律已经越来越完善，很多从法律知识的角度看似制定得合理的"框架结构"却被司法实践部门抱怨脱离实际，但立法部门又常常对此无暇顾及。〔2〕面对这样一种困境，笔者希望能从法律的外在视角出发，探讨法律的实践逻辑，承认法律运行的现实，关注法律运行中的主体，并对这些问题作出解释。

本书尝试通过实证分析和逻辑论证，考察行政诉讼的法律实效，分析影响行政诉讼法律实效的各个因素，并进一步探求改善行政诉讼法律实效的可行路径。整本书除导论外共有六个章节。

本书第一章是关于行政诉讼法律实效的一般理论，主要是从法律实效与法律效力、法律实现这两个相关概念的辨析入手，讨论行政诉讼法律实效的概念、考察方法、影响因素。笔者认为：首先，中国行政诉讼的法律实效就是要考察和研究行政诉讼的实际运行状态主要是受什么因素影响形成的。在

〔1〕［美］约翰·麦·赞恩：《法律的故事》，刘昕、胡凝译，江苏人民出版社1998年版，第2页。

〔2〕苏力："20世纪中国的现代化和法治"，载《法学研究》1998年第1期。

行政诉讼过程中有没有彻底化解行政争议？行政争议的解决是通过什么途径最终解决的，是通过法院主持的司法途径推进和化解的，还是依靠其他的途径？人民法院审理行政争议的过程怎么样，顺利与否，是能正确、及时地审理行政案件，还是困难重重？人民法院审理行政争议的实际效果是什么？行政诉讼法能不能有效维护和保障公民、法人和其他组织的合法权益？行政机关能不能通过行政诉讼规范自己的行政行为？其次，根据行政诉讼法律实效的关注对象，笔者从心理学、社会学、经济学三个角度对行政诉讼法律实效进行考察和分析，这三个角度在考察过程中相互贯穿，共同解释了行政诉讼的法律实效。最后，参照影响法律实效的主要因素，笔者认为影响中国行政诉讼法律实效的主要因素有以下四方面：一是制度因素。行政诉讼制度因素主要是要考察和分析行政诉讼法是否能够反映我国权力结构的客观性和社会发展的规律，是否可以反映绝大多数法律关系主体的需要以及行政诉讼法是否具有可操作性，即对行政诉讼立法技术的考量。二是权力结构因素。司法机构是国家权力机构的一种，司法在本质上仍然是属于国家权力结构的一种表现形式。《行政诉讼法》是保护公民、法人、其他组织的合法权益，规范和监督行政权的合法行使的权力平衡工具，行政诉讼的存在和司法实践表达了一国权力结构的平常图式。研究权力结构因素，主要是从国家权力关系的维度探究我国行政诉讼的独立地位、审查深度、司法权威的广度和深度，以此更好地了解行政诉讼的现实运行状态和结果。三是行为主体因素，指人们的法律意识和法治观念。通过考察和分析不同行为主体对法律行政诉讼的理解、运用的动机和目的及对该法发展的愿景，可以挖掘行政诉讼法律实效背后的原因。四是实施环境因素。只有充分理解行政诉讼法律实效的外在实施环境，才能理解一国行政诉讼的运行现状，才能进一步探索现实中的行政争议是否真正按照行政裁判得到了解决。研究行政诉讼法实施的环境因素，主要考察和分析是哪些力量支撑行政审判对行政争议的解决；如果行政裁判没能有效化解行政争议，那么司法将以何种方式面对和影响争议的最终解决。就行政诉讼的法律实效进行考察，对行政争议解决的过程展开实证研究必须对上述问题作出回应和解答。

本书的第二章、第三章、第五章的主要内容和创新不在于如规范法学那样只注重对制度的精细化研究，也不仅仅满足于通过对行政诉讼法律实效的考察描述和了解行政诉讼实施的现状，而是尝试通过法律实效的表现形式找到影响法律实效背后的因素，并进一步提出富有解释力的法学理论。为了达到这一效果，笔者站在行政诉讼制度之外，着重探寻行政诉讼制度和规范之上具有影响力的因素，并努力将其概念化。正是这些在法律规则和条文背后制约法律的因素，才让法律能够作为一门真正的科学而具有研究价值，而这些制约因素都与特定国家的社会环境、国家权力、政治结构、经济发展和文化传统紧密联系。让立法者改变和消灭这些制约法律发展的因素是不可能的，但是如果法学工作者和研究人员能够将这些制约因素揭示出来，并找到因素与因素之间以及因素与法律制度之间的联系，那么就为找到法律发展的规律，为立法者制定更加合理的法律规范奠定了理论和实践的基础。在本部分笔者通过具体案例和具体数据描绘出中国行政诉讼的法律实效，然后再具体分析导致此现状的原因，并对这个问题展开论述和初步探究。近代以来的审判制度被普遍认为是规范性的、建立在经验和逻辑之上、有着严谨精致结构的规范体系，是每一个具体判决内容的决定基准。但在司法实践中，法律规范的制度体系和规则内容并不是决定纠纷解决结果的唯一因素，诉讼参与各方的力量对比以及司法根植的背景和环境，都会影响法官对案件的判断并成为决定裁判结果的关键性因素。那么，这些因素各自在何种程度上、以何种状态存在？哪些原因决定了两者的混合程度及方式？现实中法官的判决是否真正只是依据法律规范作出的？如果法律规范以外的因素也起了作用，那么这些因素是在何种条件下、以何种方式影响了法官的判决形成？同时，现实中的纠纷是否真正按判决得到了解决？如果没有，审判又是以何种方式影响纠纷最终解决的？通过研究法律制度和法律程序以及其运作的环境，解释在当下司法环境中发挥作用的各种与行政审判相关的“行为”，分析产生这些“行为”的制度、权力和环境因素，可以加深我们对行政诉讼的理解。这是本部分讨论的问题。在具体分析原因时笔者并不过多着墨于对具体法律法条利弊的分析，而是试着站在行政诉讼之外，从社会学的角度分析这一问题。当然，笔者也并不是一概地否认法律规范和法律原则，而是强调影响法律实效的各种因素在行政诉讼中所发挥的重要作用。通过考察行政诉讼的法律实效，笔者认为有三个主要因素影响了行政诉讼的适用和行政审判实践，这三个因素同时也构成了目前中国行政诉讼的三个主要特征：第一，中国行政诉讼法律本身的明确性、合理性和可操作性程度影响了行政诉讼的司法实践。行政诉讼立法目的中规定的保护相对人合法权益，在实践中已经完全被“彻底解决行政争议”的目的所掩盖，而“彻底解决行政争议”的立法目的在实践中并不是纠结于个案纠纷的彻底解决，而是立足于追求整个社会的司法效果和社会效果的统一，是对现实中多种利益的平衡。在行政审判的具体过程中法官追求的目标复杂并且多元，法官不仅仅会考虑法律法规本身，还会考虑案件裁决之后可能造成的社会效果，如民众的可接受程度，行政行为实现的公共利益以及社会的稳定性等。中国行政审判的权威性和公信力也在司法对各种效果的叠加追求中逐渐削弱。第二，中国的行政诉讼是囿于权力结构中的诉讼，权力因素是影响行政诉讼司法实践的关键因素。中国的法院既是一个中立的司法机构，又是一个政府机构，党委、地方政府、法院之间有千丝万缕的联系，法院自身既受控于体制，又得益于体制。行政诉讼嵌入在整个国家权力结构之中，行政审判的裁判结果同地方政府政绩息息相关，审判结果在追求司法正义的同时，还要符合党的大政方针和适应地方政府的总体规划以满足法院自身利益的最大化。第三，中国的行政诉讼受司法实施环境的影响，不能充分发挥司法的独立性，对行政争议的解决实质上是以行政诉讼为中介的柔性解决。中国的行政诉讼深深地嵌入在权力结构的漩涡之中，要单靠“非黑即白”的行政裁判完全解决行政争议是行政审判不可承受之重。法院在行政诉讼中扮演的不仅仅是裁判中立者的角色，也是各方面利益的协调者，法院小心翼翼地通过一系列“变通”的方法，以提建议、和解、向党委求助等多种方式化解行政审判中的难题，以期维护法院的权威和司法的公正。

除了从制度、权力和实施环境三个因素考察和研究中国行政诉讼的法律实效之外，笔者在本书第四章主要探讨影响行政诉讼法律实效的主体因素，尝试从法官、律师、行政相对人、行政机关的角度考察和分析行政诉讼参与各方对行政诉讼的理解、适用、看法和建议。通过田野调查和群众访谈等从行政诉讼参与各方的视角分析研究行政诉讼的运作状况，关注行政诉讼中“人”的真实感受。在这一部分笔者大量借用了现有调研报告和学术著作中的材料和数据。比如人民法院出版社 2006 年出版的《法官的逻辑和经验——行政诉讼十大问题研究》一书就从法官的角度以具体案例为例子对行政确认、行政处罚、行政赔偿、行政强制措施案件、行政诉讼中证据的适用和法律适用、行政诉讼期限和执行、行政诉讼裁判文书等几个方面探讨和论述了法官在处理这些行政诉讼热点问题时的观点；〔1〕法官徐军、江厚良以法院法官的行动选择为视角，通过行政诉讼撤诉率探析行政诉讼中实践与表达背离的原因；〔2〕林莉红、宋国涛通过对行政诉讼实施状况的调查研究反映中国行政审判庭法官对行政诉讼及其运作的认知和看法；〔3〕顾大松在《行政法学研究》2013年第3期发表的"行政诉讼中的律师和律师眼里的行政诉讼——《行政诉讼法》实施状况调查报告·律师篇"，是了解律师群体对行政诉讼运作现象真实感受和期待的不可多得的材料；学者常晓云利用抽样调查和访谈的方式刻画了行政人员心中的行政诉讼及其运用；〔4〕程金华教授在"中国行政纠纷解决的制度选择——公民需求的视角"一文中又从公民选择和需求的角度，考察当事人是如何选择解决行政争议的途径，并分析选择的成因，追问公民到底需要什么样的纠纷解决制度等。〔5〕除了利用二手的材料，笔者也选定中国西南J区法院为考察对象，采用了问卷调查和回访两种方式，了解诉讼参与各方的真实感受和见解。通过对资料的分析，笔者从行政诉讼各方对纠纷解决途径选择的考量、行政诉讼各方对行政诉讼的认知、行政诉讼各方的法律意识、行政诉讼中弱者的策略四个方面分析了行政诉讼运作中各方的参与逻辑：不同的诉讼主体具有不同的法律意识，法律不是强加于社会关系的外在舶来品和附带品，而是社会关系内在自我形成的特征，行政诉讼的实施并不是完全依赖于国家的强制性推进，同时也要依靠各个主体日常生活行为的支撑。行政诉讼各方运用自己独特的意向性在日常生活中再一次产生行政诉讼的法律性，以使法律贴近生活并得以运用：（1）遇到行政争议时，一般有社会网络、政府部门和司法部门三种途径可供选择。在决定过程中民众遵循的只是"有限理性"，并非是"最大"或"最优"的标准，而只是"满意"

---

〔1〕 李国慧、刘学智、李国雁：《法官的逻辑和经验——行政诉讼十大问题研究》，人民法院出版社2006年版。

〔2〕 徐军、江厚良："透视撤诉率：行政诉讼中实践与表达的背离 以法院/法官的行动选择为视角"，载《法律适用》2012年第2期。

〔3〕 林莉红、宋国涛："中国行政审判法官的知与行——《行政诉讼法》实施状况调查报告·法官卷"，载《行政法学研究》2013年第2期。

〔4〕 常晓云："抵触与憧憬——《行政诉讼法》实施状况调查报告·行政机关工作人员卷"，载《行政法学研究》2013年第3期。

〔5〕 程金华："中国行政纠纷解决的制度选择——以公民需求为视角"，载《中国社会科学》2009年第6期。

的标准。(2) 认识者对法律的认知是认知者对信息进行分析、加工和整理的过程，具有主观能动性、间接性、片面性三个特点，故而当下法院司法公信力呈现出较为复杂的图景。(3) 行政诉讼各方对行政审判和行政诉讼法主要有“敬畏”“利用”“反抗”三种态度。这三种类型中的每一种意识类型的体现都建立在不同的主体背景之上，表达了对《行政诉讼法》的不同解释和理解，体现了与司法的不同关系。(4) 为了减小诉讼中的力量悬殊，诉讼中的弱者会通过引入法律之外的力量和各种“计谋”来平衡自己与他方的差距。

第六章的主要内容和创新在于根据对行政诉讼的法律实效的考察提出改善行政诉讼法律实效的方法。行政诉讼法律实效的研究不是解释性的命题研究，而是通过解释和分析影响因素，来探求行政诉讼制度的发展和演变规律，并进一步找出可能解决问题的路径。通过前面对行政诉讼法律实效的考察和对法学理论上一般提升法律实效手段的分析，笔者认为主要可以从以下五个方面改善和提升行政诉讼的法律实效。第一，树立行政审判的权威。通过对行政诉讼参与各方在行政审判中基本立场的考察和对“和解撤诉”满意度的调查，提出“行政判决”具有其他非司法方式不可比拟的作用。必须通过减少行政诉讼的随意性和提高行政案件判决结案的比例来树立行政审判权威。第二，规范司法实践中的“和解撤诉”。根据考察和分析行政诉讼各方对“和解撤诉”的选择、看法和建议，理清规范“和解撤诉”的思路，提高《行政诉讼法》的可操作性。第三，提升行政裁判的社会认同。行政诉讼的过程是一个高度专业性和技术性的过程，行政诉讼的过程和结果很容易受到民众的曲解和误导。通过加强行政诉讼中的民意沟通和律师在诉讼中的释法说理可以有效提升行政裁判的社会认同。第四，尊重行政诉讼发展的阶段性。社会是一个有机整体，法律现代化是社会整体转型的一部分，其推进程度需要与政治、经济、文化、社会等其他子系统的发展程度相匹配。行政诉讼的变迁也要体现发展的“阶段性”，2015 年修法尊重了制度发展的规律，采取了循序渐进的改革方式。中国行政诉讼制度的演变过程是一个渐进性的过程，根据主体的不同需求和制度供求的不对称性所产生的高成本性和非均衡性可以对行政诉讼制度的未来发展作一些预测。第五，顺应社会治理模式的发展。当代西方国家权力结构的实际变化显示出各个权力之间的分立与制衡并不是民主国家权力关系的唯一模式，权力间的彼此“协调”已经被认可并成为传统权力关系模式的有益补充。建设社会主义法治国家既要求实现司法权威和公正又要求推进依法行政，司法和行政内在统一于社会主义法治建设的目标，具有协调一致和达成共识的基础。中国的传统法律文化和当代社会所倡导的“和谐文化”为行政、司法与民众的良性互动奠定了基础，成为行政诉讼的演进动力。作为行政审判中的“变通”，协同式行政诉讼萌生于司法实践之中，顺应了社会治理模式的发展和变化，重新诠释了行政诉讼的价值，为行政诉讼的研究提出了新的命题。

第一章

行政诉讼法律实效的一般理论

一、行政诉讼法律实效的概念解析

（一）法律实效及相关概念

法律实效是指法律被人们实行的状态与结果。[1]按照凯尔森的说法，法律实效与法律效力是存在区别的。法律实效属于“实然”范畴，是指法律的实际运行状况；法律效力属于“应然”范畴，是指法律的制定和自身所具备的约束力。法律实效表明了人们实际行为的特征，而法律效力仅仅表明法律自身的特性。法律实效的含义主要包含以下几个方面：（1）法律实效是指通过法律调整社会关系所产生的实际结果，以及这个结果对社会产生的客观作用和效果。（2）法律实效是指法律效力的实然状态，即“法律在时间、空间、对象和内容方面实际对国家强制力的体现”。[2]（3）法律实效就是法律的实施效果。既包含了法律实施的法律效果，即法律规范的内容转化为权利和义务被实际享受和遵循的状态；也包含了法律实施的社会效果，即法律实施对社会产生的作用和影响。[3]（4）法律实效所体现的法律运作的实际效果是可以被考察、分析和评估的。（5）法律实效是指法律的目的和功能被实现的程度和状况。[4]根据法律规范的内容可以评判和分析法律实效理想与否，并探索改善和提升法律实效的路径和方式。总而言之，法律实效就是指法律运行的实然状态，其不仅关注法律制度如何作用于社会，也强调社会实践如何反作用于法律制度。法律实效既要表达法律制度被人们实际地执行、适用、遵守

---

〔1〕 沈宗灵主编：《法理学》，北京大学出版社 2014 年版，第 310 页。

〔2〕 张根大：《法律效力论》，法律出版社 1999 年版，第 202 页。

〔3〕 郭宇昭主编：《社会主义法的基本理论》，中国人民大学出版社 1993 年版，第 296 页。

〔4〕 赵震江等：“论法律实效”，载《中外法学》1989 年第 2 期。

的程度和状态，也要表达人们对法律制度的认可、回应和评价。

法律实效的概念比较复杂，理论界对此看法也有不同，但总的来说，都认为法律实效与法律效力、法律实现的概念是存在差异的。

1. 法律实效与法律效力

法律实效是法律的实际有效性，是法律在制定颁布之后被人们运行的实际状况和程度。法律效力是国家认可和保障的法律表现形式，是指法律本身在其管辖范围内的普遍约束力。“所谓的‘效力’，就是指规范（norm）的一种特殊存在形式。假定一个规范存在就等于说一个规范具有效力，换句话说就是这个规范对它所调整的行为具有‘拘束力’。如果法律规则有效力的话就是规范。更明确地说，是规定制裁的规范。”〔1〕法律效力一般可以分为时间效力、空间效力和对人的效力，其中，时间效力和空间效力是对人的效力所存在的时间和地域。法律一旦制定就拥有法律效力，而不管法律到底有没有被实践。“因而，实效只是效力的一个表现而不是效力存在的理由。一个规范之所以具有效力并不是因为它具有实效……”〔2〕可见，法律实效是法律的实现程度，法律效力是法律的有效形式；法律实效是法律效力被实践的实然状态，法律效力是改善法律实效的应然状态；法律实效体现了法律动态变化的过程，而法律效力是相对静止的；法律实效不具有统一的表现形式，法律效力体现了普遍的约束力。法律实效和法律效力是对法从制定到运行的不同阶段进行分析的概念性工具。〔3〕一般来说，由于法律实效和人们的实际活动密切相关，体制机制、社会环境等又都会影响人们的实际行动，所以法律的实然状态和应然状态之间总是有一定的距离和差异。但是“一个规范是有效力的和它的实效的确是两个不同的讲法。虽然法律实效和法律效力的含义不同，但是两者间仍然存在重要联系，一个规范只能存在于一个规范体系、存在于一个对其而言是有实效的秩序状态下，才能够被认为是具有效力的”。〔4〕总而言之，法律实效和法律效力之间的逻辑关系是递进的，是法律在不同阶段的运行。

〔1〕［奥］凯尔森：《法与国家的一般理论》，沈宗灵译，中国大百科全书出版社2003年版，第65页。

〔2〕［奥］凯尔森：《法与国家的一般理论》，沈宗灵译，中国大百科全书出版社2003年版，第81页。

〔3〕张文显：《法理学》，高等教育出版社1999年版，第263页。

〔4〕［奥］凯尔森：《法与国家的一般理论》，沈宗灵译，中国大百科全书出版社2003年版，第81页。

其中，法律实效在法律效力之后，是法律效力在实践中的效果体现，是法律效力的实现程度和状态的反映。

2. 法律实效与法律实现

法律实效是已经颁布的法律被实行的状态和效果。法律实现是制定法生效之后，法律内容指导人们的选择，规范人们的行为状态，是法律规定被实际遵循的效果。实现是愿望和目标的达成，所以法律实现更强调结果，是法律规范的要求被转化为人们的行为和被现实体现的效果。法律实效是法律规范规定的内容发生效力的过程，法律规范的内容得以实现是法律实效的追求目标，当然实际上这个目标并不一定会实现。法律实现是指法律规定的权利被实际享受了，义务被实际履行了，责任被实际承担了。[1]比如《行政诉讼法》规定了行政首长出庭应诉制度，这条规范对行政诉讼管辖范围内的主体是有效力的，但是行政诉讼实践中行政首长可能出庭也可能不出庭，这是行政诉讼的实际运行状态即法律实效。只有当司法实践中，行政首长严格按照《行政诉讼法》的规定出庭应诉了，才能说该条规范的法律效力被落实了，也就是我们所说的法律实现。

不是每一部法律都会走向法律实现。比如在实际运作中法律规范所包含的权利和义务没有被内化为主体的行为选择，权利和义务都没有被执行，法律规定的价值和目标也没有实现，甚至法律规范完全得不到人们的认可，所有法律条文形同虚设，也即走向法律实现的反面——法律失败。但即便是法律失败也是法律实效的表现形式，法律实效的表现形式既包括法律实现也包括法律失败。法律实效和法律实现之间既有差别也有联系。第一，法律实效和法律实现都是描述法律运行现实状态的概念，都是对法律实然性的研究，都是对法律效力的转化结果。第二，法律实现是法律实效的其中一种表现形态。当法律实效良好，法治精神和理念在现实生活被充分实现的时候，就是法律实现；当法律实效恶劣，法律实际运行状态走向了法律效力的反面的时候，就是法律失败；当法律实效部分良好时，法律也就部分实现了。法律实现仅仅是指法律实效中积极正面的一部分内容。因此，法律有效力并不等于有法律实效，有法律实效并不等于法被实现了。法律效力的应然效果体现为法律实现的状态，法律实现的过程必须通过法律实效来反应和体现。法律实

〔1〕 孙国华：《法学概论》，高等教育出版社 1990 年版，第 63 页。

现既是法律实效的追求目标也是法律实效的可能结果之一，法律实效是法律实现的过程和方式。

（二）对行政诉讼法律实效的释义

法律实效一般通过自治模式、强制模式和混合模式三种形式得以实现。法律实效的自治模式是指法律的实施是人们自觉自愿的行为。法律实效的良好状态依赖于人们自觉的法律意识。法律实效的强制模式是指通过外在的强制力将法律贯彻和执行下去。强制模式是自治形式的补充，正是因为有了国家的强制力保障法律才能更好地实现。法律实效的混合形式是指法律的实现既要依靠国家的强制力保障实施，又要依赖于行为主体的内心对法律价值的认同。一般来说，任何一部法律的实效都离不开两者的合力保障，但如果以立法、执法、守法、司法来划分法律运行的阶段，其中司法是最能体现国家强制力的保障和行为主体内心认同的阶段。第一，司法过程是当事人自治地参与起诉、反诉、应诉、上诉、举证、陈诉、辩论的过程，整个过程中当事人的法律意识和法律观念起着举足轻重的作用，法官对案件的判断又体现了法官对法律的认识；而法院的裁决过程就体现了通过司法将国家强制力带入的过程。司法活动最能体现法律实效的混合模式。第二，任何一部法律都应该具有可救济性。法律不能只具有象征意义。如果法律规定的内容被违反，必须有国家的强制力介入；法律规定的权利被侵犯，应该可以在法律上找到解决的办法；法律管辖范围内的纠纷和争议也应该有对应的解决机制。而上述这些都需要法律具有可诉性。法律的可诉性是法律可以被操作的一个前提，而司法在这个过程中的地位举足轻重。所谓可诉性是要赋予司法部门作为裁决争议的中立机关，对争议双方的诉讼请求进行审查和裁决的权力。法律就是在这个意义上通过法律实效而可能实现法律的效力。第三，司法是法律实效的中介。由于当下的法律制度复杂而多元，“通过法律的社会控制”已经变成了“法的滂沱大雨”。〔1〕人们在实际上根本无法完全把握和运用法律。要想了解法律被遵守的程度，其中一个最重要的途径就是考察司法裁决的情况。通过具体案件的解决情况，了解法律在个案上体现的法律实效；通过考察司法过程中对法律的变通来深入理解法律实效；通过司法对法律的创造性发展

〔1〕［美］庞德：《通过法律的社会控制》，沈宗灵、董世忠译，商务印书馆1984年版，第112页。

来解读法律实效。行政诉讼主要体现为人民法院专门主持的一种司法活动，对其进行研究可以从一个侧面比较深入地了解法律实效的表现形式。

在我国，按照《行政诉讼法》的规定，行政诉讼是指公民、法人或者其他组织认为行政机关及其工作人员的行政行为对其合法权益造成侵犯，依法向人民法院提起诉讼，由法院依法受理、进行审理并作出裁判的过程和活动。这一概念主要包含三层含义：第一，行政诉讼是在人民法院的主持下进行的司法活动；第二，行政诉讼是专门处理、解决行政争议的司法活动；第三，行政诉讼所处理和解决的行政争议是公民、法人或其他组织认为其合法权益因为行政机关及其工作人员的行政行为受到损害而引起的。根据 2015 年颁布的《行政诉讼法》第 1 条的规定，行政诉讼法的立法宗旨应该依次为如下四个方面：①保障人民法院正确和及时地审理行政案件；②处理和化解行政争议；③维护和保障公民、法人和其他组织的合法权益；④促进和监督行政机关依法行政。

参考上述法律实效的阐述和解释，结合行政诉讼的立法宗旨和概念，行政诉讼的法律实效可以定义为：在《行政诉讼法》颁布之后，行政诉讼运行的实际状态和产生的实际效果。中国行政诉讼的法律实效就是要考察和研究行政诉讼在中国的实际运行，比如：行政诉讼主要是因为什么原因所引起的，是由于公民、法人或其他组织的合法权益被行政行为侵害所引起的，还是其他的原因引起的；在行政诉讼过程中有没有彻底化解行政争议；行政争议是通过什么途径最终解决的，是通过法院主持的司法途径推进和化解的，还是依靠其他的途径；人民法院审理行政争议的过程怎么样，顺利与否，能否正确、及时地审理行政争议，还是困难重重；通过人民法院对行政争议的审理产生了什么样的实际效果；行政诉讼的最终结果能不能够很好地保障和维护公民、法人或者其他组织的合法权益；行政机关能不能通过行政诉讼规范自己的行政行为。

根据行政诉讼法律实效的关注对象，我们可以从三个角度对行政诉讼法律实效进行考察和分析，这三个角度可以贯穿对行政诉讼法律实效的考察和研究。第一，从心理学角度，是指用心理观察和分析方法研究法律问题。关注一个法律规范的法律实效，仅仅考察行为主体的行为是不全面的。一般来说，行为主体采取某种行为、行使某种手段并不是盲目的，而是在心理上认同或者重视。同理，说一个法律规范是有效的，就等于说法院等司法机关和其他社会组织和机构对该规范是重视的；之所以这些组织和机构会适用法律规范，是因为它们确切地感受到了法律规范的权威性和约束力。[1]行为主体遵守和执行某条法律规范也是基于内心的感受，或者是为了利用法律，或者内心认同法律，或者是受制于法律的约束力。因此，通过司法分析法律实效，就有必要运用心理分析方法考察行政诉讼参与各方，法官、作为原告的行政相对人、作为被告的行政机关、律师等的参与逻辑和回应方式。“一般说来，一个人之所以会履行义务并不是由于国家强制的胁迫，人的选择和行为往往是由许许多多不同的动机相互组合而决定的。”[2]仅仅通过对司法态度的纯粹行为主义解释来预测未来的司法诉讼是不全面的，还必须考虑法官对作为司法裁决的法律规范的感受和同样作为法律依据的社会普遍法律意识。[3]通过司法体现出的法律实效在某种程度上来说，是以法官为中心各个行为主体参与诉讼的内心反应和映照。第二，从社会学的角度，主要是从法社会学的角度研究法律的实然性。法社会学认为，法的实然性包括动态的法律运行的实然性和静态的法律规定的实然性。动态的法律运行的实然性是指考察法律的现实运行及运行之后达到的实际效果。研究法律实效就是要全面系统地揭露和解释现实生活中被运行的“活的法律”，并以此评估法律制定的有效性。[4]研究法律执行的问题就是要考察法律实际为我们做了什么，哪些关系必须通过法律来调整，哪些关系可以通过其他控制方式调节。[5]对静态的《行政诉讼法》规定的实然性的考察就是对《行政诉讼法》规定的结构、层次、要素、体系等的考察。孟德斯鸠说，应该从法律与法律之间的关系以及法律与其得以建立的基础体制和环境之间考察法律的系统性和和谐性，因为只有将这些关系综合起来才能构建“法律的精神”。[6]法是经济和社会发展的产物，而不是相反。第三，从经济分析的角度，是运用经济学的方法研究法律问题。

---

〔1〕 张文显：《二十世纪西方法哲学思潮研究》，法律出版社 1996 年版，第 445 页。

〔2〕 Engen Ehrlich, *Fundamental Principles of the Sociology of Law*, transl. W. L. Moll (Cambridge, Mass.), 1936, p. 21.

〔3〕 [美] E. 博登海默：《法理学——法律哲学与法律方法》，邓正来译，中国政法大学出版社 1999 年版，第 158 页。

〔4〕 赵震江：《法律社会学》，北京大学出版社 1998 年版，第 15 页。

〔5〕 [美] 庞德：《通过法律的社会控制》，沈宗灵、董世忠译，商务印书馆 1984 年版，第 114 页。

〔6〕 [法] 孟德斯鸠：《论法的精神》，张雁深译，商务印书馆 1961 年版，第 7 页。

主要采用经济分析来解释法律运行的规则和结果，利用“交易成本”经济学原理来解读法律实效的问题。在经济学理论中，成本是可以预测的，当行为主体行使某一项法律权利，履行某一项法律义务时，在某种程度上也是对其他法律权利的放弃。比如行政诉讼的原告如果接受了行政机关撤销或改变原行政行为的决定，与之达成和解协议，虽然可以因为行政机关的改变而化解行政争议，但是也会因为自己对诉权的放弃而暂时性失去进一步追究行政机关责任和充分保障自己合法权益的机会。这种因为将资源（权益）使用在某个地方而被迫放弃资源（权益）在其他地方的收益的行为，在经济学上被称为“机会成本”。经济学理论就是以“机会成本”为分析框架展开剖析的。“只有通过交易可以得到收益，理性经济人才会将交易展开；反之，人们会放弃交易。”〔1〕当然，只有当行为主体实施法律是自己内心的需要的时候，法律的运行才能得到法律意识的保障，法律的运作对行为主体来说才是成本最小和利益最大的问题解决方式。所以通过经济成本分析可以考察行为主体的追求和价值取向。与此同时，我们只有掌握和法律共进的整个社会系统的成本，才能更深刻地理解法律。“我们有必要考虑包括政府机制和市场管理机制在内的各种社会机制的运行成本，以此掌握总的效果。”〔2〕效益是法律的一个基本价值追求，它是制定法律必须考虑的因素。把握中国行政诉的法律实效就要从这三个角度介入。

二、影响行政诉讼法律实效的主要因素

法律实效是指法律在社会中得到实施以后的效果。一般来说，法律实效的问题不会在习惯法中出现而主要存在于制定法中。因为习惯法本来就是从人们的生活和商业习惯模式中脱离出来的，所以要人们遵守习惯法也会显得自然而然。实践中，诸多因素都可能会从不同方面和角度，从不同的层次和程度对法律实效产生影响。只有对这些因素引起重视并予以研究，才可能在司法实践中有针对性地解决问题，有的放矢，才能纠正和弥补现有法律实效的不足，提升和改善法律实效。那么，哪些因素会影响法律实效呢？从一部

---

〔1〕［美］波斯纳：《法律的经济分析》，蒋兆康译，中国大百科全书出版社 1997 年版，第 9 页。

〔2〕［英］科斯：“社会成本问题”，龚柏华、张乃根译，载盛洪主编：《现代制度经济学》（上卷），北京大学出版社 2003 年版，第 16 页。

法律的颁布到实施是一个复杂的过程，理论界在这方面并没有形成完全一致的看法。有的学者认为影响法律的因素主要包括六个方面：第一，法律实效受制于主体利益认同。当行为主体认为法所确认和保护的价值与自己的利益越相符合时，认同度就越高，法律规范就越能够被自觉地遵守和执行。第二，法律实效受制于行为主体的价值观和法律观对其的影响。法律确认的价值目标和权利义务安排与行为主体的价值观与法律观越一致，行为主体对法律的认同度就越高，法律实效就越会呈现出理想的状态。否则法律规范的内容就可能受到排斥。第三，法律实效受制于行为主体对支撑法的权力的认可程度。每部法律都需要由一定的权力在背后认可和支撑。当这个权力受到行为主体的认同时，就更易于接受代表这个权力的法律规范。第四，法律实效受制于国家强制力的支持。如果合法的行为会受到国家的保护和支持，违法的行为会受到严肃的制裁，那么法律就会被较好地实施，法律实效也会是比较良好的状态。第五，法律实效受制于法的现实基础，立法目标和法律规范的内容越紧扣现实，越贴近传统文化，越符合本国国情，就越容易被接受和执行。第六，法律实效受制于立法的技术性因素。法律规定得越具有稳定性、程序性、一致性、协调性、系统性，法律规范就越明确可行，法律的实施就越具有效益，法律实效就越理想。[1]有的学者认为影响法律实效的因素主要有四个方面：第一，个人方面，即行为受法律调整的个人方面的一般因素。如思想道德水平、法制观念、文化水平等。这在一定意义上也适用于法人或者其他社会组织的行为。第二，执法、司法机关方面的因素。主要是指执法、司法机关的组织结构或体制是否健全、合理、高效以及这些机构的组成人员，特别是行政首长的思想和业务水平。第三，社会的基本制度、权力体制、经济发展、文化传统、政治环境、自然资源、地理环境、国家人口等都会对法律实效产生不同程度的影响和制约。第四，执政党的路线、方针、政策。第五，法律监督的有效程度。[2]威廉·M. 埃文认为影响法律实效的因素包括：第一，制定新法的结构的权威性；第二，表述新法的基本原理与已经形成的文化和法律原则之间的关系；第三，法律的目的是否实际可行而非空想；第四，时间因素，时间能够提供给实效一种延迟的方法，因此法律从制定到生

---

〔1〕 何珊君：《法社会学》，北京大学出版社2013年版，第78页。

〔2〕 沈宗灵主编：《法理学》，高等教育出版社1994年版，第352页。

效的时间界限十分重要；第五，执法机关的行为是否受到法律约束；第六，法律后果因素，包括积极鼓励和消极处罚；第七，法律是否具备有利于维护受害人权益的程序性保护措施。〔1〕

参照影响法律实效的主要因素，笔者认为影响中国行政诉讼法律实效的主要因素有以下四方面：

（一）制度因素

制度因素主要是由法律的形式因素和内容因素两方面组成。法律的形式因素是对立法质量本身的考察，主要是看法律规定是否完整、明确、协调。所谓“完整”一是看法律规范的逻辑结构，考察法律规定的行为模式是不是都有相应的法律后果相匹配：能否通过肯定性的法律后果鼓励人们积极实施法律，能否通过否定性的法律后果制裁违法行为，恢复被破坏的法律秩序；二是看法律程序是否完整，主要考察法律规定是不是对人们执行和遵守法律的时间、顺序、步骤、手段、方式等方面都作了规定，不会给人们实际运用法律造成事实上的困难；所谓“明确”主要是看法律规范的概念明确与否，语言清楚与否，以及法律规则的内容和指示是否公开和清楚，不会产生歧义，给适用造成困难；所谓“协调”不仅仅是要看法律与法律之间是否协调，是否相互矛盾和抵触，更重要的是要把法律放在更广的空间，看法律与整个社会背景、体制机制、传统文化之间是否协调、作为子系统的法律与整个社会大系统是否融洽。法律内容方面的因素：一是考察法律规定的内容是否和社会上绝大多数人的利益一致。霍布斯说：“良法就是为人民利益所需而又清晰明确的法律。”〔2〕法律作为一种控制手段，一旦被制定就具有普遍性，应该对法律规定范围内的人和事都具有法律效力。这就牵涉到人们能否接受约束的问题。能够反映行为主体普遍利益和需要的法律更容易被人们接受和拥护，故而，法律实效的强弱程度与行为主体的需要有关。二是考察法律规定内容是否合理，法律规定的权利与义务是不是与社会发展的水平相一致，只有符合社会发展规律的法律才有被实际操作的可能，才能被人们很好地服从。

《行政诉讼法》的立法目标体现了法律实效的应然状态，行政诉讼法律实

---

〔1〕［英］罗杰·科特威尔：《法律社会学导论》，潘大松等译，华夏出版社1989年版，第67~72页。

〔2〕［英］霍布斯：《利维坦》，黎思复、黎廷弼译，商务印书馆1964年版，第271页。

效的良好状态就是《行政诉讼法》立法目标和宗旨的实现。虽然行政诉讼立法本身并不直接产生行政诉讼法律实效，但是它却无时无刻不影响着法律实效。当然，包括《行政诉讼法》在内的每一部法律都不可能完全符合客观规律，也不可能完全是行为主体内心的表达，所以行政诉讼的法律实效也自然不会完全等同于《行政诉讼法》的法律实现。《行政诉讼法》的立法宗旨和目标是否能够反映国家和社会发展的客观规律，是否反映了行政法律关系主体的需要，行政诉讼法律的设计是否具有可操作性等都决定了法律实效的状态。行政诉讼法律实效的呈现状态在某种程度上，也反映了人们对《行政诉讼法》本身的认知和接受程度以及各个行政诉讼法律关系主体间的关系。故而，行政诉讼的立法宗旨和目标与行政诉讼法律实效密切相关。对行政诉讼立法因素的考察主要有三个方面：首先，是要考察《行政诉讼法》是否能够反映我国权力结构的客观性和社会发展的规律。如果《行政诉讼法》能够反映我国权力结构的客观性和社会发展的规律，行政诉讼的执行障碍就会减少，行政诉讼法律实效就会提升。其次，是要考察《行政诉讼法》是否可以反映绝大多数法律关系主体的需要。《行政诉讼法》作为一部法律必须具有抽象的普遍的约束力，而不是只调整个别关系，因此必须考虑最大多数人的利益和需要，个别主体的诉求只能放在社会整体诉求的范围内考虑和解决。只要《行政诉讼法》能够反映绝大多数主体的需要，那么《行政诉讼法》就更易于被法律关系主体所接纳和认同，从而愿意服从和遵守。行政诉讼的法律实效也因此更加积极。最后，是要考察《行政诉讼法》是否具有可操作性，即对行政诉讼立法技术的考量。主要考察《行政诉讼法》的逻辑是否严谨、意思是否明确具体、文字是否规范、内容是否清晰。当然最重要的是“徒法不足以自行”，作为一部法律《行政诉讼法》还必须具有一定的约束力和强制力，必须有针对违反法律规范内容的行为的相关强制措施和救济方式。如果行政诉讼容易理解、操作简单，行政诉讼法律实效的程度就更强。

（二）权力结构因素

如果说行为主体的法律观念推动了法律的实现，那么权力结构就是法律得以实现的最终保障。权力结构是指一国的国家权力的配置和权力主体之间的关系，一国的权力结构表现为一国的组织机构形式。因此，与法律观念相对的国家组织机构在产生法律实效的过程中即是必不可少的因素。诚然，国家的权力结构有时候会因为权力的滥用而对法律的实现构成威胁，但是一个有效的国家组织机构形式，通常我们称之为国家的权力结构，又可以改进法律实效，实现法律的效力。对权力因素的考察和分析就是对法律执行、适用的状况以及法律监督机关的组织和结构合理、健全、有效与否的考察和分析。所谓“合理”是指组织机构设置的权限和职责的合理分工，权限与职责之间没有相互矛盾和相互掣肘的现象，达到了各司其职、分工合作的良好状态。所谓“健全”是指人员和经费充足、装备齐全，法律设定的所有职责都有特定的部门去实行。所谓“有效”就是指有效率，司法机关和执法机关执掌着必要的权力和手段，可以为适用和执行法律采取及时、必要、具有权威性和强制力的措施和决定。

司法机构是国家权力机构的其中一种，司法在本质上仍然是属于国家权力结构的表现形式之一。行政诉讼是维护和保障公民、法人或其他组织的合法权益，规范和监督行政权的合法行使的权力平衡工具，行政诉讼的存在和司法实践表达了一国权力结构的平常图式。德国学者胡芬教授在其著作中曾明确提出：要把握行政诉讼就离不开对如下几个方面的关注，国家代表国家行使的特定的权力行为应不应该被一国的法院所监督？如果能够被监督，那么这种监督的权力应该赋予一个特定的司法机关还是普通的法院就能获此殊荣？如果权力行为能够被监督，那么是不是所有的权力行为都能被监督，还是有一定的范围？法院监督的是具体的行政行为还是包括抽象行政行为在内的所有行政行为，是指监督合法性还是包括监督合理性？监督的主要目的是维护相对人合法权益还是维护依法行政，还是监督权力不被滥用？〔1〕可见，这些反映行政诉讼的发展水平和程度的基本问题几乎都与国家权力结构模式相关。而在当下中国，行政诉讼受权力结构和关系的影响更深，在司法实践中，常常关涉到地方政府利益和部门利益。行政诉讼所受权力关系影响复杂而多元：第一可能会受到地方党政部门的影响。在中国，地方党政部门对待司法机关和行政机关是没有差别的，这些机关对党政部门来说无非都是其所属的下级机关，应该接受其领导。客观上，党政部门也确实是常常对司法机关发号施令。第二是地方政府的影响。中国“一府两院”制要求的政府和司法机关相互平衡统一于人大，在实际操作时常常演变为司法机构委身于政府

---

〔1〕［德］弗里德赫尔穆·胡芬：《行政诉讼法》（第5版），莫光华译，法律出版社2003年版，第21页。

领导之一。通过权重部门打招呼、上级领导批条子、个别人员递材料等方式干预行政诉讼个案的情况时常发生，而人大要么是爱慕能助要么认为漠不相关。第三可能会受到上级法院的影响。我国法律规定的上下级法院的指导关系在实际操作中却表现为上级法院对下级法院的领导，下级法院审理案件的结果要向上级法院汇报，上级法院对下级法院审理案件的过程和结果也可能会提前介入和干预。[1]第四是可能会受法院内部考核机制的影响。《公务员法》的颁布让法官的管理体制处于尴尬的境地，作为司法人员的法官按照行政人员的管理体系予以划分和安排。多重考核指标让法官难以施展拳脚，只能在审理案件的过程中小心翼翼，步步为营。总之，党政部门和地方政府的影响可能引致严重的行政审判的地方保护主义；法院内部的考核机制则可能使行政审判庭与行政审判人员失去独立性；上级法院的干预既让国家法律确立的审计制度丧失了效用和价值，也在实质上进一步削弱了下级法院的权威性和独立性。因此，从国家权力关系的维度探究我国行政诉讼的独立地位、审查深度、司法权威的广度和深度，可以更好地了解行政诉讼法律实效的状态和结果。

（三）主体因素

主体因素是指人们的法律意识和法治观念。法律行为的前提是法律观念，在任何社会，法律观念都存在。一般来说，人们的法律意识和观念越强，那么就越有理解法律的能力和积极遵守法律的动力。但是不是所有法律观念都与现行法律制度价值取向相吻合，法律观念也可能与现行法律制度价值取向相排斥。如果出现行为主体的法律观念与现行法律制度相悖的情况，那么就无助于法律制度的实现，甚至反倒会成为法律制度实现的阻碍。例如中国传统的“官本位”“家长制”“刑不上大夫，礼不下庶人”“亲亲尊尊”“司法行政权混淆”等法律观念就是阻碍现代法律制度发展的原因之一。相反，如果一旦行为主体的法律观念与现代法律制度的价值取向相和谐，那么人们的法律观念就可以和法律制度的价值相整合，法律规定的内容也可以转化为人们的价值取向。所以从这个意义上说行为主体的法律观念不光是影响法律实效的因素，其本身也是法律实效的一个体现。和法律制度价值相融合的法律观念，才能自觉地引导行为主体执行法律规定的内容，提高法律实效。不同的行为主体具有不同的利益和诉求，社会的多元化让人们的利益也呈多元化发

〔1〕 汤维建：“司法体制的四大矛盾与四大不足”，载《同舟共进》2013年第10期。

展。“人们奋斗所争取的一切，都同他们的利益有关。”〔1〕通过考察不同行为主体对法律的理解、运用法律的动机和目的及对法律发展的愿景，可以挖掘法律实效背后的原因。

当行政诉讼的参与各方在思考和谈论该法的时候，他们往往并不是把法律想象为或描述为一种单一的、统一的法律思想。相反，法律包含着很多的意义和行动，它们共同构成了合法性的机制。也正是因为人们并不是用同样的思考方式或角度来理解和对待法律，法律才不仅仅是僵硬而死板的条文，而可以获得可持续发展的力量。从某种意义上说，正是受不同利益驱动的法律主体（法官、法学家、律师、当事人）之间的差异才让法律制度的价值得以体现。〔2〕“法律性是社会生活本身所呈现出来的结构，它可能会在不同的场所显现，并且即包括正式机构的场所，也包括非正式机构的场所。”〔3〕纠纷的结果因此不再是一个固定不变能够直接预见到的东西。纠纷的产生和解决是一个动态变化的过程，如果仅仅局限于对纠纷解决结果的研究，就很难对纠纷解决的效果作出客观公正的评价，也无法深入理解纠纷解决的方式和过程的运作特点。行政争议的解决过程不仅仅是一个静态的概念，而是权力机构与权力之间、权力机构与诉讼参与人之间、诉讼参与人之间以及诉讼参与人与其他相关人员之间互动的过程，是一种动态的实践。因此，在对行政诉讼法律实效考察时，对具体实践中的关系或者关系的关系进行细致的、详尽的解释和分析就非常有必要。“要把所有个人的行动与他们的动机以及周围的环境状况等因素综合起来予以思考，并在这个基础上理解和把握制度实际上是如何运行的。”〔4〕只有对一般人的法律意识展开研究，即对一般人在适用、回避和反抗法律时，是怎么理解法律的价值和意义的以及他们对法律实施过程的体验进行研究，才能发现并了解法律在社会关系中的呈现状态和

〔1〕 中共中央马克思恩格斯列宁斯大林著作编译局：《马克思恩格斯全集》（第2卷），人民出版社1972年版，第82页。

〔2〕［法］布迪厄：“法律的力量——迈向场域的社会学”，强世功译，载《北大法律评论》1999年第2期，第496~545页。

〔3〕［美］尤伊克、西贝尔：《法律的公共空间——日常生活中的故事》，陆益龙译，商务印书馆2005年版，第41页。

〔4〕［日］棚濑孝雄：《纠纷的解决与审判制度》，王亚新译，中国政法大学出版社1994年版，第35页。

结果。〔1〕在方法论上，问题被转化为：日常生活中的人们究竟怎样经历和解释着行政诉讼和《行政诉讼法》？日常的互动和关系如何被赋予或没有被赋予行政诉讼的目标选择和特征？行政诉讼的目标和特性是以何种方式经由大众对法律的理解、解释和执行建构起来的？因而，行政争议的解决过程，就是对行政诉讼各方的参与进行逻辑分析的过程。

（四）实施环境因素

法律是社会大系统的一个子系统，法律的发展与时代的发展同步、与社会发展相互映照。“研究法律理论就必须要研究规范体系得以存在的社会，不考虑社会现实的法律科学是难以想象的。”〔2〕分析法律实效，也离不开对法律所处的政治、文化、经济、自然环境的考察。对政治环境因素的考察主要是对一国执政党和政府对国家的宏观发展战略和社会发展的路线、方针的考察。对文化环境的考察是对法律存在背后的文化传统的考察，通过分析一个国家的法治氛围和舆论倾向，了解法律权威在该国的树立情况；通过考察人们对公平、公正、程序、救济等法律观念的理解，掌握法律在人们心中的地位和内心对法律的服从性。对经济环境的考察就是对一国的基本经济体制和制度的考察，一国经济发展水平和经济体制、制度的差异会形成各国不同的经济利益格局。如在实行市场经济的国家，理性经济人会追求利益和价值的最大化。市场经济的发展要求有诸如现代企业管理、社会保障等制度的匹配，而对现代企业管理和社会保障的需要又会促成《公司法》《劳动法》等法律的出现，为这些法律的实施创造条件。对自然环境的考察是对一国自然资源、人口数量和分布、地理资源和环境等自然条件的考察。

近代以来的行政审判制度被普遍认为是规范性的。建立在经验和逻辑之上、有着严谨精致结构的规范体系，成为每一个具体判决内容的决定基准。但是法律制度的运行需要良好的外部实施环境。司法实践中，诉讼各方的力量对比而非规范体系在很大程度上决定了纠纷解决的内容和结果；行政审判中诉讼参与人以及有利害关系的其他人的价值观、利益、力量对比等具体状况都对法官的判断有微妙的影响；如党与法、党与政、政与法等的诸多外部

---

〔1〕［美］尤伊克、西贝尔：《法律的公共空间——日常生活中的故事》，陆益龙译，商务印书馆2005年版，第56页。

〔2〕［英］麦考密克、［奥］魏因贝格尔：《法律制度》，周叶谦译，中国政法大学出版社1994年版，第56页。

关系，司法工作的领导体制、管理体制的构架影响了行政法官审判案件的公正性和有效性；尊重权力、畏惧特权、藐视法律、看重情感、厌恶诉讼等的法律文化与法律意识，长期以来对中国各个阶级、各个阶层的心理与行为产生了巨大影响，这些深刻的历史根源也构成了影响中国行政诉讼法律实效的特征之一。种种这些实施环境因素，影响了中国行政诉讼的法律实效。只有充分理解法律实效背后的实施环境才能理解一国行政诉讼的运行现状，才能进一步探索现实中的行政争议是否真正按照行政裁判得到了解决？是哪些力量支撑行政审判对行政争议的解决？如果行政裁判没能有效化解行政争议，那么司法将以何种方式面对和影响争议的最终解决？就行政诉讼的法律实效进行考察，对行政争议解决的过程展开实证研究必须对这些问题作出回应和解答。[1]

当然一部法律从颁布实施到实际运行是一个复杂的过程，行政诉讼法律实效会受到经济、文化、政治、观念等多重因素的叠加影响，笔者只是从中选取了最主要的四个影响因素在下文中分别进行考察和展开讨论。

---

〔1〕［日］棚濑孝雄：《纠纷的解决与审判制度》，王亚新译，中国政法大学出版社 1994 年版，第 1~18 页。

第二章

行政诉讼立法目标的实效考察与制度因素的分析

从庞德的社会学法学开始，法律的实际社会效果一直是法社会学研究的重要领域。在某些情况下，司法虽具有法律效率，但是不见得有社会效率，换言之，即使司法机构及其人员能严格司法，司法行为足够多，却可能收效甚微，甚至事与愿违——与该法律条文制定的社会目标背道而驰。作为法社会学进行司法效果评估最重要的维度，评估司法的社会效率，就是要测量法律预期目标的法律实效即司法行为的效果在多大程度上达到了法律的预期目标。它的三个基本步骤如下：第一步是揭示法律目标；第二步运用实验法、调查法、案例分析等合适的社会研究方法技术，测定司法对社会生活所产生的实际效应；第三步，对前两步的研究分析结果进行比较，并根据对司法行为实际效果的分析得出最后的结论。

行政诉讼的立法目标是行政诉讼制度所保护的价值和追求结果。由于立法过程充斥了抱着不同目的、代表不同利益的人，[1]因此费里德曼和麦考利都曾经指出确定一项法律的目标意图是困难的。因为，其一，虽然在《行政诉讼法》的总则部分或总则性条款中，或者在立法议案和法律草案等说明文件中，一般都有对该法目标较为明确的阐述，但我们还应当结合对立法背景、国家政党的相应政策等的研究，来综合判定该法律目标，并把它操作化为可以测量的具体指标。正如有学者说研究法律目标必须要注意，法律实际要达到的目标在不同的群体、不同的阶层中可能是不一样的、相互矛盾的；法律本身在文字中所表现的目标和在这些文字背后实际要达到的目标可能是不一致的；法律的立法目标会随着时间的推移发生变化，如果用过去的立法目标

---

〔1〕 Lawrence M. Friedman, Stewart Macaulay, *Law and the Behavioral Sciences* (2nd ed.), Indianapolis, in Bobbs-Merrill, 1977, p. 501.

来衡量今天的法律运行价值和效果可能是不全面的。[1]其二，多数观点认为人民法院仅仅是政府的代表之一，中国法治的发展也有赖于高层对行政权行使合法性的关注程度，在这里，法院作为司法机关的作用和独立地位被有意地忽略了。但是随着社会的进步和法治的不断发展，这种观点已经逐渐受到质疑。虽然法院在国家大政方针的制定和决策过程中起到的作用有限，但是法院绝不仅仅是政府的一个附属品。法院本身作为国家治理体系内的一个治理机构，一直在以自己的方式作出努力，尽量实现立法目标，监督行政权，与其他部门相互制约。法院本身并没有完全代理谁，而是基于现实，会考虑法律和法律之外的多种因素，平衡多重效果。在中国的历史长河中“平衡”和“中庸”之道一直是国人行动的选择和价值取向，是有深厚根基的。[2]法院对行政争议的处理也不例外。

一、对行政诉讼立法目标的揭示

德国教授弗里德赫尔穆·胡芬在其著作中提到：行政诉讼主要关注以下四大方面：“法院能不能监督行使国家权力的行为？是设立专门的司机机关来监督还是普通的法院就可以实行？是不是可以监督国家行使权力行为的所有形式？监督的主要目的是为了保护相对人的私人权益还是监督权力行使的合法性？”[3]行政诉讼的立法目标也是围绕这些命题展开的。

（一）行政诉讼立法目标的概述及其在中国的演变

行政诉讼的立法目标，是指立法者在设定该法时期望行政诉讼实际运行所达到的某种理想效果，是国家根据社会客观需要、人们对法律发展规律的认识以及行政诉讼本身的性质所制定的。目前主要有五种关于行政诉讼目标的不同观点。第一，行政诉讼法是对行政主体的监督法，从司法控制行政的角度上讲，监督法效果值得期待，是现代法治行政的重要体现。第二，行政诉讼法是一种通过司法审查以达到保障行政程序的目的的程序法，通过行政诉讼法能够有效维护行政诉讼参与各方法律地位的平等性，确保各个法律关

---

〔1〕 朱景文主编：《法社会学专题研究》，中国人民大学出版社 2010 年版，第 378 页。

〔2〕 费孝通：“经济全球化和中国‘三级两跳’中的文化思考”，载《理论参考》2002 年第 3 期。

〔3〕［德］弗里德赫尔穆·胡芬：《行政诉讼法》（第 5 版），莫光华译，法律出版社 2003 年版，第 21 页。

系主体诉讼权益的实现。行政审判的目的不在于获得裁判或者协商和解，而是为了保障独立于裁判结果的参与、辩论等程序。第三，行政诉讼法是维护和保障行政相对人合法权益的一部救济法。公民、法人和其他组织是因为自己的合法权益受到了行政机关的侵犯才向法院提起行政诉讼。故而，国家应该将保护行政相对人的合法权益作为制定行政诉讼制度的主要目标和价值追求。第四，行政诉讼法是维护公共秩序的法。维护国家的公共秩序和确保已有公权力的顺利实施是国家设定行政诉讼制度的基本目标。行政诉讼被提起和受理，不是主要基于对行政争议一方权益的维护，而只是为了履行国家和现有公法规定的责任。第五，行政诉讼法是解决行政争议的法。行政诉讼的产生是由于行政争议的出现，没有主体因为行政争议提出诉讼，行政诉讼就没有运行的空间。故而，行政诉讼要以公正、合理地化解行政争议作为基本目标和价值追求。

1989 年《行政诉讼法》第 1 条规定表明，彼时我国行政诉讼目的主要有三个：确保法院审理行政案件正确、及时；对行政相对人的合法权益进行保护；维护公法秩序，捍卫行政机关行使职权；促进和监督行政机关依法行政。然而该立法目标的设定随着实践的推移，饱受争议，受到批判较多的是“维护行政”的目的。因为多数学者认为行政诉讼只有三个性质，分别是作为诉讼程序的行政诉讼，作为监督行政权力的行政诉讼和作为救济权利的行政诉讼。同理，行政诉讼的立法目的也应该只有三个：监督行政权力、救济私人权利和解决行政争议。因为一部法律的立法目的与这部法律的性质是休戚相关的，法律的目的只能在法律的性质之中进行选择。如果离开法律的性质去追求法律的目的，那么法律也将失去其本质，与最初的追求相背离。[1]所以，行政诉讼制度的立法目的只能在与行政诉讼性质相对应的三个目的里去设定，而不能超越。如果将“维护行政机关行使职权”作为行政诉讼的立法目的，那么行政诉讼制度在规定裁决方式的时候就无需规定其他的方式，而只需要保留“维持判决”的方式。事实上，维护行政机关行使职权只是行政诉讼运行可能的客观效果而不是其追求的价值，[2]如果行政诉讼在实际操作中能达到根据其性质设定的目标，那么维护公法秩序的效果也会自然呈现出来。所

〔1〕 林莉红：《行政诉讼法学》，武汉大学出版社 2001 年版，第 15~16 页。

〔2〕 刘善春：“行政诉讼维护依法行政作用论纲”，载《政法论坛》1999 年第 3 期。

以，“维护行政机关行使权力”只可以作为行政诉讼的功能，而不能作为设定的目的。在我国，实行的是人大领导下的“一府两院”制度，行政权和司法权都是国家并行的权力机构，并统一于我国人民代表大会的政权组织形式之下。司法权并不比行政权地位高，在当下可能更需要防范的是行政权践踏司法权的危险，行政权还需时时规范与监督。所以，维护行政权无论就法律性质还是现实需求，都不需要将其列为行政诉讼的立法目标和价值追求。

2017 年实施的新《行政诉讼法》第 1 条规定：“保证人民法院公正、及时审理行政案件，解决行政争议，保护公民、法人和其他组织的合法权益，监督行政机关依法行使职权，根据宪法，制定本法。”根据该条的规定，很明显，1989 年行政诉讼所规定的维护公法秩序的目的已经被删除，而以解决行政争议替代之作为行政诉讼的目标之一，并放在所有目标的前面。虽然有权利必有救济，但是行政诉讼所规定的对相对人合法权益的维护和保障及对行政机关依法行政进行监督的立法目的也不能偏废。应该说任何一部诉讼法制度的目的之一都有解决争议，只是发生争议的主体地位不同而已。所谓“诉者，告也；讼者，争也”就是这个道理。但是在解决争议背后每部诉讼法都应该有区别于其他诉讼法的特殊目的，比如《刑事诉讼法》是要惩罚犯罪。笔者认为《行政诉讼法》有别于其他两大诉讼的立法目的应该是保护行政相对人的合法权益，所以尽管《行政诉讼法》明确指出行政诉讼的主要目标是解决争议，但是也不能否定其他诉讼目标的存在。在当下中国，保护相对人的合法权益是社会现实的客观需要，只是在中国目前的国情下只能通过解决行政争议的方式来达到这个目的而已。但行政诉讼所追求的价值绝不能仅仅局限于对行政争议的化解。

（二）行政诉讼立法目标选择的客观条件

法律的目标需要客观条件的满足才能实现，行政诉讼运行的客观环境会制约行政诉讼立法目的的实现。第一，文化观念。尽管各个国家行政诉讼制度的本质是一致的，但是表现形式却存在差异。这一方面是因为各个国家的政治组织、经济发展不同，另一方面就是因为各国的文化观念不同。因此，作为法律移植的产物，行政诉讼制度虽然已经建立，但是制度所存在的历史背景和传统文化却很难改变。中国强调“和谐无讼”“家国一体”的传统观念与行政诉讼的性质和价值存在很大差异，民众对行政诉讼制度及其带来的法治文化还需要一段很长的适应过程。第二，历史背景。在以个人利益为中心的国家和以公共利益为主导的国家，国家权力的分配是不一样的。在以个人利益为中心的国家，由于比起行政官员，公民更相信法官，法官在他们心中比行政官员更能代表公正、公平，所以当公民的合法权益受到侵犯的时候，会更愿意把由侵犯引起的纠纷和冲突通过司法途径交给法官处理。基于这种法治理念，行政诉讼也无非是多种纠纷和冲突中的一种，无需设定专门的司法机关来处理，普通法院的法官也有能力可以解决，维护公民的合法权益。而在以公共利益为主导的国家，整个社会的中心是国家权力，由于国家权力的强大，公民更依赖作为国家权力代理机构之一的行政机关。但是一切掌握权力的人都容易滥用权力，行政权虽然具有很多优势，其不断的扩张也注定会对公民的权益产生影响甚至侵犯，对国家的其他权力产生威胁。为了形成国家权力与权力间的良好秩序，必须让各个权力间互相平衡、相互制约，故而行政权与司法权之间也必须相互制约，行政诉讼是作为规范和监督行政权的一种方式而存在的。在我国，长期以来都是更强调公共利益，以公权力为主导，认为个人利益应该服从于整体、社会和国家的利益，而市场经济的建立却更重视个人的自由和私人权益的保障。行政诉讼在我国既不能完全承担制约行政权的责任，也不能一味只在乎相对人的合法权益，只能进行折衷，以解决行政争议为目的。第三，社会的需要。行政诉讼作为权利救济和司法监督的一种方式，是和其他维持社会秩序的治理手段一起共同发挥作用的。诉讼途径的司法监督只是多种监督方式的一种，一般来说，一个国家除了通过司法手段监督行政权的行使之外还可以通过社会舆论、立法机关以及行政系统的自我调整进行监督。如果一个国家缺少健全的监督体系，各种监督手段和方式就得不到有效地运行和相互合作，行政权也不能在体制内被很好地监督和规范，公民就只能转而诉诸司法，通过司法机关监督和规范被滥用的行政权力。这是行政诉讼所发挥的司法监督功能。但是，由于司法监督相比其他三种监督方式具有事后性、中立性、被动性等先天不足，所以，如果行政权能够通过其他监督方式得到规范和纠正，那么公民对行政诉讼监督行政权的功能需求就不大。诚然，行政诉讼的监督和救济作用是相互配合、缺一不可的。但是在不同时期，两个作用之间也是有先后排列的。在当下中国，司法权还不能与行政权处于平行的地位，行政权被滥用的现象还时有发生，公民的私权利也常常被行政权所侵犯。故而，完全寄希望于通过司法权来监督行政机关行使行政权是司法机关不能承受之重。但是司法救济却具有其他救济方式所不能比拟的公正、有效等优势，司法机关在实际上也更多地承担了救济权利的任务。只有建立有效的救济制度才能最大限度地避免合法权益受到损害，通过解决行政争议最大限度地维护和保障行政相对人的合法权益应当是行政诉讼法的立足点和终极目标。[1]

二、行政诉讼立法目标的现实考察

(一)“吴某某告区政府等共同赔偿复垦损失案”

基本事实：2011 年 1 月 3 日，惠农公司与永正公司签订《重庆市江津区集体建设用地复垦项目测量、实施方案编制合同》，由惠农公司委托永正公司承担江津区塘河镇滚子坪村、石龙门村、洞寨村行政辖区内集体建设用地复垦测绘、实施方案编制、照片、多媒体制作等工作。2011 年 11 月 20 日，塘河镇政府（甲方）与吴某某（乙方）签订《农村建设用地复垦协议书》，主要约定：乙方自愿将位于塘河镇石龙门村鹅山社吴某某的宅基地面积 969 平方米，其中房屋占地面积 126.9 平方米的农村集体建设用地交付甲方组织复垦，该地块土地所有权属塘河镇石龙门村鹅山社，使用权属吴某某，土地使用权证号：津集建 1993 字第 3517 号，房产证号：塘河字第 0209013 号；乙方的建设用地复垦资金补偿面积以最后重庆市验收确认的耕地面积为准，如果涉及一个图斑中多个复垦户的，以多户协商的《面积分摊协议》为依据。原告申请的建设用地复垦，属于江津区塘河镇石龙门村农村建设用地复垦项目的组成部分，具体的图幅号为 H48G073065、图斑号为 1254。

另查明：根据复垦政策规定，塘河镇政府是其辖区内对农村集体建设用地复垦工作进行实施的行为主体，主要负责土地的复垦宣传和发动、复垦的潜力调查、土地的权属调查以及复垦土地附着物的清理、丈量、登记和公示，对工程施工进行招标、投标以及实施工程竣工后进行土地的管理维护与相关利用。复垦项目的承担单位为土地整治中心，主要负责农村建设用地复垦项目的规划与选址、工程的监督与管理、工程资金的调度、兑现与补偿等工作，并对复垦项目的申报、备案、实施、验收等工作进行完善。复垦项目技术支撑单位为惠农公司，主要对土地复垦项目的勘查与测绘、规划与设计、技术支持、工程监理承担责任，并根据委托组织复垦项目的工程施工等。富得海

---

[1] 孔繁华：“从性质看我国行政诉讼立法目的之定位”，载《河北法学》2007 年第 6 期。

公司是塘河镇政府确定的现场施工单位。

再查明：土地整治中心在重庆市农村商业银行股份有限公司江津支行塘河分理处为吴名成办理了个人结算账户，并按入库待复垦的耕地面积 1.083 亩的40%，以 96 000 元/亩核算预付复垦补偿款计 41 587.2 元，此款已于 2012 年 8 月 1 日拨付到吴某某的个人结算账户。2013 年 8 月 21 日，经重庆市国土资源和房管局最终验收，确定吴某某申请建设用地复垦后的耕地面积为 391 平方米。吴某某已按验收确定的面积和政策调整后的 143 800 元/亩的补偿标准，获得了相应的复垦补偿费。复垦形成的耕地由原告使用。

法院认为：民事活动必须遵守法律，法律没有规定的，应当遵守国家政策。农村建设用地复垦是政策性较强的工作，主要由农村建设用地复垦政策调整，当事人除作出是否复垦的意思表示外，就复垦费的补偿标准、复垦面积的最终确认、复垦范围的确定等关键内容，均不由当事人自由约定。重庆市作为农村建设用地复垦和地票交易的改革试验地区，自 2008 年开始实施农村建设用地复垦试点工作以来，也在不断根据实际情况调整复垦政策。因此，原告与被告塘河镇政府签订的《农村建设用地复垦协议书》，其中就复垦费的补偿标准、复垦面积的最终确认等内容的约定，并不具有确定性。在实施复垦过程中，有关规划、设计、施工、验收等，均受复垦政策的调整和约束。虽然原告与塘河镇政府约定的复垦面积为 969 平方米，实施过程中的入库备案面积为 722 平方米，但符合复垦政策的最终验收确认面积为 391 平方米。根据合同约定和复垦政策的规定，最终验收确认的面积是补偿资金的给付标准，原告只能按最终验收确认的 391 平方米获得复垦补偿费。审理中，原告明确本案主张侵权之诉，应依法适用过错归责原则。行为人因过错侵害他人民事权益，应当承担侵权责任。根据谁主张，谁举证的举证规则，原告应提供证据证明侵权责任的构成要件，一是证明被告有过错，二是证明被告对原告实施了侵权行为，三是证明原告因被告的侵权行为遭受损害的事实，四是证明该损害事实与被告的侵占行为之间存在因果关系。根据原告与塘河镇政府的约定，建设用地复垦资金补偿面积以最后重庆市验收确认的耕地面积为准，证明约定的最终验收面积并不具有确定性，原告对此也是明知的，该约定并不违反法律或行政法规的效力强制性规定，应合法有效。被告根据复垦政策，按各自职责履行组织、设计、测绘、施工等复垦工作，即使实施复垦的最终验收面积与协议约定面积存在差异或被告解释含糊，也在意料之中，不能据此认定被告存在过错或对原告存在侵权行为。原告已按验收确认的面积获得复垦补偿费，且复垦后形成的耕地由原告持续管理、使用和收益。原告作为复垦政策的受益者，其就侵权之诉举示的证据不足以证明其事实主张，依法应当承担举证不能的不利后果。原告参与复垦所得的复垦利益，只能根据最终验收确认的面积获得复垦补偿费，原告不能寻求政策和法律之外的利益。综上所述，原告吴某某的诉讼请求无事实依据和法律依据，本院不予支持。

依据《中华人民共和国民法通则》第6条，《中华人民共和国合同法》第8条、第52条，《中华人民共和国民事诉讼法》第64条第1款、第65条第1款，《最高人民法院关于适用〈中华人民共和国民事诉讼法〉的解释》第90条，《最高人民法院关于民事诉讼证据的若干规定》第2条的规定，判决驳回原告吴某某的诉讼请求。

本案中原告与塘河镇政府农村建设用地复垦协议书既有行政机关参与，也有行政管理的目的，尽管有协商空间但是协商空间并不大，据此把原告与镇政府签订的农村建设用地复垦协议书作为行政协议也是说得过去的。但是可以看出在行政审判的过程中，法院事实上是用民事审判的判案标准代替了行政审判的判案标准，通过这样的方式把问题转化为行政协议内容本身的合法性审理，而规避行政机关行为是否合法的问题，如镇政府签订协议的合法性，市国土局资源和房管局验收的合法性以及该地区政策本身的合理性问题。同时通过只审查民事部分的方式，也规避了镇政府和区土地整治中心对行政诉讼的举证责任。

当然这样做，该区法院也并不会触犯法律上的风险，因为将本案中的农村复垦协议书当作民事合同进行处理从法律上讲是可以说得过去的。理论上，行政协议和民事合同通常可以从签订协议主体间的关系、签订协议的内容和协议的目的三方面进行区分。但由于中国缺乏统一的行政程序法和专门规范行政协议的立法，所以理论上确立的三个标准在实际操作中都会显得过于抽象，而作为法官其宁愿采用直截了当的、清晰易辨的方式来判断协议的性质。根据笔者收集的案例发现，在不同的行政案件中对“合意”性质的判断也会得出不同的结论，如果将“合意”作为行政协议，则更多强调其行政目的，如果将“合意”作为民事合同，则更多强调双方主体间地位的平等性。而至于合同（或协议）的内容是否具有行政优益权，各个法官的理解就有差异了。因为不同的主体对何谓签订合同（或协议）时“双方意思表示自由”，并没有统一的观点和理解。根据实践中对行政机关和行政相对人之间签订协议性质的常规判断，一般而言，民事合同说往往强调合同的签订是出于双方当事人自愿的结果，尽管在签订过程中，不能保证双方地位完全平等，却也不妨碍最终合同的签订是出于当事人的自由意思表示。行政协议说强调此类合同未能体现行政相对人一方的自由意思，在约定过程中，行政机关总是占据主导地位，而相对人一方几乎不存在商讨的空间；事实上，因为行政协议自身既拥有民事合同的形式也具备行政法律关系的特点，故而，在实践中势必会呈现出综合、复杂的状况。因为在一般的民事合同中，也会由于双方的实力悬殊出现协商过程中当事人不平等的话语权等状况，但却不会仅仅因为狭小甚至根本不存在的协商空间就认定该“合意”为行政合同。同理，在判断“合意”性质是否为行政协议时，也不能只是因为签订体现了双方当事人的自由意思表示就认定该“合意”为民事合同。“较少的协商余地和空间应该被允许出现在行政协议与民事合同之中。”〔1〕

在对本案的走访调研过程中，笔者了解到法庭对本案其实也是有争议的，但是考虑到农村建设用地复垦问题是政策性较强的问题，而该区所在的重庆市作为农村建设用地复垦和地票交易的改革试验地区，自 2008 年开始实施农村建设用地复垦试点工作以来，也在不断根据实际情况调整复垦政策。该区作为农村复垦的典型地区，同类型的行政争议比较多，如果本案件通过行政诉讼判决行政协议违法或者无效而要求行政机关赔偿，可能会产生示范效应，之前通过民事判决解决的这类案件当事人可能会以此为理由不履行协议或者要求国家赔偿。多方考虑，最后决定判决驳回原告诉讼请求，而驳回诉讼请求的最好理由就是将该案中涉及的复垦协议作为民事合同处理。事实上，除了本案中提到的复垦引起的纠纷之外，我国行政争议中涉及农村土地问题的还有很多，而且大部分都很棘手。而农村土地问题都是以同政府签订“协议”的方式处理的，如果这些协议都被认定为行政协议，那么就必然涉及行政协议的稳定性问题。根据最高人民法院副院长江必新对 2015 年《行政诉讼法》的解读：有关行政行为的合法承继性问题应该分别对待，在某些具体情形下，后面所诉的行政行为不能因为先前的行为不合法而认定为违法行为；但是在满足某些条件时，之前的行政行为如果不合法就意味着后面发生的行政行为

---

〔1〕 陈无风：“行政协议诉讼：现状与展望”，载《清华法学》2015 年第 4 期。

因为不具有合法的基础而当然没有合法效力。〔1〕如果判决这些行政协议无效，那么已经签订的行政协议甚至过去已经由民事审判庭裁决的作为民事合同处理的“行政协议”也有随时被全盘否定的可能。并且现实中也确实存在城市规划区内集体土地上房屋的征收补偿缺少法律规范，多以政策为依据，有的低于国有土地上房屋的补偿标准，个别项目的征收补偿方案不合理，有的地方以“旧村改造”名义进行征收搬迁等导致被征收人不满意的情况。诸如此类案件若审理不好，不但不能有效化解纠纷，反而会将相关问题复杂化。面对如此的现实困境，法院举步维艰，假如法院严格按照法律的要求对这些案件进行受理和审查，那么将可能会面对来自权重部门的重重压力，并且更可怕的是如果这类案件中的某一件被司法审查，那么就会引发如洪水般的诸多类似案件涌入法院，这种结果也是法院不愿意看到的。反之，如果法院不按照法律履行职责，又会进一步削弱自己的权威，破坏自己的名誉，使民众更有理由相信法院只不过是地方政府的一个“传声筒”。〔2〕

我国的城市化建设是完全由政府推进和主导的过程，从土地的审批到土地用途的确定，从城镇的设置到规划建设，从工程的许可到旧城改造到最后的拆迁补偿都由政府严格把关、直接负责，关键的大型项目甚至由政府亲自参与运作，这与西方主要由市场主导的城市化发展模式是不一样的。在这一过程中，政府必然会出台一系列的政策，比如本案提到的农村建设用地复垦政策和地票交易政策等，而这些政策由于关乎一个地方的经济民生，也特别容易引起群发效应，所以法院对这类案件的处理也是非常谨慎。在当下中国，行政法庭在审理案件过程中，如果一味追求“理想化”的正义是不能实现的，只能通过对行政纠纷的化解来间接追求正义，并且这种对纠纷的化解也不是仅仅局限于对个案的解决，而是放眼整个社会，对社会多种利益的平衡，是通过对具体案件的处理竭力避免整个社会矛盾和纠纷的产生。所以对纠纷解决的“现实主义”最终又让位于多方利益调和之后达到的法律效果、社会效果、政治效果的最大化。中国人民大学法学院的教授胡锦光提供的一份证据也再次印证了这一点。该份证据显示北京某法院向他咨询的一起案

---

〔1〕 阿些和：“行诉法解读（第3稿）”，载 http://blog.sina.com.cn/s/blog_690414ba0102vgsb.html，最后访问时间：2015年3月8日。

〔2〕 贺欣：“法院推动的司法创新实践及其意涵——以T市中级人民法院的行政诉讼为例”，载《法学家》2012年第5期。

件中，虽然当地住建委的一个行政行为是完全不符合行政法的，但是由于该非法行为已经被十分普遍地适用，故而法院不得不认定其为合法，将这一行政行为引起的行政争议挡在法院的大门之外，以此避免打开行政诉讼的闸门。[1]

（二）“广西北海市营盘镇白龙村公所坪底村社员不服县政府土地确权案”[2]

原审原告与原审第三人争议的土地位于营盘镇白龙村公所坪底岭北面，地名为坪底屋背岭，面积约46亩，四至为：东至樟木根路，南至坪底村委会第八生产队的木薯地，西至炮台路，北至国社合办细叶桉林地。1994年11月24日，合浦县人民政府作出处理决定：双方争议的土地属国家所有。在争议的土地范围内，其中约23亩由坪底第三生产队使用，八（三）生产队在此地所种的木薯，限于本处理决定发生法律效力1个月内自行处理，其余的土地由八（三）生产队使用。坪底村委会第八（三）生产队不服，向合浦县人民法院提起行政诉讼。

一审法院审理查明，合作化时期，坪底村社员即于讼争地上种植松林。1968年至1979年期间，讼争的双方当事人同属白龙大队第八生产队。1972年，白龙大队第八生产队出售争议地上的松林购买了一艘渔船。1979年白龙大队第八生产队分为现在的八队、八（一）队、八（二）队和八（三）队，分队时对现争议的土地没有划分。1981年，经白龙大队主持按人口均分坪底村背岭地，八（三）队分得讼争地，八队分得八（三）队南侧地，八（一）队和八（二）队分得炮台路以西地。岭地划分后，各队各管其地，并无争议。1993年，因政府征用土地，原告与第三人为讼争地权属发生纠纷。

法院认为，讼争地靠近村庄且长期由农民管理使用，依法应该归集体所有，不应定为国有。1981年间，坪底村委会第八、八（一）、八（二）、八（三）生产队经大队主持划分的岭地，依法应予维护，不应再变动，第三人以土地产权登记表为据而要求产权不应支持。被告处理决定主要证据不足，适用法律、法规错误，不应维持。依照《中华人民共和国土地管理法》（以下简

〔1〕 贺欣：“法院推动的司法创新实践及其意涵——以T市中级人民法院的行政诉讼为例”，载《法学家》2012年第5期。

〔2〕 梁凤云：《最高人民法院行政诉讼批复答复解释与应用·法律适用卷》，中国法制出版社2011年版，第181~184页。

称《土地管理法》）第6条第2款，第13条第4款，《行政诉讼法》第54条第（二）项第1、2目的规定，作出判决：撤销被告1994年11月24日作出的合政裁［1994］17号处理决定，并由被告重新作出具体行政行为。第三人北海市铁山港区营盘镇白龙村公所坪底村委会第八生产队不服一审判决，上诉至北海市中级人民法院。

北海中院审理后，认为本案争议的土地长期由营盘镇白龙村公所坪底村社会耕种，但从未办理土地产权文书，1978年坪底村分队时也没有形成分配耕地的书面协议。合浦县人民政府将该争议地确认为国有土地的依据与《土地管理法》的规定相抵触，而应当从实际出发，将土地确认为集体所有并合理处理使用权归属，不能一律将所有权确认为国有。二审法院遂向广西省高院作书面请示。

广西高院认为，合浦县人民政府将讼争的土地确定为国有土地依据不充分，依法应属集体所有，理由为：第一，县人民政府将讼争地确定为国有土地的依据与《中华人民共和国宪法》（以下简称《宪法》）、《土地管理法》的规定相冲突。县政府将讼争地确认为国有土地是依据国务院1991年颁布的《中华人民共和国土地管理法实施条例》（以下简称《土地管理法实施条例》）第2条，国家未确定为集体所有的山岭、林地、荒地、草地、河滩、滩涂地以及其他土地属于全民所有即国家所有，和国家土地管理局1995年颁布的《确定土地所有权和使用权的若干规定》（［1995］国土籍字第26号）第18条，不能依法证明争议土地所有权属于农民集体所有的，则属于国家所有。县政府适用上述两条规定显然与《宪法》及《土地管理法》（1998年）相抵触。对《宪法》第10条第2款，除了依据法律规定属于国家所有的土地以外，城市郊区和农村的土地都属于农村集体所有，和《土地管理法》（1988年）第6条第2款，除依据法律规定属于国家所有的土地以外，城市郊区和农村的土地都属于农村集体所有，应当理解为，城市郊区或者农村的土地是否属于国家所有，必须由法律作出明确的规定，如果法律没有规定，则属集体所有土地。第二，县政府将农民长期使用的农村土地确定为国有土地，没有考虑历史原因，更没有保护农民的集体利益。按照历史的状况，土地改革时未分配给农民或是农民长期使用而国家从未颁发土地证的土地，发生争议后，要农民举证相当困难。如果一概而论，不能举证证明土地为集体所有的，则属于国家所有，这不符合实际情况，会损害农民的利益。广西高院认为，从经营情况来看，如果争议的土地长期由农民耕种，由于历史原因虽未办有土地产权文书，仍应该从实际出发，将土地所有权确定为集体所有。

值得注意的是，本案中讼争土地没有办理土地产权文书，该山岭不能证明其属于国家确定的农民集体所有。国家土地管理局制定的《确定土地所有权和使用权的若干规定》（［1995］国土籍字第26号）第18条，不能依法证明争议土地所有权属于农村集体所有的土地，则属于国家所有的规定与《土地管理法》及实施条例的精神一致。根据该条例第19条的规定，在土地改革时已经分给农民并颁发了土地所有权证的土地所有权归农村集体所有；依据实施《六十条》（即《农村人民公社工作条例》）时确定为集体所有的土地也属于农村集体所有的规定，本案中的讼争土地也不应该属于农村集体所有的情形。但是，考虑到该讼争土地长期由农民集体使用，将其收归国有可能引发群体矛盾，不利于社会和谐。所以如果国家要将本案争议地作为国有土地予以使用，也有必要参照国家征用土地的相关规定对农民作出适当补偿。故而，1998年8月17日，最高人民法院行政审判庭就《关于北海市铁山港区营盘镇白龙村公所坪底村委第八（三）生产队不服合浦县人民政府土地权属处理纠纷一案适用法律问题的请示》作出了《关于对农民长期使用但未取得权属证明的土地应如何确定权属问题的电话答复》（［1997］行他字第17号）：根据《宪法》《土地管理法》关于土地所有权规定的基本精神，对土地所有权有争议，但不能依法证明土地是否属于农村集体所有的土地，应当按照《土地管理法实施条例》第3条第（三）项的规定进行处理，并参照原国家土地管理局确定土地使有权和所有权的相关规定确定争议土地的所有权。此外，考虑到本案的争议土地虽然未取得合法权属证明，但由农民实际长期使用的特殊情况，建议你院向当地政府提出司法建议，表达如果国家确定要对该争议地使用，应当参照国家征用土地的相关规定对农民予以适当补偿。

从上述案例可以看出，人民法院在司法实践中也绝不仅仅是政府的代表之一，虽然法院在国家大政方针的制定和决策过程中起到的作用有限，但是法院绝不仅仅是政府的一个附属品。法院本身作为国家治理体系内的一个治理机构，一直在以自己的方式作出努力，尽量实现立法目标，监督行政权，与其他部门相互制约。在中国的历史长河中“平衡”和“中庸”之道一直是国人行动的选择和价值取向，是有深厚根基的。[1]法院本身并没有完全代理谁，既不是完全代理政府，更不是追求最大限度保护相对人利益的理想主义，而是基于现实，会考虑法律和法律之外的多种因素，平衡多重效果。尽量通过个案的处理（但不局限于个案）来为整个社会的和谐作出自己的努力，至少不要让法院的裁决成为社会矛盾和冲突的导火索。

三、利益平衡机制下行政诉讼立法目标的实践偏移

（一）行政审判中的法律效果和社会效果

法律实效是法律适用、遵守、执行的一种实然状态。对司法法律实效的评价可以通过司法运行之后产生的法律效果和社会效果两方面进行考察。法律效果在西方法社会学里是指法律或司法裁决对人们生活的影响和产生的作用。法律实效会呈现理想积极和现实消极两种效果，法律效果也会呈现法律规范效果和现实效果两种状态。在司法过程中对法律效果衡量的标准就是看裁决结果产生的作用是不是和立法的预期目标一致。[2]法律的规范效果是指法律规范的适用与立法的期待吻合的理想状态，法律的现实效果是指法律规范的适用与立法的期待之间有一点偏差。社会效果和法律效果不同，社会效果是指人们对法律适用的评价。[3]司法的社会效果是指社会各界对具体案件的审理过程和通过审判具体结果的评价和认可，前者侧重行为主体对法律的意识，后者侧重法律对行政主体的影响。社会效果强调法官在审理案件过程中应该充分考虑各种因素，不能就案办案，僵化孤立，对个案的审理的目的不是就事论事解决争议或维护受害方，而是在宣扬法治、树立司法权威的同时，消除社会矛盾，促进社会和谐。社会效果对法律实效的评价是多方面的，公平、正义、秩序、自由、效率等都是其考虑的范畴。一般来讲，法律效果与社会效果主要有如下差别：第一，法律效果要求法律的适用和实施要以法律为依据，事实为准绳，在适用的过程中遵守严格的逻辑推理、事实判断。社会效果要求法律适用的目的是为了解决社会纠纷，推进社会稳定和谐，维护社会利益、公共利益和国家利益，司法裁判的结果不能和多数民众的道德

---

〔1〕 费孝通："经济全球化和中国'三级两跳'中的文化思考"，载《理论参考》2002年第3期。

〔2〕 朱景文：《现代西方法社会学》，法律出版社1994年版，第204页。

〔3〕 江必新："法律效果与社会效果的统一"，载《人民日报》2006年5月10日。

观和对事物的普遍认识相冲突。第二，法律效果强调严格的法律推理过程，强调对法律内容适用的准确性，法律规范不能被轻易变通。社会效果强调被多数民众认可的法律价值的实现，综合考虑法律适用对社会政治、经济、文化等的影响。法律效果和社会效果并不是当然互相排斥的，在某种程度上说，法律效果是追求社会效果的一种手段，社会效果是法律效果所追求的某种价值。从理论上讲，如果司法机关能够严格按照法律规定，司法公正严明，就能在取得最大法律效果的同时获得良好的社会效果，得到社会的认可。但是有些时候，尽管司法公正严明，适用法律正确，裁决结果如果用法律条文的内容来衡量达到了理想的法律规范效果，但是却没有得到社会的好评，没有达到理想的社会效果。比如在前文所提到的“广西北海市营盘镇白龙村公所坪底村社员不服县政府土地确权案”一案，尽管讼争土地也不符合农民集体所有的情形，但是如果将该由农民集体使用的讼争土地长期强行划归国有，就可能引发群体矛盾。最高人民法院最终考虑到社会效果，作出了如果讼争土地要划归国有，则应该给予相应补偿的处理结果。事实上，社会效果可能已经蕴含在法律条文背后的法律精神之中，社会效果和法律效果都是法官追求的价值，以及社会对司法结果评价的标准。司法实践中，只有既能了解案件产生的背景，遵循社会发展规律，又能熟练掌握和运用法律规则的法官才能收获良好的社会评价。

行政诉讼是三大诉讼中与依法治国关系最密切的诉讼，行政诉讼的基本功能就是协调和规范多种复杂的关系，推进社会的和谐稳定。而政府与民众的关系（即官与民的关系）在各种需要调整的关系中是最为重要的一种关系，如果官民关系不稳定，那么整个社会和国家都将失去稳定的基础，所以官民关系也自然成了行政诉讼关注的重点。当下中国，经济高速发展，社会变化日新月异，政府的职能不断转变，人们的追求日益多元，各种社会矛盾频频爆发，而官民关系集中的土地资源利用领域、城市拆迁补偿领域、社会保障领域、治安管理领域等更成为社会冲突的源头和焦点。在这个背景下，无论是政府还是民众都希望法律能够在理清各种关系、化解矛盾上有所作为。作为“民告官”的法律——《行政诉讼法》，被社会寄予的厚望就是通过行政审判调整官民关系，从而确保官民关系的稳定性，维护社会安定。可见追求社会效果本也是行政诉讼的应有之意。另一方面，《行政诉讼法》及相关法律法规体系不健全、名目繁多、衔接不紧密、时有漏洞的现实状况，也让行政审判法官在司法实践中不得不将社会效果作为司法裁判的补充。美国的本杰明·卡多佐大法官在其著作《司法过程的性质》中指出："规制的含义体现在规制的渊源当中，换句话说，规制的含义也体现在社会生活最急切的需要当中……如果法官在判案过程中需要填补法律的空白，我们通常向它寻找解决办法的对象并不仅仅是逻辑演绎，而更多是社会需求。"〔1〕这也就是最高人民法院《二〇一〇年人民法院工作要点》（法发［2010］1号）对行政审判法官审理案件作出的要求："……要紧紧抓住影响社会和谐稳定的基础性、根本性、源头性问题，深入化解社会冲突和矛盾、积极创新社会管理、加强执法的公正性和廉洁性，并在人民法院工作的整体部署、法院改革、队伍建设、执法办案等各项工作中纳入这三项重点工作，以及在全国各级法院系统对领导班子和干部的绩效考核范围中纳入这三项重点工作，要认真研究这三项重点工作，并提出具体的工作规划和实施意见，将各个任务分配落实，确保三项重点工作能够扎实有效地推进。"事实上，除了2010年的法院工作重点，在关于行政审判的司法文件中也是多次提到社会效果与法律效果的统一（详见表1）。通过近十年最高人民法院的司法文件可见，尽管根据《行政诉讼法》的规定，行政诉讼的立法目标仅仅是要求考虑行政争议的化解、相对人权益的保护和行政权力的监督，但现实对行政审判法官的要求却是既要严格执行法律，同时又要尽可能地反映社会的需求，适应时代的变化和发展，通过行政审判将法律效果与社会效果有机统一，为依法治国营造一个和谐稳定的实施环境。

表1

司法文件	具体段落	主要体现
《最高人民法院关于妥善处理群体性行政案件的通知》（法［2006］316号）	第五段	力求法律效果和社会效果的有机统一。从大局出发，保障各项改革政策和措施的落实，维护经济和社会发展的秩序。
《最高人民法院关于当前形势下做好行政审判工作的若干意见》（法发［2009］38号文件）	第三段	正确处理适用法律与执行政策的关系，努力实现法律效果与社会效果的有机统一。

〔1〕［美］本杰明·卡多佐：《司法过程的性质》，苏力译，商务印书馆1998年版，第76页。

续表

司法文件	具体段落	主要体现
《最高人民法院关于认真学习贯彻中央经济工作会议精神的通知》（法发［2010］58号）	第二段	确保人民法院工作始终服从服务于经济社会发展大局，始终服从服务于科学发展，始终服从服务于加快转变经济发展方式这条主线。
《最高人民法院关于严格执行法律法规和司法解释依法妥善办理征收拆迁案件的通知》（法［2012］148号）	第三段	认真研究解决征收拆迁案件的新情况新问题，积极探索创新社会管理方式，努力实现保护人民群众合法权益与维护公共利益的有机统一，保障促进社会和谐稳定。
《最高人民法院关于人民法院为企业兼并重组提供司法保障的指导意见》（法发［2014］7号）	第二段 第五段	实现企业兼并重组法律效果和社会效果的有机统一。人民法院要从强化国家战略的高度深刻认识，通过严格执行法律，公正高效地审理案件，实现兼并重组案件审理法律效果和社会效果的有机统一。 按照利益衡平原则，依法妥善处理各种利益冲突。在法律法规没有明文规定的情形下，在个体利益冲突中应当优先寻找共同利益，尽可能实现各方的最大利益。

（二）行政审判的社会学模式

社会生活并不是那些法官断案所依据的特殊而有限的“判断规范”，它是被人们实际广泛遵循的规则，是在更广泛的范围内被应用的“活”的法律，即“活法”（living law）。所谓“活法”就是指：“能够实践支配社会生活的法律，虽然这种法律并没有得到国家的制定或者认可，以法律规则或条文的形式出现，但是活法的意义并不局限于那些被国家专门制定或认可，可以被法院适用、并且能够作为司法裁决依据的有形的法律规则，也不仅仅关注这些规则是否能够影响对成文法内容和程序的制定。所谓‘活法’是具有自身独立价值的，它是建立和构成人类社会法律秩序的前提和基础。”〔1〕国家制定法的支配作用仅仅存在于理论上以及法律职业者的信条中，而事实上对社会秩序的维系真正发挥实效的是“活法”。因此，埃利希认为法律发展的中心是社会本身。他认为，“无论是现在还是未来的任何时候，法律发展的重心不是立

〔1〕［奥］欧根·埃利希：《法社会学基本原理》，舒国滢译，中国大百科全书出版社2009年版，第538页。

法，也不是法律理论科学或者司法裁判，而是社会本身。”[1]因此我们不仅需要观察那些制定法所承认的规则，而且要研究制定法忽略和省掉的规则，甚至是制定法所不赞成的规则。

法社会学对司法的研究不同于传统法学对法律执行的研究路径。美国社会学家布莱克明确区分了这两种研究模式：法学模式与社会学模式。法学模式长期统治着西方法学界，而社会学模式则是相对新兴的，二者的区别被归纳为如表2：

表2 法律的两种模式[2]

	法学模式	社会学模式
焦点	规则	社会机构
过程	逻辑	行为
范围	普适的	可变的
视角	参与者	观察者
意图	实践的	科学的
目标	决议	解释

从表中可见，法学模式仅仅聚集了法律条文或者法律规则本身，除非在法律中有明确的规定，否则对案件的处理与案件的社会结构毫不相干，如果法官在司法过程中受到社会因素干扰不能严格执行法律条文，这种“行动中的法”对“书本上的法”的偏离，会被认为是不恰当的、不正常的现象。与之相联系，在法学模式下，法律被视为一个从法律规则的大前提和案件事实的小前提，推断出处理结果的逻辑过程，司法过程完全由法律条文适用于法律案件的逻辑推理所决定。在这一司法模式中，法律是普适的、绝对的和不变的，即法律以统一方式适用于所有案件，在法律上相同的案件必然得到同样的处理。法学模式不仅把案件放在法律空间中进行分析，而且从法官、执业律师、警察等参与者的视角，关注应该如何逻辑地应用法律作出决议这一

[1] [奥] 欧根·埃利希：《法社会学基本原理》，舒国滢译，中国大百科全书出版社2009年版，第539页。

[2] [美] 布莱克：《社会学视野中的司法》，郭星华等译，法律出版社2002年版，第17页。

实践层面的问题，其目标就在于形成某种决议（裁决）。与之相对应，司法的社会学模式把案件放在社会空间，而非法律空间中进行分析，将注意力集中到案件的社会结构上。如此一来，法律条文只不过是影响司法过程的诸多社会因素之一，法官的选择性司法、差别性司法以及司法自由裁量权等对法律条文或多或少的偏离，是无法被消除的“正常”现象。换言之，在“书本上的法”与“行动中的法”之间总是存在差距，庞德早在一个世纪前就敏锐地指出了这一点。[1]同样与之联系，在社会学模式下，并不认为司法是纯粹的逻辑推理过程，而是将其看作人们的实际行为，着眼于法官在具体社会环境和案件结构中的经验过程。“法律的生命不是逻辑，而是经验。”[2]法律的制定是一个过程，法律的实施也是一个过程，而且，在法律的实施过程中，并不一定与法律的规定完全吻合，这就是法律的实践视角。也就是说，在法律的实施过程中，由于受到各种因素的影响，其实施会偏离法律的规定，所谓的“法律面前人人平等”只是一句神话。每一个案件都是复杂的社会地位和社会关系的结构，结构的不同会导致案件的处理结果不同。布莱克认为影响案件处理结果出现差异，主要取决于案件的社会结构。[3]在这一直达模式下，法律是可变的和相对的，它因情况而定，随着案件各方社会特征的不同而不同，法律条文上规定相同的案件常常得到不同的处理，这就意味着与法学模式的无差别对待的假设不同，社会学模式看到差别待遇是无处不在的，因而不能够抛开社会差异去观察法律体系。[4]关注针对案件的决议实际上是如何作出的，不是为了形成某种决议，而是为了了解决议在形成过程中考虑的诸多因素之间是怎么结合和影响法官的最终裁决的。[5]

具体到行政审判中法官通常会综合考虑如下几种因素。

第一，国家政策。尽管法官在行政审判的过程中会考虑经济发展因素，但就我国而言，中国经济体制的选择和经济的宏观调控是在政治主导下进行的。所以，法官在行政审判过程中不是自发地回应市场经济的要求，而是在

---

〔1〕 Roscoe Pound, “Law in Book and Law in Action”, *in American Law Rev*, 1910, Vol. 44.

〔2〕 O. W. Holmes, *The Common Law*, Macmillan, 1968, p. 1.

〔3〕［美］布莱克：《社会学视野中的司法》，郭星华等译，法律出版社 2002 年版，第 2~15 页。

〔4〕［美］布莱克：《社会学视野中的司法》，郭星华等译，法律出版社 2002 年版，第 4、第 16~18 页。

〔5〕 郭星华主编：《法社会学教程》，中国人民大学出版社 2011 年版，第 232~244 页。

政治诱导的情况下参与经济建设。即在行政审判中考虑经济因素也是在中共中央和国务院的重大经济政策指引下，确保政治上一致的前提下进行。“无需置疑，法律应该是一切行政行为的首要依据。但是，在我国，由于长期以来的政策治国模式，国家政策在行政机关的执法活动中仍然有举足轻重的地位。”〔1〕前最高人民法院院长肖扬在1998年全国高级法院院长会议上作出的关于《最高人民法院关于全面推进人民法院的各项工作为改革、发展稳定提供有力的司法保障》的讲话，就明确提出：在当今国际国内形势迅猛发展，经济体制极具转型，法制还不健全的背景下，国家必须要利用政策来调整各种关系，在这种情况下政策经常会作为审判的根据。只有在审判过程中将严格适用法律与认真执行政策有机结合，才可以确保在司法工作中没有重大失误出现。可见，在没有法律明确规定的时候按国家政策办，从实际情况出发，按照“三个有利于”的标准对行政裁判结果的评价和衡量也是法院所倡导的。〔2〕行政诉讼是行政相对人对行政机关具体行政行为提起的诉讼，法院审查行政机关具体行政行为是否合法是审查行政机关在作出具体行政行为时有没有法律的依据，依据是否正确。但是行政机关行使自由裁量是不可避免的，而公共政策在很多情形下都是行政机关在行使自由裁量权时的考量因素，于是，在行政审判过程中，也必然会考虑公共政策的因素。如根据《中华人民共和国招标投标法实施条例》第9条的规定，〔3〕在行政审判过程中，法官除了要考虑该条法律规则本身的内容之外，还可能要考虑这些非招标项目是否是经过了严格的听证、调查等相关程序后确定的，并可能从全局角度综合考虑该招投标项目的商业背景、社会背景以及相关重大政策，该招投标项目是否与国家宏观调控政策、生产政策等密切关系，社会各个方面对该项目实

〔1〕 章志远：“作为行政裁量‘法外’依据的公共政策——兼论行政裁量的法外控制技术”，载《浙江学刊》2010年第3期。

〔2〕 江必新：“论‘三个有利于’标准与合法性标准之间的关系”，载《人民司法》2000年第2期。

〔3〕《中华人民共和国招标投标法实施条例》第9条规定：“除招标投标法第66条规定的可以不进行招标的特殊情况外，有下列情形之一的，可以不进行招标：（一）需要采用不可替代的专利或者专有技术；（二）采购人依法能够自行建设、生产或者提供；（三）已通过招标方式选定的特许经营项目投资人依法能够自行建设、生产或者提供；（四）需要向原中标人采购工程、货物或者服务，否则将影响施工或者功能配套要求；（五）国家规定的其他特殊情形。招标人为适用前款规定弄虚作假的，属于招标投标法第4条规定的规避招标。”

施的评价及对该项目价格的认可度等。

第二，公共利益。政府是所有社会主体中与“公共利益”联系最紧密和频繁的主体，行政争议的产生大部分与“公共利益”有关，引起争议的主体一方也是政府，所以有关“公共利益”的诉讼一般来说就是行政诉讼。〔1〕在行政审判实践中，社会效果的预测与“社会公共利益”紧密联系。比如按照中国国土资源部制定和颁布的《招标拍卖挂牌出让国有土地使用权规定》，各类经营性用地的出让必须经过招标、拍卖或者挂牌的方式。商业、旅游、娱乐和商品住宅等经营性用地以外用途的土地的供地计划公布后，同一宗地有两个以上意向用地者的，也应当采用招标、拍卖或者挂牌方式出让。但是在行政审判的过程中法官除了考虑出让地的类型是否属于商业经营性质，是否是以招标等合法方式出让之外还会考虑如果不是以合法的方式出让的，那上面已经建成的建筑物能否拆迁？如果拆迁会不会引发社会不安定，会不会引起一系列的纠纷？如果该建筑物要拆迁如何做好安置工作，而不因为诉讼引起新的矛盾？如果该建筑物需要拆迁，那拆迁人与被拆迁人之间是否已经签订好补偿协议，补偿协议是否合理，是否会引发争议等。〔2〕

第三，经济利益。现代社会是多元化的社会，经济利益主体、利益表达机制等都日趋多元，有关的经济决策日趋分散和具体，国家和政府对经济活动的控制逐渐变弱，对经济活动的规制从微观控制向宏观调控转变。由于国家和政府规制经济方式的转变，原有行政权力作为主导解决经济纠纷的能力也随之下降，在这个过程中，司法制度因为能够代表中立一方有效处理矛盾和冲突而变得日趋重要，作为司法机关的法院开始逐渐介入对经济活动的规制。日益增多的由行政行为引起的经济纠纷最终通过司法方式得到了解决，而不再仅仅依赖于行政手段。这也从一个方面说明，人民法院除了解决纠纷之外还具备如经济调控等其他的功能。由于立法往往滞后于现实，不能迅速对经济关系作出反应，有一些案件，由于法律条文本身规定不清晰导致无法单纯追求法律效果，法官不得不对适用具体法条之后的经济效应和社会效果进行预测并作出选择。这就需要法院以自己的方式解决现实中的经济疑难问

〔1〕 倪笃志、章文英：“‘公共利益’之特征界定与适用——以司法行政审判为视角”，载《法律适用》2012 年第 9 期。

〔2〕 侯猛：《中国最高人民法院研究——以司法的影响力为切入点》，法律出版社 2007 年版，第 62 页。

题，把社会经济发展以及由此带来的社会安定作为一种影响行政裁判的因素予以考虑。比如，国家安全生产监督管理总局所制定的《安全生产违法行为行政处罚办法》第14条规定，[1]虽然该条规定了行政机关有权责令行政相对人停产停业，但是对行政机关责令的方式和时限等却没有做具体可操作的规定，只是规定了“法律、行政法规另有规定外。本条第1款第2项规定的责令生产经营单位暂时停产停业、停止建设、停止施工或者停止使用相关设施和设备的期限一般不能超过6个月”。6个月是一个大概的期限，在这一过程中行政机关的责令行为不适当也是有可能的。根据2015年颁布实施的《行政诉讼法》第70条第6项的规定，法院可以判决撤销或者部分撤销存在主要证据不足的、法律、法规适用错误、违反法定程序、超越职权、滥用职权、明显不当情形的行政行为，法院判决撤销或者部分撤销的还可以一并判决被告重新作出行政行为。可见行政行为的“适当性”即合理性，也没有完全被排斥在司法审查的范围之外。法院审理行政案件，既要对行政行为的合法性进行审查，也要对行政行为的适当性进行审查。不过应该注意到的是《行政诉讼法》第70条第6项规定的“不合理”仅仅限于“明显不当”即明显且重大的不合理。那么在行政审判中，法官就要判断何谓“明显不当”，而针对《安全生产违法行为行政处罚办法》第14条，行政庭法官在具体裁判时除了行政法理论上认为“明显不当”的“畸轻畸重”因素之外还会考虑，有没有更好的方式可以代替责令停产停业，如果停产停业是否会造成行政相对人的企业生产停滞，是否会造成巨大经济损失，是否会影响企业家的投资积极性，是否可能引起工人与工厂劳资纠纷，是否会因为企业停产影响社会安定等。

（三）行政审判法官的利益平衡逻辑

行政诉讼立法目标的实现和行政诉讼法的设置密切相关，但是行政诉讼法在实际中运作的困难却远远超过其设置。现代社会治理的一个基本选择就是利用法律运行来维持社会秩序，将法律的运行看作是确保社会秩序稳定的

---

〔1〕《安全生产违法行为行政处罚办法》第14条规定：“安全监管监察部门及其行政执法人员在监督检查时发现生产经营单位存在事故隐患的，应当按照下列规定采取现场处理措施：（一）能够立即排除的，应当责令立即排除；（二）重大事故隐患排除前或者排除过程中无法保证安全的，应当责令从危险区域撤出作业人员，并责令暂时停产停业、停止建设、停止施工或者停止使用，限期排除隐患。隐患排除后，经安全监管监察部门审查同意，方可恢复生产经营和使用。本条第一款第（二）项规定的责令暂时停产停业、停止建设、停止施工或者停止使用的期限一般不超过6个月；法律、行政法规另有规定的，依照其规定。”

一个系统过程。理论界在讨论行政诉讼法的属性时有各种讨论，但各个属性之间并不是相互排斥的，把这些讨论合起来，就是行政诉讼司法的综合目标。关于行政诉讼目的价值排序，各种排序虽着力点有差异，但这不是关键问题，关键是后面的内容，[1]即法官在审理行政案件过程中对各种利益的平衡和对各种效果的统一。行政案件审理过程中利益的平衡是一个多元复杂的过程，笔者在调研中发现，行政庭法官主要采用以下两种手段平衡各种利益。

第一，回应型的行政诉讼。20 世纪 70 年代后期，美国学者诺内特和塞尔兹尼从法律与社会的互动关系入手，以动态的类型划分研究了法律的历史类型转换，把法律分为三种类型，即压制型法、自治型法和回应型法。其中压制型法是以屈从政治权力和推行强制道德为主要特征的前现代法律，法律的主要目的不是适应社会的发展和人们的需求，而是建立政治秩序，法律主要受政治的操控，作为一种强制的社会控制手段很难得到社会的认同；自治型法和回应型法属于现代法的两种类型。其中，自治型法与官僚型社会组织相对应，回应型法与后官僚型社会组织相对应。自治型法的主要目的是约束政治权力，维护公民权利。尽管这点相较于压制型法有其进步意义，但是它强调法律制度的完整性和自治性，将法律与所存在的政治、社会环境相分离，在实际操作中也可能因为无法得到社会的认可而损害法律权威。回应型法是在整合前两种法的基础上，取长补短，更加主动地回应人们对法律的需求，积极处理法律与社会、政治等的关系。回应型法的主要特征是：①法律推理中重视目的，追求实质正义；②服从法律的义务受到了追求目的的挑战，规则从属于政策和原则；③法律获得了开放性和灵活性，受到政治的影响；④法律目的的持续权威和法律秩序的完整性取决于较有权能的法律机构。法律的发展是由压制型向自治型与回应型发展。[2]与民事诉讼调整的法律关系不同，行政诉讼调整的法律关系的内容是与公共利益有关的行政行为，这就意味着行政诉讼的结果除了与行政法律关系双方当事人有关外，也可能牵涉到行政争议之外的第三人的合法权益。如果说民事诉讼调整的法律关系是相对闭塞

---

〔1〕 第一种排列是：保证司法审查—保护相对（相关）人权益—维护和监督行政权，这一种排序更多是从司法审查程序来讲。如果主张最后是权益保障法，则排序为保护相对（相关）人权益—监督行政权—保证司法审查，这是第二种排序。若顺序为保证司法审查—维护和监督行政权—保护相对（相关）人权益，则职权推进色彩更强，这是第三种排序。

〔2〕 郭星华主编：《法社会学教程》，中国人民大学出版社 2011 年版，第 212 页。

的，那么行政诉讼调整的法律关系就是相对开放的。行政实体法律关系的复杂多元无疑会影响行政诉讼，让行政诉讼关系因为可能关系多方利益而更加复杂。当下中国，经济高速发展，社会变化日新月异，政府的职能不断转变，人们的追求日益多元，各种社会矛盾频频爆发，而官民关系集中的土地资源利用领域、城市拆迁补偿领域、社会保障领域、治安管理领域等更成为社会冲突的源头和焦点。社会期望能通过法治维护社会秩序，通过行政诉讼化解社会矛盾，但是社会的法治供给还不能满足社会的法治需求，如统一的行政程序法还没有出台；人们的法治意识也与人们对法治的期望不相匹配，如“官贵民贱”的观念余毒还部分存在。在这个背景下，行政诉讼在中国的运行是特殊而复杂的，行政诉讼的过程同时要满足法律规范的要求和反映社会发展的需求。法官的行政审判过程不能再是僵化不变的逻辑演绎过程，而必须对社会中存在的多种价值进行平衡与考量。正因如此，才如前所说，我国当下行政审判的典型特征就是在审理过程中法律效果与社会效果的有机统一。回应型的行政诉讼在考虑法律效果的同时，更重视法律的社会效果。〔1〕与自治型的行政诉讼模式不同，在行政审判过程中更追求“实用理性”，不拘泥于具体的法律规则和条文，并可能通过“变通”等手段回应社会需求。正如前述案例中所体现出的行政审判法官会根据所审理案件的不同，灵活应变地适用法律，作出裁判。

回应型行政诉讼主要有如下特征：其一，回应型行政诉讼是一种纠纷解决型的司法类型。回应型审判体现了“结果主义导向”的司法理念。回应型行政诉讼并不把“规则之治”作为追求目标，而是把妥善化解行政争议为目标，在某些时候为了解决纠纷甚至会规避法律规则。比如在过去的行政审判中，法官就刻意回避了行政诉讼不适用调解的法律规定，而常常利用和解来达到撤诉的目的。回应型行政诉讼更加务实，这点在最高人民法院的文件里也有所体现。比如在《最高人民法院关于严格执行法律法规和司法解释依法妥善办理征收拆迁案件的通知》（法［2012］148 号）中就明确指出：“要抓紧时间对征收拆迁案件进行一次全面排查……提前预测、主动应对和有效消除可能影响社会稳定的隐患……坚决防止……导致人员伤亡或者重大财产损

〔1〕［美］米尔伊安·R. 达玛什卡：《司法和国家权力的多种面孔——比较视野中的法律程序》，郑戈译，中国政法大学出版社 2004 年版，第 106~144 页。

失及引起大规模群体性事件等严重后果。”其二，回应型行政诉讼首要考虑法律的社会效果。行政诉讼是一个从受理到立案到审理再到最后裁决的复杂的过程，在这个过程中诸多的因素都会掺入进去，并进行相互博弈。行政审判既要尊重客观事实也要尊重法律事实，既要顾忌政治的影响和压力也要顾忌社会的影响和压力，还要考虑人们的接受和认可。比如在“‘北雁云依’诉南市公安局历下区分局燕山派出所户籍行政登记请示案”中，最高人民法院合议庭的多数法官在评议中认为“子女可以随父姓或母姓，不违反公序良俗的，也可以姓父姓母姓以外的姓”的理由中除了考量该姓名是否符合《中华人民共和国婚姻法》和《中华人民共和国民法通则》之外，还考虑了在父姓或母姓之外姓其他姓，是否会改变中国人起名的文化传统和风俗习惯，以及表面证据的功能，认为目前在姓名方面存在的主要问题是重复的姓名太多，给管理造成了困难，如果公民对姓名的选择受到控制，反而不利于社会管理。〔1〕其三，回应型行政诉讼在追求程序正义和实质正义的同时，更以利益的平衡为最终目的。在利益平衡面前，程序正义和实质正义都必须让位，甚至作出牺牲。但是，利益平衡绝不仅仅等同于法院的利益或者政府的利益或者某个私人的利益，而是整个社会各方利益的尽力平衡。就像《关于当前形势下做好行政审判工作的若干意见》（法发［2009］38号文件）中所指出的：“要妥善处理好‘保增长、保民生、保稳定’三者之间的辩证统一关系，既要保证各项应对措施落实到位，又要保证人民群众的合法权益不因权力违法滥用而受损，更要着力避免由此引发群体性事件，影响社会稳定……各级人民法院要切实增强为大局服务的意识……要深刻领会党和政府的各项大政方针、决策部署，全面了解相关政策、措施的出台背景，密切跟踪分析形势，及时调整行政审判为大局服务的思路和方法，注意克服就案办案、孤立办案的倾向……本着有利于实现‘三保’目标的原则，充分尊重行政机关的选择和判断。对于行政机关在拉动内需、促进企业发展、实行积极的财政政策和适度宽松的货币政策、压缩行政许可和行政审批事项、防范金融风险等方面实施的各项行政行为，在坚持合法性审查的基础上依法维护和支持。对于因行政指导或政策调整而引发的案件……充分考虑特殊时期行政权的运行特点，妥善处理好国家利益、公共利益和个人利益的关系。”

---

〔1〕 蔡小雪：“因公民起名引起立法解释之判案解析”，载《中国法律评论》2015年第4期。

第二，实用主义的行政诉讼。长久以来从理论上讲，法官在进行案件审理时，就应该完全按照三段论式的演绎推理模式得出结论。最好的法官被认为是公正严明、依法裁判的法官，在案件的审理过程中法官必须尊重客观事实，不能能动地对法律规则的内容进行变通和放弃，或者刻意规避法律。在现代法律模式下，强调尊重法律合理性就是严格遵循规则的逻辑性，这是法律的核心逻辑。〔1〕持这种理念的人认为，仅凭立法者的立法就能完美解决纷繁复杂的所有问题，这种观点被哈耶克毫不留情地唾弃和嘲笑，认为这是“致命的自负”，同时这种观点也日益受到英美法律理论者的反驳。为了解决这种机械的审判模式及带来的后果的不足，理论界形成了以美国法理学家德沃金为代表的原则裁判论〔2〕和以霍姆斯为代表的法律现实主义。法律现实主义主张，法官审理案件的过程并不是仅仅依靠法律规则，一国的政策、个人观念、常识判断等非法律规则因素都会影响案件的判决结果，法律规则和法律原则或许仅仅是在案件判决之后为了提高判决的合理性和合法性，说服社会而借用的以法律形式包装的理由，真正决定法官判案的常常是法律之外的因素。〔3〕法律现实主义的出现彻底打破了法律自治性的传奇，同时也否定了法律规则在法律推理中的中心地位。法官在审理案件过程中不再仅仅依赖于法律规则或原则的理解和运用，而是以结果为导向，在法律规则或原则中寻找适合案件判决的理由。

法律的功能在于实现社会利益，所谓利益是指“人们个别地或通过集团、联合或亲属关系，谋求满足的一种需求或愿望”。〔4〕基于平衡各种利益的追求，行政审判法官在审理案件过程中除了考虑行政法律法规和具体案件“情理法”之外，还会格外考虑中央、政府、民众等对案件施加的压力，这就是

〔1〕［英］尼尔·麦考密克：《法律推理与法律理论》，姜峰译，法律出版社2005年版，第2页。

〔2〕原则裁判论认为，规则与原则之间存在根本的差异，规则的特征是完全能或完全不能适用，而原则则可以进行权衡，在特定的案件情境之中，可以适用的规则是不能发生冲突的，必然只有一种规则可以适用，但是可以权衡的原则却是经常发生冲突的，但没有任何一项原则会仅仅因为冲突而失效。因此，德沃金主张在疑难案件当中运用原则进行推理，这样就通过将“法律”概念从规则扩充到原则的方式维护了法律的自主性，以解决严格适用规则的演绎模式的局限。但是原则裁判论也存在着自身难以克服的局限性，它实际上不过是“通过把法律概念扩展至包括原则在内的宽泛领地并将法律打扮为一个富有弹性的阐释性概念来做出回应，但是这种努力终究不过是一种语词之争，很难获得成功”。参见［英］麦考密克：《法律推理与法律理论》，姜峰译，法律出版社2005年版。

〔3〕［英］尼尔·麦考密克：《法律推理与法律理论》，姜峰译，法律出版社2005年版，第153页。

〔4〕［美］庞德：《通过法律的社会控制》，沈宗灵、董世忠译，商务印书馆1984年版，第9页。

所谓“情势”。而这些“情势”对行政审判所形成的压力是一直存在，是可以被预测和估量的。有时，行政审判法官在审理案件之前就已经在提前考虑这些“情势”的影响了。这方面的例子很多，比如在确定行政诉讼原告资格的时候，1989 年《行政诉讼法》及其司法解释将是否“侵犯相对人合法权益”和是否“具有法律上的利害关系”作为原告资格的标准。但是由于政治的压力和社会矛盾的潜在压力，很多时候符合原告标准的当事人在提起诉讼的时候仍然有可能被告知没有诉讼资格。目前，我国各方面正处于转型时期，虽然行政争议很多，但是有些确实不是依靠法院能彻底化解的，而通过政府的调节可能更利于问题的解决。比如关于国有企业员工的退休年龄问题，特别是在经济不景气、企业改革、就业岗位减少的背景下政策性极强的“内退”问题就不是法院简单按照法律作出裁决就能解决的，因为无论法院作出何种裁判结果都可能牵涉到复杂的经济和社会问题，单凭法院根本无力解决。所以类似土地纠纷，拆迁补偿，环境保护等政策性很强的问题，在权衡利弊之后，法院只能出于对自身利益的考虑，将这些案件拒之门外。而在面对工伤引起的行政争议时，由于政策性不强，各方压力不大，法院又会积极立案并作出判决。

行政诉讼中对法律效果和社会效果的有机统一就是实用主义理念的运用。实证主义要求，只有法律规则才能作为审理案件的标准和依据，但是中国的现实情况却要求在行政审判中不能只考虑法律，还要权衡各种救济结果，最后选择采用一种对于包括法院自己在内的各方都比较满意的结果。在实用主义的行政诉讼看来，行政法律法规、诉讼程序与规则、法官的任务与责任都不是最重要的，最重要的是行政争议的化解，就是要力求平衡各方利益，尽量使法院、社会、政府都满意。前面所说的法外的情、理、法、势，其实就是实用主义的行政诉讼审判标准的样式。换句话说，在中国的行政审判过程中，法官必须结合实际情况，以处理结果而不是以法律规范的内容作为行政裁判的导向。有些时候，甚至需要在行政裁判前先做好预案。如《最高人民法院关于坚决防止土地征收、房屋拆迁强制执行引发恶性事件的紧急通知》（［2011］327 号文件）里就明确指出：“必须慎用强制手段，确保万无一失。对当事人不执行法院生效裁判或既不起诉又不履行行政行为确定义务的案件，要具体情况具体分析，注意听取当事人和各方面意见，多做协调化解工作，尽力促成当事人自动履行。凡最终决定需要强制执行的案件，务必要做好社会稳定风险评估，针对各种可能发生的情况制定详细工作预案……凡涉及征地拆迁需要强制执行的案件，必须事前向地方党委报告，并在党委统一领导、协调和政府的配合下进行。同时，积极探索‘裁执分离’即由法院审查、政府组织实施的模式，以更好地发挥党委、政府的政治、资源和手段优势，共同为有效化解矛盾营造良好环境……”

四、小结

随着改革开放的逐渐深入，我国已经初步建立了社会主义的市场经济体制。中国正在从结构分化程度很低的总体性社会进入结构逐渐分化的多元化社会，但是，社会结构的分化在为整个国家带来经济发展，为人们带来财富增长的同时，也产生了一些社会问题，增加了社会纠纷。如果从哲学上看待纠纷，可以将纠纷等同于一种矛盾，而矛盾是具有一般性和特殊性的，这就决定了不同纠纷之间的差异。法院需要根据各个纠纷的不同特点，具体分析，采取不同的司法方式和手段。体现在行政诉讼过程中，就是法院通过对政策、经济和社会效益的考量，根据各个行政案件的不同性质、难易、繁简等，选择和采取合适的纠纷解决方式，以达到合理配置司法资源和彻底解决行政纠纷的目的。比如，在司法实践中，法院就会对轻微不合理的行政行为持包容的态度。对于涉及民生的案件，法院往往从法律的理念、价值、原则以及国家的政策导向出发，在法律规定的范围内最大限度地考虑社会效果，求得各方满意结果，而这也是法院运用回应型司法、实用主义型司法减少冲突和对抗，平衡多种利益的典型体现，同时也构成了我国行政诉讼法律实效的特征之一。

作为社会进步和发展所附带的必然结果，无论哪种社会形态都无法逃避纠纷。从唯物主义辩证观的角度，社会纠纷的出现并不可怕，只要纠纷能得到妥善解决，不仅能够使被破坏的社会秩序重新恢复，而且还会发生和创造出权利义务关系的新类型，这些权利和义务关系的新类型又再次促进了社会的进步和法律的发展，“在相互依赖高度化的社会体系中，具有低强度、高频率特征的矛盾和冲突并不必然会引起或者加强社会关系的紧张，相反，这些争端还有可能会让紧张的社会关系松弛下来，让社会关系逐渐进入常规化、正常化，从而有效地维系理想的社会体系和社会结构”。[1]故而，问题的关键

〔1〕 洪长安：“社会冲突理论及其对我国构建和谐社会的启示”，载《桂海论丛》2006年第6期。

不在于完全消除或者逃避矛盾和冲突，而在于在社会能够承受和控制的范围内控制和消化这些社会纠纷。但是，随着各种社会矛盾和冲突的日渐增多，法院一方面逐步变为化解社会纠纷、平衡各种关系和利益的主要力量，越来越多地承受着社会各界对其的期望。另一方面，也因为法律制度、司法权威和实施环境不能与时俱进和社会的期待保持一致，常常进退维谷、心力交瘁、力不从心。当行政诉讼中涉及的利益太过复杂，已经难以确定、无法统一、不能平衡时，行政审判法官往往会选择对法律内容进行“变通”的方式来曲线救国。但是，到底在什么情况下才能够达到可以变通的标准，怎样变通才不违反法治的基本原则，均没有具体的标准在司法实践中予以指导。法官只能根据个案的情况具体判断，这就难免造成“变通”的主观性和随意性。最高人民法院的一系列司法文件仅多是提供了法官处理问题的思路，具体怎样做还是完全取决于法官自身对具体情况的认知。这些文件不能为行政审判法官提供准确的裁判案件的标准和依据，反倒增加了行政诉讼结果的不确定性，行政诉讼的立法目标也在实践中逐渐模糊甚至发生了偏移，种种法律实现的不足也为提升行政诉讼的法律实效留下了空间。

第三章

行政诉讼独立性的实效考察与权力因素的分析

权力结构是指一国的国家权力的配置和权力主体之间的关系，一国的权力结构表现为一国的组织机构形式。司法机构是国家组织机构的一部分，是国家权力结构的一个分支，司法在本质上仍然是属于国家权力结构的表现形式之一。作为维护和保障公民、法人、其他组织的合法权益，规范和监督行政权的合法行使的权力平衡工具，行政诉讼的存在和司法实践表达了一国权力结构的平常图式。德国学者胡芬教授在其著作中曾明确提出：要把握行政诉讼就离不开对如下几个方面的关注，代表国家行使的特定的权力行为应不应该被一国的法院所监督？如果能够被监督，那么这种监督的权力应该赋予一个特定的司法机关还是普通的法院就能获此殊荣？如果权力行为能够被监督，那么是不是所有的权力行为都能被监督，还是有一定的范围？法院监督的是具体的行政行为还是包括抽象行政行为在内的所有行政行为，是指监督合法性还是包括监督合理性？监督的主要目的是维护相对人合法权益还是维护依法行政，还是监督权力不被滥用？〔1〕可见，这些反映行政诉讼发展水平和程度的基本问题几乎都与国家权力结构的存在模式相关。在当下中国，从国家权力关系的维度探究我国行政诉讼的独立地位、审查深度、司法权威的广度和深度，可以更好地了解行政诉讼的法律实效。

一、立案选择主义：行政诉讼中司法与行政的默契

一个完整的行政诉讼包括起诉、受理、审判和执行四个步骤。根据《行政诉讼法》的规定，如果行政相对人认为行政主体及其工作人员的具体行政行为侵犯了自己的合法利益，就可以以自己的名义向法院提起行政诉讼，此

---

〔1〕［德］弗里德赫尔穆·胡芬：《行政诉讼法》（第5版），莫光华译，法律出版社2003年版，第21页。

即为行政诉讼的“起诉”阶段。但是行政相对人提起诉讼不等于该案件必然进入行政审判程序，提起诉讼的行政争议还必须通过法院的立案审查，认为符合现行《行政诉讼法》规定的起诉条件的才可能立案。只有保障公民能够行使将行政争议诉诸司法的权利，才能有效地解决行政争议，但是目前这一权利除了法律上的限制，还面临着事实上的限制。立案难、审理难、执行难是我国行政诉讼长期以来面对的三个难题，这其中，排在第一位的就是行政诉讼的“立案难”。数据显示，从1999年到2008年近十年间，行政诉讼案件每年的增长率不到1.5%，行政诉讼几乎停滞不前，〔1〕而其中一个原因就是行政诉讼的立案选择主义。〔2〕

（一）选择性立案之“原告不适格”：以“浙江宁海361名村民不服征地审查状告省政府案”为例〔3〕

1989年《行政诉讼法》第41条规定，原告向人民法院提起行政诉讼应该符合四个条件：①原告是认为行政机关及其工作人员作出的具体行政行为侵犯其合法权益的公民、法人或者其他组织；②有明确的起诉对象作为被告；③有具体的诉讼请求和事实根据作为起诉的原因和内容；④起诉的对象和内容属于人民法院受案范围和受诉人民法院管辖。因为行政诉讼中的当事人具有特定性，行政诉讼的原告只能是与行政行为有关的行政相对人或者相关人，被告一般是作出行政行为的行政机关。换句话说，向法院提起诉讼的人必须具有原告主体资格才能启动案件进入行政审判程序。根据1989年《行政诉讼法》第24条规定，只要是以自己名义提起与行政机关行使职权有关诉讼的行政相对人就具有原告资格。看起来，对原告资格的表述比较简单易懂，并且2000年《行政诉讼法》司法解释第44条第2款还专门规定，如果遇到提起诉

〔1〕 应星、徐胤：“‘立案政治学’与行政诉讼率的徘徊——华北两市基层法院的对比研究”，载《政法论坛》2009年第6期。

〔2〕 通过对华北T市和L市基层法院行政庭的个案对比研究，可以洞察中国法院在行政诉讼立案中的“立案政治学”及其运作机制，并理解自1998年以来全国行政诉讼率一直徘徊不前的问题。在法院行政案件的立案中，形式上由立案庭负责，实际上是由行政庭负责立案，因而形成“立审分离的形式主义”。实际掌握立案权的行政庭通过对“案件法律量”的审查来主动筛选案件，从而达到“选择性立案”的目的。参见应星、徐胤：“‘立案政治学’与行政诉讼率的徘徊——华北两市基层法院的对比研究”，载《政法论坛》2009年第6期。

〔3〕 “浙江宁海361名村民不服征地审查状告省政府案”，载http://news.ifeng.com/mainland/detail_2010_05/22/1542688_0.shtml，最后访问时间：2014年12月20日；中华人民共和国最高人民法院行政庭编：《中国行政审判案例》（第2卷），中国法制出版社2011年版，第45页。

讼的当事人的原告资格不适格的情形，可以通过补正或者更正完善，人民法院有义务在指定的期间内责令当事人补正或者更正起诉材料；如果提起诉讼的当事人在指定的期间内对起诉材料已经补正或者更正的，人民法院必须依法受理案件。明确的法条加上获得法院帮助的可能，似乎在起诉条件的成立上，原告和被告的确定不会成为立案的阻力。这看起来并不复杂，但是现实中还是会出现起诉人因为没有原告资格而撤诉的情况。这样的情况大致有两种，一种是属于特殊情形下原告资格的确定问题，比如对于行政行为没有直接针对的对象是否具有原告资格的问题，社会团体的原告资格问题，被撤销、注销、合并、兼并、出售等的国有企业的原告资格问题以及农村土地承包人等土地使用权人的原告资格问题等。这些在原《行政诉讼法》里没有明确规定，而在现实中存在具体操作的问题。另一种，就是由于法官的运作。在浙江宁海县360位村民因为不服浙江省政府复议期间对浙土字A［2009］—0083号《浙江省建设用地审判意见书》批准征收桃源街道胜利村所有土地2.489公顷部分提出的复议申请不作为起诉该政府一案中，尽管杭州市中级人民法院最终判令浙江省人民政府限期履行行政复议法定职责，但是同样的主体之后在村民状告宁海县国土资源局的时候却遭遇了原告没有主体资格的困境。其理由是由宁海县法院行政合议庭成员在专门对村民做出调查时，其中有43名村民告知合议庭他们并不知道明确的起诉对象，或者是名字是由别人代签。由于合议庭认为，去掉这43人，实际提起行政诉讼的就没有宁海县桃源街道冠庄社区胜利经济合作社成年人员半数，所以原告不能代表经济合作社或者该社多数人员的意志，不具有提起该案诉讼的主体资格，故而依照《行政诉讼法》若干解释（法释［2000］8号）第44条第1款第（二）项，第63条第1款第（二）项作出驳回起诉的裁定。尽管看上去浙江省宁海县人民法院作出的行政裁定（2010甬宁行初字第17号）根据现行《行政诉讼法》司法解释作出驳回起诉的裁定在适用法律上并无不妥，但是分析合议庭的调查，可以发现如下问题：①虽然村民说不知道起诉要起诉宁海县国土资源局，但是村民却明确表示自己需要要回土地返还指标，这就说明村民是有明确的意愿恢复自己认为被行政机关侵害了的权利的，只是没有仔细研究到底应该向哪个行政主体提出维护自己的权利。②即便原告资格确实出现问题，根据1989年《行政诉讼法》及司法解释，人民法院应当告知当事人补正或者更正。根据1989年《行政诉讼法》第1条，人民法院应该把维护和保障公民、法人或者其他组织的合法权益作为行政诉讼的首要目的和价值取向。如果人民法院认为原告、被告不适格则有义务告知当事人，当事人有一个补正和更正的权利和一个必要的补正和更正的期间（即司法解释所谓的指定期间）。宁海县法院认为村民无主体资格，就应该责令村民补正，或者通知把人数补足。③村民虽然自己不清楚应该向哪个行政主体提起维护自己的权利，但是他们委托了律师，律师已经帮他们确定了案件的被告，而且这个被告，根据法律规定是适格的，只是村民没有认真去看这个诉状，不知道到底告的是谁而已。④如果法庭需要核实村民们提起诉讼的意思表示是否真实，应该在庭审核对当事人身份时完成，而本案中行政庭却受当地政府要求要村民去街道办事处制作笔录。总之，从哪方面看原告资格都没有问题，但是宁海县人民法院还是因为该案件涉及该县重点工程，而以当事人没有原告资格裁定驳回案件。可见，尽管 1989 年《行政诉讼法》在表面文字上对原告资格作出的限制并不大，但是实际运作中却仍可能存在很多限制，原因就在于笼统的规定容易被作出不当的解释。且从上述案例我们也可以看出，对于有关原告资格法条的修改是不能够阻止法院对当事人事实上的限制的，因为除了以有无利害关系作为判断标准之外，法院还会以当事人没有明确的意思表示、人数不足、利害关系人死亡等理由将原告拒之门外。

（二）选择性立案之“被告不适格”：以“横垌仔村村民起诉廉江市政府发布的砂场招标方案侵占其土地所有权提起行政诉讼案”为例〔1〕

除了原告不适格之外，被告不适格也常常可能成为不立案的理由。根据 1989 年《行政诉讼法》第 25 条的规定，作出具体行政行为的行政主体是被告，根据现实不同情况可能作为被告的行政主体包括：作出原具体行政行为的行政机关、法律法规授权的组织、复议机关、两个以上行政机关为共同被告，继续行使被撤销的行政机关职权的行政机关等。这个规则看起来也比较明了，但是在实践中却存在一些相当复杂的问题。在廉江市横山镇横垌村横垌仔村村民因为不满廉江市政府下发的砂场招标方案提起行政诉讼一案中，

〔1〕“广东廉江官员：很多律师不懂法忽悠村民告政府”，载 http://news.qq.com/a/20141203/002517.htm，最后访问时间：2014 年 12 月 20 日；“广东廉江村民就土地纠纷状告市长被驳回”，载 http://news.xinhuanet.com/legal/2011-04/02/c_121262816.htm，最后访问时间：2014 年 12 月 20 日；“广东廉江 800 村民状告市长等人侵占土地”，载 http://news.163.com/09/0805/23/5G063SU700011229.html，最后访问时间：2014 年 12 月 20 日。

该村村民就遭遇了被告不适格法院不予立案的问题。2008 年 3 月广东廉江政府下发砂场招标方案，当地村民称其中三百多亩集体土地遭侵占。村民最先集体上访，但是上访不成，反被“教育学习”。无奈之下，第二年 4 月，作为廉江市横山镇横垌村横垌仔村小组长陈光联合 800 名村民又以廉江市政府下发的砂场招标方案违法侵占了村里九州江河堤内七十多亩集体土地为由将廉江市长及相关的 12 个部门负责人告上法庭要求讨回土地。随之而来的就是遥遥无期的维权路，光是案件被受理立案进入行政诉讼程序就足足花了 2 年时间，而“告错对象”就是一个重要的原因。一开始提起行政诉讼时，村民是将认为侵犯自己权益的对象廉江市政府和当地国土局和水务局作为被告一起告上法庭的。但是，法官在查阅案件材料之后认为，根据《行政诉讼法》的规定，被告应该是作出具体行政行为的行政机关或者法律、法规授权的组织。而廉江市政府只是作出了《实施方案》，这本身并不是具体行政行为，也不能基于此直接损害村民的权益，所以廉江市政府不能作为本案的被告。本案中村民的利益受损是因为招标计划的下达和招标公告的颁布，而当地水务局是直接作出这两个具体行政行为的行政机关，所以本案的被告只有当地水务局。

事实上，行政诉讼被告适格问题是一个具有中国特色的问题，国外基本上都没有将行政诉讼被告作为一个单独的问题研究的。而行政诉讼被告制度对于中国的行政诉讼来说却是一个不可回避的非常重要的问题，因为它牵涉到由哪个行政主体应诉、答辩、举证和承担法律责任的问题。行政主体的行为其实是代表国家的行为，但是国家不能作为诉讼的对象，不能成为被告，所以只能由代表国家意志的行政主体作为被告。但是由于行政机关组织系统的复杂性和行政职权可分性等特点，行政主体的行为呈现出非常复杂的情况，导致到底确立谁为行政诉讼被告的问题经常出现。[1]严格地讲行政诉讼被告的确立不是一个学术问题而是一个制度选择的问题。确定被告需要考虑的基本问题是：以谁为被告更有利于行政争议的解决，更有利于监督行政机关依法行使职权、更有利于保护原告的合法权益。因此，除非有法律法规的明确规定，行政诉讼被告原则上可以是实施行政主体的行为或者不作为的行政主体或者是与原告发生行政法律关系的具有一定行政职权的机关、机构或

〔1〕 江必新、梁凤云：《行政诉讼法理论与实务》（上卷），北京大学出版社 2009 年版，第 373 页。

组织。[1]从这点上说廉江市政府出台《实施方案》的行为本身也与村民的利益有关系，并且就算没有关系根据《行政诉讼法》司法解释（法释［2008］1号）第67条的规定，也可以补正或更正，但是法院还是简单地以被告不适格为由拒绝受理。

另一方面，本案中复议和诉讼的衔接问题也是阻止本案进入司法程序的理由。行政复议是解决行政争议的另一重要的制度，根据1999年《中华人民共和国行政复议法》（以下简称《行政复议法》）第2条和第16条的要求，如果公民、法人或者其他组织认为其合法权益受到行政机关作出的具体行政行为的侵犯，可以向有权管辖的行政复议机关提出复议申请，有权管辖的行政复议机关应当依法受理当事人的复议申请并作出行政复议决定。如果行政复议机关已经依法受理了公民、法人或者其他组织提起申请的行政复议，或者国家法律、法规规定应当由行政复议机关先行处理的行政争议，在法定行政复议期限内当事人不得向人民法院提起行政诉讼。之所以这样规定是为了给相对人多一个选择救济的途径，让行政争议尽量在行政系统内部得以解决，避免大量行政案件涌入法院，减轻法院负担，但是，实践中却变成了阻却当事人行使救济权利的障碍。在该案件的审理过程中，2010年4月，广东省湛江市中级人民法院根据《行政复议法》第30条的规定，公民、法人或者其他组织如果认为自己已经依法取得的土地、荒地、森林、矿藏、山岭、水流、海域、草原、滩涂等自然资源的所有权或者使用权被行政机关的具体行政行为侵犯的，应当先向行政复议机关申请行政复议；如果对行政复议机关作出的复议决定不服的，可以依法向有权管辖的人民法院提起行政诉讼。法院认为该案件属于行政复议机关先行处理的情形，于是向村民出具了一份行政裁定书驳回了村民的诉讼请求，并要求村民先向湛江市政府申请行政复议，等复议有了结果之后再提起行政诉讼。但事实是，村民在向湛江中院提起行政诉讼之前已经向本案的行政复议机关即湛江市政府申请了行政复议，然而，湛江市政府法制局工作人员却告诉村民这个案件可以不经过行政复议直接提起诉讼。其理由是2008年1月最高院颁布的《关于行政案件管辖若干问题的规定》（法释［2008］1号）里指出，被告为县级以上人民政府的行政案件，

---

〔1〕 江必新、梁凤云：《行政诉讼法理论与实务》（上卷），北京大学出版社2009年版，第403～404页。

由中级人民法院管辖。因为此案涉及的被告廉江市人民政府属于县级以上人民政府，所以可以不经过行政复议程序，直接向中级人民法院提起诉讼。在村民维权过程中，湛江市中级人民法院说找廉江政府，廉江政府说找中级人民法院。无所适从的村民只好拿着湛江市中级人民法院的裁决书，重新向湛江市人民政府申请行政复议。但是，让人无法想象的是，村民的行政复议却被再次驳回，理由居然是该案已经提起行政诉讼并且法院已经受理，就不能再向行政复议机关提出复议申请。而这个案件就此搁置，直到 2010 年 11 月，广东省高级人民法院才作出回应表示，村民可以先向廉江市政府申请行政复议后，再到中级人民法院起诉。此时，从村民提起诉讼到广东省高院作出答复已经过去了一年半的时间。根据广东省高院的回复，2010 年底，村民再一次向湛江市人民政府提起行政复议，复议虽然被受理了但是结果还是并不如愿。2011 年 3 月村民收到了复议决定，复议机关基于“河砂属于国家所有”的理由，维持了政府 2008 年发布的廉江市河道采砂开采权公开招标实施方案。但是村民觉得他们收到的这份行政复议决定答非所问，因为他们要维护的是土地方面的权益，而政府讲的却是河砂归属的问题。不甘心的横垌仔村村民决定再次向法院提起行政诉讼。2011 年 4 月湛江市中级人民法院作出裁定，将该案件移送至湛江市遂溪县法院审理，此案终于正式进入了审理阶段。通过上面的描述可以看到，该案件一波三折，频频受阻，从横垌仔村村民向广东省湛江市中级人民法院提起行政诉讼到案件正式进入审理程序，整整用了两年时间。且不说最终的结果，村民会不会取得胜诉，光是这两年时间内的反复等待，在法院与政府之间的来回奔走，就已经浪费和消耗了村民很多的精力。

（三）立法庭对行政案件的选择

只有保障公民将行政争议诉诸司法的权利能够行使，才能有效地解决行政争议，不过司法实践表明，行政诉讼的起诉资格除了法律规定本身对其作出的限制外，还面临着许多事实上的限制。首先，当事人的主观意愿和判断可能影响他们是否提起诉讼。比如，尽管税收执法的数量众多，税收的数额也在不断提高，因为税收引起的争议理论上讲应该不在少数。但是数据表明全国税收类行政诉讼案件一般来说每年只有几百件，据不完全的资料统计，2009 年有 293 件、2010 年有 398 件。[1] 自身合法权益受行政权力侵害的相对

〔1〕 何海波：“行政法治，我们还有多远”，载《政法论坛》2013 年第 6 期。

人因为对诉讼成本、裁判结果持比较悲观的态度，或者碍于其他的社会关系都可能作出不提起诉讼的决定。学者应星、徐胤就直言不讳地指出行政诉讼起诉率应该比行政诉讼立案率更值得关注，因为行政诉讼起诉率除了能够揭露法院运行的实际状态，社会经济发展和司法实践间的微妙关系，还能够揭露民众对行政诉讼的信心。其次，法院也对案件范围进行了人为的缩小，将自己不愿意受理却本该受理的棘手案件尽量排除在外。《行政诉讼法》运行过程中所谓的"三难"问题，首当其冲的就是"起诉难"，而这个问题又尤其集中在对冲突和纠纷相对集中、易于发生群体性事件的敏感领域，比如土地的征收、房屋拆迁、国有企业改制、计划生育管理、资源和环境保护等领域，〔1〕凡是这些领域引发的行政争议，法院一般都采取消极排斥的态度，很难被受理立案。如仅 2014 年一年来讲就有"10·14 云南晋宁的征地冲突"〔2〕"11·21 陇西征地冲突"事件〔3〕等。"不敏感的案件，行政干预少了，受理通道较为畅通。"余凌云表示，而诸如征地拆迁这些敏感案件，由于地方行政干预压力较大，立案难现象依然存在。〔4〕因为如果法院受理，地方政府就可能面临败诉的风险以及是否执行的困境，所以凡是涉及地方政府政绩、与 GDP 相联系的行政案件地方政府都会阻止受理，而地方法院也会知趣地选择不受理此类案件，因为即使它受理了，审理起来也会很困难。更有案件其实牵涉到上一级政府作出的决定，基层政府只是去执行，这类案件由于牵涉的政府级别更高，法院实际也不知道怎么裁判，所以大多也会回避这些案子。所以尽管最高人民法院三番五次发出通知，要求地方各级法院要坚决杜绝人为设定门槛，阻碍行政案件受理的做法，但是这种现象仍然没有得到遏制。一旦面对地方的所谓"重要部署"或者"主要项目"，高院的文件就全然失去了效力，在这些本该被法院重视的事关民生的社会热点领域，法院反而固步不前，鲜有作为。

而与那些事关民生和涉及地方政府政绩的大问题法院竭力阻止立案相反，

---

〔1〕何海波："行政法治，我们还有多远"，载《政法论坛》2013 年第 6 期。

〔2〕"云南晋宁征地冲突"，载 http://news.sina.com.cn/c/z/ynjnzdct2014/，最后访问时间：2015 年 12 月 30 日。

〔3〕"陇西征地冲突事件"，载 http://yuqing.people.com.cn/n/2014/1204/c210114-26148210.html，最后访问时间：2015 年 8 月 30。

〔4〕"多地法院发布 2013 年度行政审判白皮书：行政机关不作为法院坚决判败诉"，载《法制日报》2014 年 9 月 1 日。

对某些案件法院却乐于迅速立案。比如行政审判法官就更乐于受理并积极审理诸如工伤认定纠纷和医疗纠纷确认等案件，并在审判过程中努力树立民众对人民法院“司法权威”“司法独立”“司法公正”的信仰和积极向社会展示其“人民司法”“执法严明”和“刚正不阿”的理想形象。在访谈过程中，N法院立案庭的C庭长提到：“我们法院受理的行政案件50%是有关工伤认定纠纷的案件。这表明我们还是很关注农民工这些弱势群体的利益的”。这听起来冠冕堂皇，不过，仍然值得追问的是，是不是只有类似工伤纠纷的认定等案件当事人才需要人民法院保护？事实上，法官对待这类案件真实想法并不完全如他所表达的那样。只要我们搞清楚了此类案件的性质和作为被告的行政机关在整个国家权力结构中的地位以及与法院的关系，我们对此就不难理解了。以一起工伤纠纷认定案为例，表面上无论是工伤纠纷的用人单位一方还是受伤员工一方提起诉讼，都只能是劳动与社会保障局作为案件的被告。但实际上，无论是作为被告的劳动保障局胜诉与否，其判决结果都无需由劳动保障局承担。因为，在工伤认定纠纷案件中法院只是作出劳动保障局认定工伤的具体行政行为是不是合法有效的判决，最终对受伤员工进行赔偿的还是用人单位，劳动保障局虽作为被告却不用承担责任。此外，除了这类案件的判决结果与劳动保障局关系不大以外，法院与劳动保障局之间的关系也决定了法院的受理意愿。由于法院与劳动保障局之间并不存在领导与被领导的隶属关系和利害关系，劳动保障局的败诉也并不会影响法院的日常工作和财政收入。同理，根据全国司法统计数据显示，尽管行政权力已经渗透到民众生活的方方面面，但是很多行政管理领域被诉的比例却不是很高，如税收、城管、交通、质检等，这些对民众权益影响较大、关系相当密切的行政管理部门却很少成为被告。被诉行政行为都集中在一些行政管理领域。此外，被诉的行政行为类型也比较集中，其中行政登记和行政确认这两种类型就占到所有类型的1/3。[1]因为，关于这两种类型的行政诉讼，虽然被告也是行政机关，但是实际上都只涉及行政相对人之间的权属纠纷，并没有真正对抗行政权力，无论胜诉与否，行政机关都不会实际承担责任。

最高人民法院行政审判庭前任庭长赵大光同志对此表示无奈：“就目前而

---

〔1〕 黄启辉：“行政诉讼一审审判状况研究——基于对40家法院2767份裁判文书的统计分析”，载《清华法学》2013年第4期。

言，在中国还是存在很多有案不收、有诉不理的现象。司法实践中的行政诉讼难，是与我国现行的司法体制分不开的。”他进一步指出：“中国的现实是，包括法院在内的所有人、财、物都被地方政府所控制，在地方政府作为被告的行政案件中，人民法院和当事人一方的被告就是存在利害关系的。”〔1〕在“洪仲德告湖南邵阳市邵东县政府一案”中，案件的主审法官曾说过：“如果今天我受理了你的行政案子，那么明天走人的就是我！”〔2〕这或许就是现行中国的政治体制和司法体制造就的中国独有的行政诉讼中的立案选择主义。

没有案件，其他一切都无从谈起。根据清华大学法学院提出的《行政诉讼法》专家修改建议稿的估算，相对人向法院起诉的行政案件可能只有30%左右最终能够被法院立案，其余都被排除在法院的大门之外。正因如此，才导致大量上访案件的出现。著名社会学者于建嵘在2004年曾对去北京上访的农民做过调查，结果显示，在所有被访问的632名到北京上访的农民中，有401名在进京上访之前到法院起诉过相关的问题，而这其中有172名农民起诉的案件没有被法院立案，也就是说有高达43%的问题没有被受理。而在所有法院不立案的问题中，因为行政争议而起诉的案件占绝大多数。这就在客观上体现为行政诉讼起诉难，在统计上的反映则是行政案件数量少。根据清华大学教授何海波在最高法院和国务院法制办收集的资料和数据做的统计显示，2011年，全国各级法院总共受理一审行政案件136 353件。如果按全国人口平均，大约一万人一件行政案件，这和国外相比，中国的行政诉讼案件简直少得可怜。最高法院行政审判庭前任庭长赵大光同志介绍，仅以德国为例，在全国人口总量仅仅只有八千万的德国，每年的一审行政诉讼案件数量却可以高达近三十万件。以2011年全国各级法院共受理一审行政诉讼案件13 635件为例，那么全国共3400多家法院，平均到每家法院的一审行政诉讼案件还达不到40件，甚至有些法院一年总共受理的案件也不超出10件。与当年全国各级法院受理的其他类型的一审案件作横向对比，一审行政诉讼案件仅仅

〔1〕 叶逗逗：“‘民告官’在夹缝中生存”，载 http://www.sachina.edu.cn/Htmldata/news/2009/04/5166.html，最后访问时间：2015年10月14日。

〔2〕 因村里的煤矿被县政府炸毁，洪仲德作为村民代表之一，于2008年11月将湖南邵阳市邵东县政府告上法院。但接了诉讼材料的法院既不受理此案，也不驳回起诉。法官只是用“民不与官斗，穷不与富斗”的“道理”，来劝说洪仲德放弃诉讼。参见叶逗逗：“‘民告官’在夹缝中生存”，载 http://www.sachina.edu.cn/Htmldata/news/2009/04/5166.html，最后访问时间：2015年10月14日。

只占到一审案件总量（760 件）的 1.8%。[1]问题是中国一审行政案件立案率这么低是不是因为中国行政争议很少呢？国家信访局的统计表明，国家信访局每年都会接待高达千万件的信访案件，而所有信访案件中数量最多的就是行政争议。[2]可见，行政争议在我国不是没有而是很多，行政案件立案率低的原因不是没有矛盾，而是人为的限制导致行政诉讼的价值不能很好地发挥，民众难以依靠行政诉讼维护其合法权益，“民告官”的理想和现实还存在很大差距。

修改后的《行政诉讼法》为畅通行政诉讼渠道下足了功夫，仅仅为了解决“起诉难”就用了 400 多字，严厉程度前所未有，从法律的精神、原则和具体条文各个方面对其进行规范。其一，根据第十八届四中全会若干重大问题的决定，在《行政诉讼法》里增加了相关内容。2015 年《行政诉讼法》第 3 条规定，任何行政机关和工作人员均不得干预、不得阻碍法院对行政案件的受理。人民法院应当尽力保障相对人的起诉权利，对应当立案受理的行政案件依法受理。通过法条把依法立案上升为法律规则，明确了法院依法立案受理行政案件的职责，禁止行政机关对审判工作干预、干涉的行为，有力保障了人民法院依法独立进行行政审判的司法权力。其二是设立行政案件立案登记制度。按照十八届四中全会改革行政案件立案程序和受理制度的要求，把过去法律规定的“立案审查制”改为“立案登记制”。并在 2015 年修改的《行政诉讼法》第 51 条增添相关内容。其三，向法院和法官追究无正当理由不予立案的责任。并在 2015 年《行政诉讼法》第 51 条第 4 款增添相关内容。其四是扩大行政诉讼的受案范围。1989 年《行政诉讼法》规定的受案范围被理论界和实务届认为过于狭窄。在 2015 修改的《行政诉讼法》扩大受案范围。除最后的兜底条款外，2015 年《行政诉讼法》第 12 条明确列举的受案事项从 1989 年《行政诉讼法》第 11 条规定的七项扩大到十一项，除了传统的行政处罚、行政许可、行政不作为、违法要求履行义务这四项之外，还增加了以下事项：行政征收行为（包括行政征收、征用决定及行政补偿决定）、行政强制行为（包括行政强制措施与行政强制执行）、行政给付行为（包括对

---

〔1〕 何海波：“行政法治，我们还有多远”，载《政法论坛》2013 年第 6 期。

〔2〕 叶逗逗：“‘民告官’在夹缝中生存”，载 http://www.sachina.edu.cn/Htmldata/news/2009/04/5166.html，最后访问时间：2015 年 10 月 14 日。

抚恤金、最低生活保障、社会保险待遇的给付）、自然资源权属的行政确认行为、排除或限制公平竞争、侵犯经营自主权或农村土地承包经营权及农村土地经营权的滥用行政权力行为、政府特许经营协议及土地房屋征收补偿协议等行政协议。其中特别值得注意和称赞的是，把行政协议纳入了行政诉讼的受案范围。其五，进一步明确和扩大了原告资格。由于 1989 年《行政诉讼法》对原告资格的规定主要采用主观标准，这就为法院人为对原告资格作出限制创造了条件，无疑加大了立案难度。为了充分保障当事人的起诉权，2015《行政诉讼法》进一步扩大了原告的资格，将是否与行政行为有“利害关系”作为确定原告资格的标准，规定除了行政行为的相对人以外，其他与该行政行为有利害关系的公民、法人或者其他组织认为自己的合法权益受到损害的，也有权向法院提起行政诉讼。这也在客观上扩大了原告的范围。其六，行政诉讼的提级管辖。最高人民法院于 2008 年 1 月颁布了《关于行政案件管辖若干问题的规定》，对“提级管辖”和“异地交叉管辖”制度作出了司法解释。2015 年《行政诉讼法》第 15 条再次予以明确，国务院所属各部门所作的行政行为和各县级以上地方人民政府所作的行政行为均不再由基层人民法院管辖，全部纳入中级人民法院的管辖范围，凡是对上述行政机关的行政行为不服应该向中级人民法院提起诉讼。其实，以上所有制度均不是来源于理论界的创新，都是地方各级行政审判法官在长期的司法实践中，为了减少来自各方的压力而总结制定的。

关键是如此修改之后，就能真正解决立案难的问题吗？人民法院对当事人的起诉既不予以立案也不出具凭证，不作出裁定的现象就会消失吗？房屋征收征用，建筑拆迁补偿等这些关系各级地方政府主要工作和重点项目的敏感案件，就能成功进入法院的审理程序吗？行政诉讼案件立案率会不会因为立案登记制的建立大幅度提高？其实，虽然 2015 年修改的《行政诉讼法》相较于 1989 年《行政诉讼法》对立案问题用了更多的笔墨，强调以“立案为原则，不立案为例外”，旨在保障当事人的诉权，但是法律规定终究不能代替实际的判断，更没有解决立案庭法官行政法理论基础薄弱的问题。对于立案庭的法官而言，虽然肯定会基于新法的颁布更加审慎地对待行政诉讼的立案问题，但是立案条件的判断还是可能会依靠行政庭。这就形成以下几个怪圈：第一，所有的案件都可能会顺理成章地变为《行政诉讼法》第 51 条第 2 款规定的例外情形，法院不能当场判定案件是否符合法律规定的起诉条件，只能对起诉作出登记并向当事人出具书面凭证，然后等待 7 天的审查。试想如果因为下一级法院既对起诉不予立案又不作出不予受理的裁定，当事人迫于无奈起诉到上级法院，可是上级法院仍然和下级法院是一样的态度，当事人又能怎么办？因为 2015 年《行政诉讼法》中并未落实立案环节的责任人制度，故第 51 条第 4 款的“依法给予处分”的规定也可能将一如既往地落空。第二，2015 年《行政诉讼法》修改了 1989 年《行政诉讼法》关于确定复议后行政案件被告的规定，重新规定凡是经过复议的行政案件，即使行政复议机关只是维持原行政行为，而没有对原行政行为作任何改变，行政复议机关同样要和作出原行政行为的行政机关一起作为行政诉讼的共同被告。即只要复议机关参与了行政复议就有可能成为被告。不过这个规定只是为了充分发挥复议制度的作用，减少实践中复议机关为了不当被告常常维持原行政行为的情形，而地方政府相互推诿的现象，2015 年修改的《行政诉讼法》还是没有正面回应。如果以案件属于行政复议前置的情形为由，法院还是可以作出不受理案件，驳回当事人诉讼请求的决定。而且行政复议从性质上说属于准司法行为，如果起诉案件经历了行政复议的一连串法定程序，就算复议决定是维持原行政行为确定的内容，让复议机关作为被告仍会提高法院在司法审查上的难度和强度。并且修改后的《行政诉讼法》规定复议机关在作出维持决定情形下与原行政机关一起作共同被告，那么对于不服乡镇政府的行政行为引起的行政纠纷，如果经过了县级政府的行政复议，就会出现到底应该由中级人民法院一审管辖还是继续由基层法院管辖解决的问题。如果仍由基层法院管辖，那么基层政府对法院的干涉仍会存在；并且随着被告级别提高，也增加了法院审查的难度，更是可能让法院望而却步。第三，对于有关原告资格法条的修改也并不能够阻止法院对当事人事实上的限制，因为除了以有无利害关系作为判断标准之外，法院还会以当事人没有明确的意思表示、人数不足、利害关系人死亡等理由将原告拒之门外。第四，现实中立审分离的形式主义〔1〕现象也会阻碍行政案件进入诉讼程序。根据《最高人民法院关于人民法院立案工作的暂行规定》（法发［1997］7 号）第 5 条、第 6 条、第 7 条

---

〔1〕 应星、徐胤在：“‘立案政治学’与行政诉讼率的徘徊——华北两市基层法院的对比研究”一文中把行政庭由实质审查起诉立案的现状称为“立审分离的形式主义现象”，参见应星、徐胤：“‘立案政治学’与行政诉讼率的徘徊——华北两市基层法院的对比研究”，载《政法论坛》2009 年第 6 期。

的规定，各级法院均施行立案与审理相分离的原则；对案件是否立案受理由专门的立案庭负责；人民法院立案庭主要负责审查行政案件的起诉条件是否符合《行政诉讼法》的规定，依法出具书面凭证、决定立案与否和作出案件不予受理的裁定。但是由于现阶段各级基层法院立案庭里行政法专业出身的法官很少，大部分没有扎实的行政法基础理论，对案件究竟属不属于行政争议，起诉符不符合行政诉讼起诉条件不能很好地把握，不敢贸然作出立案或者不立案的决定，只能先交给行政审判法官，让其判断是否符合立案条件，然后再根据行政审判庭的意见作出是否立案的决定。最高院2009年11月颁布的《最高人民法院关于依法保护行政诉讼当事人诉权的意见》（法发［2009］54号）第4点明确指出："由于行政案件立案的专业性和复杂性，需要各级法院的立案庭和行政庭在行政案件的立案受理环节加强沟通、协作和配合。"在基层法院，这种由行政审判庭代替立案庭来实质审查案件是否符合起诉条件的做法更是成了通行做法，法院甚至不避讳法律规定和司法实践背离的事实。〔1〕很明显，立案庭在行政诉讼中的作用已经被挤压成仅仅根据行政庭是否立案的指示出具凭证、决定书，收取诉讼费和发送传票。〔2〕如此，行政诉讼中"立案的选择主义"现象仍然有存在可能。事实上自从《行政诉讼法》诞生伊始，法院就为适应现实不断地作出调整，在现有体制下尝试作一些改变和突破，以应对来自各方的强大压力，改进司法实施环境。最高人民法院就在1989年《行政诉讼法》颁布之后的20年间先后制定了18部司法解释，但效果总是差强人意。

二、行政诉讼司法实践中的"胜诉难"

（一）被滥用的"驳回起诉"

就算能顺利立案，当事人的权益就能得到保障吗？根据2015年《行政诉讼法》的规定，已经立案的行政案件，如果存在以下情形法院应当裁定驳回

---

〔1〕应星、徐胤在"'立案政治学'与行政诉讼率的徘徊——华北两市基层法院的对比研究"一文中就列举了H省高级人民法院101号文件，通过对101号文件的解读，我们看到，该省高院鼓励和引导全省的行政一审案件由行政庭进行审查，并且强调对不予受理、驳回起诉、管辖异议的裁判文书也由行政庭出具。参见应星、徐胤："'立案政治学'与行政诉讼率的徘徊——华北两市基层法院的对比研究"，载《政法论坛》2009年第6期。

〔2〕应星、徐胤："'立案政治学'与行政诉讼率的徘徊——华北两市基层法院的对比研究"，载《政法论坛》2009年第6期。

起诉：(1) 原告不符合《行政诉讼法》第25条规定；(2) 没有明确的被告；(3) 没有具体的诉讼请求和事实根据；(4) 不属于人民法院受案范围和受诉人民法院管辖；(5) 超过法定期限且无正当理由；(6) 没有诉讼能力的当事人未依法由法定代理人、指定代理人、代表人代为提起诉讼的；(7) 起诉状列举的被告错误但原告不愿意作出更改；(8) 向法院重复提起诉讼的；(9) 法律规定应当由行政复议机关先行处理；(10) 当事人主动向法院撤回起诉后又再次向法院提起诉讼且不具备正当理由；(11) 所起诉的争议已经被生效的裁判解决或者约束的；(12) 行政行为对当事人的合法权益明显不产生实际影响；(13) 其他不符合法定起诉条件的情形。因此，即便行政争议能够顺利进入行政诉讼程序，法官也可以裁决驳回起诉。有律师[1]在网上总结了行政审判法官常用的驳回原告起诉的手段：(1) 案件已经超过法定的起诉期限。在司法实践中以该理由驳回原告起诉的比例非常之高，一来是因为我国民众的法律素养普遍不高，对诉讼中"时效"的概念更是搞不清楚。二来是因为受传统文化的影响，我国民众普遍存在厌诉的情绪，当遇到行政争议时，第一反应不是诉诸法院，而是先"忍受"，再"找关系"，然后再上访，最后才会想到打官司，而这样一来，起诉的期限就可能已经过了一大半了。再者，行政机关作出的行政行为也经常存在"隐秘性"，要么对可能损害民众权益或者与民众有利害关系的决定不予公开，要么对这些决定遮遮掩掩（比如公示时间短，故意公示在不显眼的地方等）。[2]这类行政行为，除了作出决定的行政机关和直接申请人外，其他人根本无从知晓，实践中就有很多利害关系人在行政争议实际发生之前还完全不知道该行政行为的存在。但是，一旦这些行政行为被起诉到法院，作出该行政行为的行政机关就会立马以该行政行为已经公开，而当事人怠于行使自己的权利，没有关注通知为由进行反驳。而法院也会以当事人没有正当理由延误起诉期限而驳回起诉。(2) 原告与被诉行政行为没有法定的利害关系。司法实践中，行政审判法官也常常运用该条来驳回原告的起诉。因为这一条虽然对行政行为的直接当事人无法适用，但是对案件的利害关系人却是屡试不爽。(3) 起诉的事项不属于行政诉讼受理

[1] 梅春来，载 http://blog.ifeng.com/article/35074189.html，最后访问时间：2015年9月2日。

[2] 比如该律师提到广东省发展和改革委员会的立项审批和该省环境保护厅通过的环评就只有3天的异议期限。

范围。在司法实践中，法院以这个理由驳回原告起诉一般是两种情况。一种是被诉行政行为是行政指导、行政决定等。由于这些所谓的“指导”和“决定”常常带有强制性质，并且通常直接形成于某个地方政府的行政政策或者会议纪要，故而，多数法官为了明哲保身不会去趟这个浑水，而以不属于受案范围为由驳回原告起诉。另一种情况就是当面对目前行政法学理论中还没有达成共识的案件类型时（如“前检察官杨斌改行做律师须证明14岁后无犯罪记录”案[1]），由于此类案件起诉对象（如本案的律师协会）并没有被明确界定为行政主体，对这些主体所作出行为也无法界定为行政行为，所以自然不确定是否具有可诉性。对这些敏感问题行政审判法官出于保护自身的角度，也会直接驳回。（4）行政瑕疵。所谓行政瑕疵通常是指行政行为的可以忽略不计的微小缺点。行政瑕疵行为和无效行政行为、可撤销行政行为的相互区别，让理论和实务届重新认识和划分了行政行为的类型，有助于行政法学理论界对违法、无效、可撤销、有瑕疵的行政行为的系统化。由于，从理论上讲行政瑕疵行为因为缺点微乎其微是可以补救的，故而，对行政瑕疵行为作出维持判决有利于节约社会成本，提高行政效率。但这个理论在我国行政诉讼实践中被无限放大了，有些时候即使面对明显的违法情形，法官也可能会以被诉行政行为只是具有行政瑕疵可以补救为由作出维持判决，如果当事人再起诉至法院，那么就以原告重复诉讼为由驳回原告的起诉。（5）公共利益。当一个行政诉讼案件被起诉到法院，法院不愿意受理，却又完全找不到上述对原告不利的裁判依据时，在政府的干涉和压力下，行政审判法官就会以被诉行政行为涉及国家、社会的公共利益为由予以维持。如果当事人再起诉至法院就以原告重复诉讼为由驳回原告的起诉。可见，在我国当下的司法体制下，行政机关是否真的违法并不重要，如果一名行政审判法官刻意要让原告败诉，那么原告90%的行政案件都会败诉。根据《中华人民共和国行政诉讼法》若干问题的解释（法释［2015］9号）第3条第2款的规定，对于已经立案的行政案件，如果人民法院经过阅卷、调查和询问当事人，认为不需要开庭审理的，可以径行裁定驳回起诉。法院作出驳回起诉的裁定甚至不需要开庭审理，这又为法官作出驳回起诉的裁定提供了方便。

---

〔1〕“前检察官杨斌改行做律师　须证明14岁后无犯罪记录”，载 http://www.chinanews.com/sh/2015/07-26/7427466.shtml，最后访问时间：2015年9月8日。

当然民众对这样的结果是不满意的，根据数据显示，2013 年，全国各级人民法院共受理各类诉讼案件 1421.7 万件，审结、执结各类诉讼案件 1294.7 万件，比 2012 年分别上升了 7.4%和 4.4%。数据还显示，2011 年全国各级人民法院审结一审行政案件是 13.6 万件，2012 年是 12.9 万件，2013 年是 12.1 万件，〔1〕横向对比发现，尽管全国人民法院的各类诉讼案件的审结总量属于上升趋势，但行政诉讼案件的审结率却呈现下降状态。本来应该中立的人民法院为了回避对案件的实质性审理，往往通过各种理由裁定驳回当事人的起诉。据统计，自 1989 年《行政诉讼法》实施以来，法院一审判决原告方胜诉的比例就一路下降，驳回起诉比例最高的年份能够达到 15%，最近几年也有 8%左右。〔2〕正因如此，虽然行政案件的立案受理率连年下降，但是上诉率却仍然居高不下，仅 2013 年上诉率就高达 72.7%，〔3〕而上诉人中 90%以上是作为行政相对人一方的原告。但是即便提起上诉，二审法院的行政审判处理结果对民众也未尝有利，判决被告胜诉或者裁判对被告有利的比例仍然高达 70%以上。〔4〕可见，行政审判一、二审加在一起，作为原告的民众胜诉率也只是占到接近 1/10。但是，作为原告一方的民众胜诉率低，并不表明行政机关法治意识强，执法水平高。一位法官曾说，凡是民众诉诸到法院的行政机关的行政行为，百分之八九都是有问题的，如果真要严格按照行政法的要求，可能一半的行政行为都会被撤销。浙江省台州市中级人民法院曾创造推行了一段实践的“异地管辖”，就是把以县级以上人民政府作为被告的行政案件移送到不和该县在同辖区的另一个法院进行审理，结果当地政府的败诉率立马增加，在一年之内就达到近 40%。〔5〕由于一、二审行政案件的胜诉率低，行政案件的申诉率也比民事案件高出好几倍。〔6〕但是，所有这些数据还只是建立在能够被法院实质审理的行政案件基础上，绝大多数的行政案件还未进行实质审理就已经因法院动员当事人撤销诉讼而了结。资料表明，当事人撤诉率最近

〔1〕 周强：“2013 年各级法院审结案件 9716 件”，载 http://legal.gmw.cn/2014-03/10/content_10631546.htm，最后访问时间：2014 年 5 月 17 日。

〔2〕 何海波：“困顿的行政诉讼”，载《华东政法大学学报》2012 年第 2 期。

〔3〕 贺小荣：“依法治国背景下司法改革的路径选择”，载《人民法院报》2014 年 10 月。

〔4〕 “‘民告官’案件增多，但胜诉率不到 10%”，载 http://news.xinhuanet.com/mrdx/2014-09/22/c_133661615.htm，最后访问时间：2014 年 10 月 23 日。

〔5〕 何海波：“《行政诉讼法》修改之后的悬念”，载《中国改革》2014 年第 12 期。

〔6〕 何海波：“《行政诉讼法》修改之后的悬念”，载《中国改革》2014 年第 12 期。

几年都是接近 50%，最高的一年甚至超过了一半以上。[1]尽管行政案件审结率比较低，可能与这几年最高人民法院提倡的协调和解，实质化解争议的司法政策有关，但究其根本，还在于法院自身的尴尬地位让其对某些案件根本无法作出判决。

（二）无法保障的胜诉权

更可悲的是，就算是原告获胜或许也没有多少实质意义。首先是当事人的胜诉权益保障情况还不甚理想。从这几年的行政诉讼执行率来看，2009 年全国法院行政诉讼的平均执行标的到位率刚超过 60%，最低的法院执行到位率仅为 22.77%；2010 年，全国共有 5 个省份的法院执行率在 60%以下，最低的法院执行到位率仅为 14%；2011 年，全国仍有 5 个省份的法院行政诉讼执行率在 60%以下，最低的执行率仅为 21.51%。[2]根据《中国法律年鉴》，2007 年~2011 年，五年之间，各级人民法院总共审理完结一审行政诉讼案件 162 767 件，略略高于二审的结案数量。同期行政诉讼执行到位的案件共 54 572件，其中不能被自觉履行的生效判决大概有 1/3 左右，通过法院强制执行的比率占到 33.53%。[3]为了改变这一现状，最高院 2000 年颁布了《最高法院关于执行〈中华人民共和国行政诉讼法〉若干问题的解释》（法释［2000］8 号），其中第 96 条规定：人民法院可以依据《行政诉讼法》第 65 条第 3 款的规定，对行政机关无正当理由拒不执行法院的生效判决或者裁定的行为进行处理，并可以参照《民事诉讼法》第 102 条的规定，对该行政机关的主要负责人或者直接责任人处以罚款。2015 年《行政诉讼法》也作了相应的调整，该法第 96 条规定，一审法院可以对拒绝履行已经生效的判决或者裁定的行政机关采取多种措施：①可以通知银行从拒绝履行的行政机关的账户内划拨对应的应当归还的罚款或者给付的行政赔偿金；②可以从期满之日起，对拒绝履行生效裁判的行政机关按照每天 50 元到 100 元的数额处以罚款；③向拒绝履行生效裁判的行政机关的上一级行政机关或者有权的监察机关和人事机关提出司法建议。④接收法院司法建议的上一级行政机关或者有

〔1〕 包万超："行政诉讼法的实施状况与改革思考——基于《中国法律年鉴》（1991—2012）的分析"，载《中国行政管理》2013 年第 4 期。

〔2〕 张忠厚等："多维考察、四个交织——江西高院关于人民法院司法公信力现状的调研报告"，载《人民法院报》2015 年 7 月 9 日。

〔3〕 徐清："向行政诉讼执行难'亮剑'"，载《检察日报》2013 年 12 月 25 日。

权的监察机关和人事机关，应该依法对该行政机关作出处理，并将结果告知法院。⑤无正当理由拒绝履行生效的判决、裁定，如果情节严重构成犯罪的，法院可以依照法律规定追究该行政机关主管人员及其直接责任人员的刑事责任。行政机关大多实行首长负责制，因此行政判决能否执行与行政机关负责人有很大关系。通过对主要负责人或直接责任人员予以罚款或追究刑事责任，在一定程度上可以敦促行政机关依法履行判决。拘留无正当理由拒不执行判决或者裁定的行政机关主管人员或者负责人，也能够产生一定的威慑力，更有助于行政诉讼的执行。但是从上述执行措施来看，对公民、法人或其他组织的执行措施则具有直接强制性，即可以通过强制措施直接实现生效判决、裁定的内容，或者实现与履行生效裁判相同的状态。行政诉讼中对行政机关的执行措施大多是间接强制性的，例如罚款、建议处理、对主要负责人或直接责任人员罚款追究刑事责任等。这些措施并不能直接实现生效判决、裁定的内容，而是通过间接强制方法促使行政机关自己履行义务。因此，尽管通过行政诉讼，民众可能获得了胜诉，人民法院可能通过行政诉讼已经判决行政机关对其所作的违法行政行为予以撤销，判决之前不作为的行政机关履行其职责，但行政判决的内容终究还是要依靠行政机关来完成。故而，被诉行政机关还是有可能再次作出与原行政行为相同的行政行为或者仍然拒不履行行政职责，行政争议还是存在，民众的合法权益还是没有得到保护，有的问题甚至反反复复出现。这样一来，民众手中的行政判决书已经完全失去了意义，只是一纸空文，胜诉也失去了价值。如果行政争议得不到真正解决，原告即使获胜也没有意义。

除了法律本身的限制之外，现实中也并非全是因为缺乏相关的执行措施而产生执行难的问题，执行难的原因更多的在于受体制内外种种因素的影响。由于行政诉讼执行的特殊性，有许多案件是需要政府及其相关部门给予配合的。但司法实践中，并不是所有的行政机关都愿意配合，出于地方保护主义和部门保护主义的原因，大部分行政机关对履行生效的行政判决和裁定持消极的态度。而对此，普通老百姓毫无办法。人民法院的执行工作人员在具备执行条件的情况下，因为行政干预的原因也有可能不执行或者消极执行。

三、权力结构下的行政诉讼

行政诉讼作为三大诉讼中受权利结构影响最大的诉讼，在司法实践中，常常关涉到地方政府利益和部门利益。行政诉讼受权力关系影响复杂而多元：

第一可能会受到地方党政部门的影响。在中国，地方党政部门对待司法机关和行政机关是没有差别的，这些机关对党政部门来说无非都是其所属的下级机关，应该接受其领导。客观上，党政部门也确实是常常对司法机关发号施令。第二是地方政府的影响，中国"一府两院"制要求的政府和司法机关相互平衡统一于人大，在实际操作时常常演变为司法机构委身于政府领导之一。通过权重部门打招呼、上级领导批条子、个别人员递材料等方式干预行政诉讼个案的情况也是时常发生，而人大要么是爱慕能助要么认为漠不相关。第三可能会受到上级法院的影响，我国法律规定的上下级法院的指导关系在实际操作中却表现为上级法院对下级法院的领导，下级法院审理案件的结果要向上级法院汇报，上级法院对下级法院审理案件的过程和结果也可能会提前介入和干预。[1]第四是可能会受法院内部考核机制的影响，《中华人民共和国公务员法》的颁布让法官的管理体制处于尴尬的境地。作为司法人员的法官按照行政人员的管理体系予以划分和安排，多重考核指标让法官难以施展拳脚，只能在审理案件的过程中小心翼翼、步步为营。总之，党政部门和地方政府的影响可能引致严重的行政审判的地方保护主义；法院内部的考核机制则可能使行政审判庭与行政审判人员失去独立性；上级法院的干预既让国家法律确立的审计制度丧失了效用和价值，也在实质上进一步削弱了下级法院的权威性和独立性。由于权力结构关系影响造成的体制障碍，司法最终由于其权威性和独立性的丧失而破坏了自身居中平衡的作用和能力，行政诉讼的目标和功能也失去了充分发挥的基础。行政争议不能通过行政诉讼的方式完全化解，更恐谈通过行政诉讼监督行政机关依法行使职权和保护行政相对人合法权益的价值实现。

（一）放任的行政自由裁量权与难以落实的司法监督

第一，司法文件给予了行政机关规避法律的空间。众所周知，我国的行政权力在整个国家权力结构中地位突出。这不仅是我国传统官僚体制导致国家干预过度产生的后果，而且是我国社会和经济发展越来越复杂，需要行政权扩张的现实结果。与西方发达国家相比，目前我国的行政机关享有更大的权力和自由裁量权。这主要源于以下因素：首先，与经济结构和发展较为稳定的国家相比，我国的经济处于高速发展之中，为满足快速经济发展，政府机关及其官员需要更大的裁量权，以应对和解决出现的问题；其次，当前我

---

〔1〕 汤维建："司法体制的四大矛盾与四大不足"，载《同舟共进》2013年第10期。

国经济体制和结构处于转型和大幅度调整时期，政府机关及其官员需要不断突破和变革传统的计划经济框架及其相应的规则；最后，中国幅员辽阔，地区差异巨大，立法对许多问题不能面面俱到，只能作出较为抽象和概括性的规定。而所有这些因素体现在行政诉讼中，就是法院在行政审判时给予了行政机关更多规避法律的空间和理由。这些理由首先体现在最高人民法院的众多司法文件中（详见表3）。从表中我们可以看到，这些司法文件大多要求法院在行政审判时以大局为重，在维护相对人合法权益的同时，也要充分考虑和尊重行政机关采取的行政措施，并与行政机关积极配合。

表3

司法文件	具体段落	主要体现
《最高人民法院关于妥善处理群体性行政案件的通知》（法［2006］316号）	第五段	在处理群体性行政案件时，要平衡各方面的利益，把司法为民和服务大局结合起来考虑。从大局出发，要在维护群众的根本利益的同时，也对行政机关依法行政的行为予以监督和支持，保障落实国家的各项政策和措施，有力维护和促进经济和社会发展的秩序。
《最高人民法院关于当前形势下做好行政审判工作的若干意见》（法发［2009］38号）	第二段	法官在进行行政审判时要服务于“三保”的大局和坚持“三个至上”的指导思想，积极研究特殊困难时期行政行为的特点和方式，充分尊重行政机关作出的选择和判断。在坚持合法性审查的基础上，依法维护和支持行政机关在拉动内需等方面采取的行政行为。对于因为国家政策调整或者行政指导引起的行政案件，要充分考虑行政权在特殊时期的运作特征。
《最高人民法院关于严格执行法律法规和司法解释依法妥善办理征收拆迁案件的通知》（法［2012］148号）	第三段	认真研究解决征收拆迁案件的新情况新问题，对于审判执行工作中的重大问题，加强与政府的沟通互动，积极探索创新社会管理方式，保障促进社会和谐稳定。
《最高人民法院 关于全面加强环境资源审判工作为推进生态文明建设提供有力司法保障的意见》（法发［2014］11号）	第二十一段	加强司法机构与环境资源保护职能部门之间的协调联动。积极推动建立审判机关、检察机关、公安机关和环境资源保护行政执法机关之间的环境资源执法协调机制。

续表

司法文件	具体段落	主要体现
《最高人民法院关于充分发挥审判职能作用 推动国家新型城镇化发展的意见》（法发［2014］20号）	第四段 第二十一段	依法促进农业转移人口住房保障渠道的拓宽，注重加强与有关行政主管部门的沟通，通过多种方式有效化解矛盾纠纷。

第二，法律法规对“行政自由裁量权”的放纵。所谓“行政自由裁量权”是指行政主体在法律法规规定的权限范围之内，对自己作出的行政行为具有的时限、范围、顺序、方式等的选择权。反之，羁束性行政权是指法律法规对作出行政行为的时限、范围、顺序、方式等都作了具体明确的规定，行政机关不能选择。由于国家权力的分工理论，自由裁量权的行使属于行政权的范围，人民法院的司法权不能替代行政机关的行政权去评价和判断行政行为的合理性和适当性。一般来说，人民法院对羁束性行政权的行使享有是否合法的审查权；而原则上对行政自由裁量权的合理性没有审查的权力。因为行政自由裁量权是法律法规授权行政机关的自由选择权，法院不得妨碍。且由于行政审判法官欠缺某一行政管理领域的专业技术知识，事实上也不可能对行政自由裁量权的合理性进行司法审查。所以，实务届一般认为，《行政诉讼法》（1989 年）总则第 5 条的规定，人民法院依法审查行政机关（和法律、法规授权的组织）的具体行政行为是否合法是行政诉讼区别于刑事诉讼、民事诉讼的特有原则。只有根据该法第 54 条的规定，当具体行政行为里的行政处罚显失公正时，才可以基于合理性审查判决变更。2015 年《行政诉讼法》第 6 条再次明确人民法院审理行政案件，是对行政行为的合法性进行审查。同时该法第 70 条第六项规定的法院判决撤销或者部分撤销行政行为，并可以作出让被告重新作出行政行为的判决的情形也将“不合理”的范围仅仅限于“明显不当”即明显且重大的不合理。

第三，法院对所谓“良性违法”行政行为的包容。良性违法行为是法律与社会矛盾之间挤生出来的新事物，是难以避免的合理与合法的冲突。实践中，经常会出现一些良性违法行为是指形式上违法、而动机端正和客观效果较好的行为。对于这类行政行为，法院有时也不能予以准确判断，而只能要么容忍，要么尽可能协调解决，而不急于追究违法责任。最明确的依据是《最高人民法院关于执行〈中华人民共和国行政诉讼法〉若干问题的解释》

（法释［2000］8号）第56条第2项对被诉具体行政行为合法但存在合理性问题的，人民法院应当判决驳回原告诉讼请求的情形的规定。可见，行政行为的“合理”与“合法”在文字表达上已经明确地被分开，“被诉具体行政行为合法但存在合理性问题”的“良性违法”是作为应当判决驳回原告诉讼请求的四种情形之一。曾参与起草该解释的最高人民法院法官甘文指出，第56条第2项的内容就是为了解决有些具体行政行为合法但不合理的问题。考虑到适用维持判决合法但不合理的行政行为存在弊端，所以，解释规定人民法院可以判决驳回原告的此类诉讼请求。[1]

第四，司法实践中可以作为行政审判依据的规章。人民法院在行政审判时习惯从行政规章中找依据而不是仅仅适用法律法规。尽管《行政诉讼法》规定行政审判依据法律法规，参照规章，但是一方面由于行政监管部门在一线，最直接地面对发展中的各种问题，积累了丰富的经验和处理问题的技术，而相比之下，人民法院却没有充分的处理经济和社会问题的专业知识和经验能力。另一方面，由于法院在处理各种社会问题时不得不依赖于行政监管部门的力量，行政裁判能否落实的关键还是在于相关行政部门的执行力度。从某种意义上说，如何监督行政机关在我国成为更为艰巨的任务。[2]

（二）不够完善的人大制度与有限的司法审查

要理清目前我国行政诉讼的现状，必须首先要重新理清各个权力机构之间的关系，如司法机关与行政机关、行政机关与立法机关之间的关系，要将这些关系放在整个权力结构的大背景下予以考察，将司法审查放在整个权力关系中去思考和分析。行政诉讼的构建从很大程度上讲是如何对行政权与司法权进行权力分配的过程。在西方国家，看待司法审查的基本方法是：立法机关授权给行政机关，继而行政权力行使受制于司法审查。议会的地位虽然很高，但它对行政机关控制不可能面面俱到，只能就重大事项进行宏观控制。议会虽然授权给行政机关，但议会立法不可能预见所有的细节，法律的实施需要授予行政机关一定的裁量权，行政机关面对复杂多变的社会发展需要一定的灵活性。法院的权力和职责在于控制行政机关履行议会授予的职权，且

[1] 甘文：《行政诉讼法司法解释之评论——理由、观点与问题》，中国法制出版社2000年版，第157页。

[2] 杨伟东：《权力结构中的行政诉讼》，北京大学出版社2008年版，第26~27页。

必须符合法定的条件。而在我国，行政机关的权力来源于人大，这一权力的行使也基本受制于人大，而不是司法机关。人民控制人民代表大会，人民代表大会控制和监督行政机关。在这种观念的支配下，行政诉讼的司法审查只是执行人大的意志，法院的审查也只是机械地适用法律，对被诉行政行为进行形式化的审查。在我国行政诉讼制度的设计和具体规定中，很多问题的最终解决需回归人大，比如围绕着法律规范冲突问题的解决、司法机关对抽象行政行为进行审查的问题，司法机关对行政行为合理性问题的审查等。这一方面造成法院在审查行政机关与公民之间的纠纷时，法院对法律的解释权基本上得不到承认，法官没有权力在审理过程中探寻与解释法律中暗含的对公民权利的保护的规定。法官仅仅需要确定行政案件事实和找出与该事实相对应的法律条文，从中推出法律结论。这种形式化的审查，僵化的法律适用过程，为政府及其部门规避法律留下了空间，无法真正对其起到制约和捍卫公民权益的功效。另一方面虽然在规章适用方面法院具有一定的选择适用权，在某些情况下可以适用，也可以拒绝适用，但是对人民法院认为不合理的规章其无法予以撤销，甚至不能在判决书中指出拒绝适用规章的理由，典型的如“洛阳种子案”〔1〕。司法审判的形式化和司法机关对行政权力的过分尊重，使人民法院在行使对政府及其部门的司法审查权时力量微薄。

（三）对行政裁判结果影响举足轻重的地方党委

根据《中华人民共和国宪法》第3条规定，中华人民共和国的国家机构实行民主集中制的原则。各级国家机构的职权都应该在中央的统一领导下划分。人民法院也应该在中央的领导下进行审判活动。关于加强依法行政的措施虽然必须由政府来主导，由司法来监督依法行政实施的效果，但是最关键的还是要得到党委的认同和推动，中国依法行政的命运取决于党和政府的首要任务是什么。当然这并不是说任何时候法院的目的和行政机关的目的都是相悖的。但是依法治国、依法行政的理念和推进的措施如果能和地方党委的利益基本符合，那么“法治”作为特定时期内有效的治理工具，就有可能得到更多的支持和维护，如此司法机关行使权力就更“名正言顺”，司法权也因此获得了更广的施展空间和能力。比如相较于把更多精力放在经济发展的中

〔1〕“称地方法规无效，洛阳种子案法官未被撤职”，载 http://news.163.com/2004w02/12454/2004w02_1076030637797.html，最后访问时间：2013年10月27日。

国的西部地区而言，已经先富起来的中国东部的地方党委就会更多的将社会是否和谐稳定作为其考虑的头等大事。通过调研材料可知，如果某个地区的经济繁荣还没有达到一定水平，通过司法来达到保护私人权利的目的就会更加困难。拿涉及社会保障的行政争议为例，由于没有经济的保障，无法得到地方党委的支持，很多涉及社会保障的行政纠纷也不可能通过司法真正解决。我们还可以看到，在欠发达地区，由于地方的工作重点不同，党委对行政争议的处理不够看重，被立案受理的行政案件相较于其他地方更少。这也恰好能够解释对行政法和行政诉讼法司法实践的创新大多来自发达的省份和地区的原因。而欠发达地区的司法实践普遍不够良好，更不用谈对行政法的发展创新。[1]于是，法院总结出在行政审判过程中只有拥有了地方党委的支持，不断变通创新，才能获得施展司法权和规制行政权的更多空间。当然，这并不是说通过这些举措，人民法院已经取得了独立地位。恰恰相反，正是人民法院主动地寻求党委和政府的支持并维护其利益才为司法成功营造了良好的环境，而法院本身也丝毫没有回避这个问题。多个最高人民法院的司法文件都明确提到行政审判需要党委的理解和支持（详见表4）。

表4

司法文件	具体段落	主要体现
《最高人民法院关于妥善处理群体性行政案件的通知》（法［2006］316号）	第二段 第七段	紧紧依靠党委的领导和政府的支持。要主动及时地向当地党委汇报那些有重大影响或者复杂的群体性行政案件，并在党委的统一领导和协调下依法妥善处理。
《最高人民法院关于当前形势下做好行政审判工作的若干意见》（法发［2009］38号文件）	第十段	更加自觉地依靠党的领导，接受人大的监督。各级人民法院更要自觉地依靠党的领导。大案要案要及时向当地党委和上级法院报告。
最高人民法院印发《关于当前形势下做好劳动争议纠纷案件审判工作的指导意见》的通知（法发［2009］41号）	第十三段	各级人民法院要积极争取获得党委的领导和政府的支持，紧紧围绕经济发展和社会稳定的大局，密切关注国际金融危机的不断变化，依法审理劳动争议，调节社会关系，化解矛盾纠纷，为促进我国经济平稳较快发展提供公正高效权威的司法保障。

［1］ 汪庆华：《政治中的司法：中国行政诉讼的法律社会学考察》，清华大学出版社2011年版，第119~161页。

续表

司法文件	具体段落	主要体现
最高人民法院关于印发《二〇一一年人民法院工作要点》的通知（法发［2011］1号）	第二十四段 第二十五段 第二十六段	各级法院的工作要围绕党和国家的大局，坚持党的基本理论、路线、纲领和经验，坚持“三个至上”的原则，确保在思想上、政治上、行动上与党中央保持高度一致，确保各级法院的工作和党和国家的整体工作部署相符合……坚持重要工作部署、重大改革事项向党委报告制度，自觉接受党的领导和监督，人民法院应该不折不扣的贯彻落实党的各项决策和部署。
《最高人民法院关于坚决防止土地征收、房屋拆迁强制执行引发恶性事件的紧急通知》（2011年5月6日）	第六段 第七段	各级人民法院要紧紧依靠党委领导，争取各方理解和支持。必须事前向地方党委报告所有涉及征地拆迁需要强制执行的案件，并在党委统一领导、协调下进行，更好地发挥党委和政府的优势，共同化解矛盾。法院必须及时向当地党委和上级法院如实报告在执行中发生的所有影响社会稳定的重大事件。
最高人民法院《关于严格执行法律法规和司法解释依法妥善办理征收拆迁案件的通知》（法［2012］148号）	第三段 第五段	人民法院要及时向当地党委汇报审判执行工作中的重大问题，争取获得党委的支持。
《最高人民法院关于人民法院为企业兼并重组提供司法保障的指导意见》（法发［2014］7号）	第二段	法院要正确贯彻党的方针政策和严格执法。正确处理贯彻党的方针政策与严格执法的关系。

通过表格可以看到，作为司法机关的人民法院和行政机关之间确实存在着权力性质的差异，而地方党委在司法实践中常常作为某种平衡或者修正的力量而存在。人民法院可以利用地方党委实现司法的目标，享有某种权威。但是地方党委的目的绝不是纯粹意义地帮助人民法院实现司法独立，树立司法权威，更多时候地方党委有自身的考虑，其之所以维护法院，是为了维持一方的社会秩序。一方面，因为行政诉讼的被起诉率、出庭率、败诉率等指标已经纳入干部考核体系之中，党和政府的官员可以在依法行政中获得更多的政治机会。另一方面，行政诉讼监督行政权力的功能为司法机关与行政机关的权力关系提供了更多相互平衡的力量。尽管在中国，“法治”的发展有赖

于党委、作为司法机关的法院、行政机关之间的互动，而党委在其中具有绝对中心的地位控制着整个进程的走向，但是无论如何这些都间接推进了司法实践的发展。

四、权力结构下的行政审判法官

（一）科层制下的行政审判法官

一方面，当下我国行政审判法官的地位不高，还不能与行政权力相对抗，对此很多法官已经有所意识。比如影响很大的“河南种子案”，该案的主审法官因宣告该省人大制定的地方法规与国家法律不符，下位法违反上位法，不能够予以适用，居然遭人大弹劾。直到现在，很多受访法官都还悻悻然于此事。一名法官在访谈过程中谈到了这样一件事：在这个法官曾经办理的一起行政案件中，行政机关希望原告方都能和解撤诉，并希望该法官能够促成此事。但是该法官觉得用这个方式处理该案件并不是很妥当，于是找了一个理由拒绝行政机关。该法官借口说庭长可能会反对，行政判决书也已经制定好了。但是，该行政机关的一位副局长不屑地对他说，庭长不过就是科级干部，不可能不服从组织的安排。该法官大吃一惊，也从此深刻感受到“组织”力量的强大。当笔者问及新规定的“干预案件记录”制度是否有效时，该受访法官表示：“虽说，中央下达了权力干预案件法官记录制度，但又有哪一位法官会如实记录权力对自己审判案件的干预，除非法官不想干了，除非干预的那个当权者落马了。”另一方面，从理论上讲法院除了审判事务外，其他事务本应当和法官无关。但在中国，法官除了审判任务，还有其他庞杂事务缠绕着法官，让法官“欲罢不能”，却又欲哭无泪。访谈中J法官谈道：“中国的法官一会儿司法下乡，一会儿司法为民，一会儿司法能动，一会儿地方政府让处理信访事务，一会儿又被哪个部门邀请过去做普法讲座，一会儿又要上街维稳，在同级政府眼里，法院就是政府的一个部门，必须做到随叫随到。”如此，法官名义上是“法律人”，实际上成了行政权力的手下。

十八届四中全会的《中共中央关于全面推进依法治国若干重大问题的决定》指出：“法律的生命在于实施，法律的权威在于实施。”其实1989年《行政诉讼法》的规定也是很具体，若法院能够依法受理、审理案件，根本不需要太多的其他法条补充。比如2015年实施的《行政诉讼法》第3条规定，法院对应当受理的行政案件应当依法受理。行政机关及其工作人员不得干预和阻碍受理行政案件。这条立法虽然内容上无懈可击，但是完全就是对《宪法》的重复规定，并且对这种常识性的问题重复规定也不可能根本解决现在确实存在的行政机关干涉司法机关的问题。事实上，司法实践中，大部分行政人员还是有所顾忌，敢于公开干预或者阻碍法院受理和审判行政案件的人员并不多见。基本上还是利用私下与法官见面的方式给法官施压或者以表面合法的形式对法院办案进行干涉，在这种情况下，如果法官自己讳莫如深，外界又怎么可能知道？况且影响法院独立办案的又何止行政机关，地方党委及其工作人员都是左右法院的因素。事实上，假如各级人民法院都能严格遵守和执行国家法律及最高院的相关规定，立案难的问题又怎么会出现？如前面所述，立案不立案，是否裁决驳回并不是仅仅依靠法律的制定或者修改就能够把问题彻底解决的。行政诉讼的问题不是制度本身的问题，不是立法问题，而是整个司法环境和体制的问题。比如立案难的问题表面上看是因为法院可以阻碍案件受理，但其实是现有的司法体制决定了法院在各方的压力下不敢轻易受理案件。因为法院在立案时，除了要考虑案件的起诉条件是不是符合法律规定的立案形式要件外，更重要的是还要考查起诉案件与当地社会秩序的关系、与地方党政现阶段的工作中心关系，能否得到地方党委的支持等因素。从表面上看行政诉讼的立案受理问题和裁决驳回起诉问题是一个法律问题，实质上却是一个政治问题。按照我国《宪法》和《选举法》的有关规定，人民法院院长是由人大选举产生并受人大监督，而在我国政府官员大多是人大代表，行政首长一般兼任人大主席团的团长，法院要考虑在人大的票数，就必须考虑行政首长的感受。2015 年颁布的《行政诉讼法》的实施成效仍然在很大程度上受制于司法的独立性和权威性。这些问题的根本解决，还有待于司法体制改革的整体推进。如果不改变权力结构，问题就无法解决。行政审判司法改革的重点内容应该是司法的“去行政化”改革。

（二）对现有体制产生依赖的法官

二十多年来，法院在现存的体制和框架下也尝试过很多改变和突破，最高院在首部《行政诉讼法》颁布的二十多年来就制定和颁布了 18 个司法解释，希望能改善司法环境，减少和消除行政机关的干预现象。如最高院 2008 年 1 月发布的《关于行政案件管辖若干问题的规定》确认了“提级管辖”和“异地交叉管辖”制度。这些制度都是地方法官为减少本地行政机关的干预在司法实践过程中的创造和发明。[1]但是所有法院自身进行的改革和变通，都是治标而不治本的，因为这些改革和变通都只是局限于法院对自身困境的摆脱，而不能对整个司法环境做出彻底的改善。十八届三中全会后，司法改革进入新阶段，法院的人财物将实行统一管理，以此去司法“行政化”，减少法院对地方政府的依赖性。那么，法院对此有何看法？《南方周末》报道，各级基层法院在面对“省以下法院统一管理人财物”的机制改革时居然表现出纠结和迟疑。按照陈光中教授的分析，这是因为多年来各级地方法院与各级地方政府之间早就已经形成了相互利用、彼此配合，互相服务的共存关系。虽然人财物改革受阻的主要原因是因为各级地方政府反对交出权力，但是实际上，许多地方法院也不想完全与政府脱离关系。[2]并且这种心态是具有真实性和代表性的。虽然从理论上讲，审判权应该被独立行使，司法应该独立，但是对案件的审理最终会落到法官个人的身上，这就无法避免法官自己的主观意愿，法官自身是否愿意独立行使审判权无疑会影响司法最终是否能够独立行使，而其意愿又往往基于自身利益受影响的程度。数十年来，中国司法一直处于司法与行政“一体化”生存的运行状态，不管是司法体制内人员的升迁、待遇的提高，还是职级的变化，甚至法院自身职责和功能的发挥都离不开对地方党政的依赖。可以说，多年以来，在旧有体制之下，法院与法官已经“适应”了这种特殊的环境，并享受着这种特殊环境所异化和产生的各种利益，司法与行政相互合作、各取所需，很多人在如此共存关系中甚至已经鱼水情深。虽然传统的人财物管理体制，让司法无法独立，不能抵抗行政机关的干预，但对已经适应这种体制的法院法官来说，却可以借助权势、获得利益，推卸责任。未来的司法改革要想打破这种现象，必须得到多方面改革的配合。比如对地方各级法院来说，尽管人财物的管理已经发生变化，但是各级地方法院人员的组成和任免仍然由人大决定，法院的工作也由人大监督，法院还是会有所顾虑。有基层法院法官直言不讳地说：“改革后，基层法

[1] 比如，浙江省台州市中级人民法院原行政庭庭长陈崇冠，首创了异地交叉管辖。2002 年他开始试验推行对于告县政府等的重大行政诉讼案件，由中级人民法院指定另一个县的法院受理后，行政机关的败诉率大幅上升，到 2005 年 3 年间政府的败诉率为 35.14%，比全国行政案件行政机关的败诉率高出 1 倍多。

[2] “省以下地方法院、检察院‘人财物统一管理’的喜与忧”，载 http://news.xinhuanet.com/legal/2014-06/27/c_ 1111342347.htm，最后访问时间：2014 年 8 月 30 日。

院审判员的任命权是仍然属于地方还是归上面管，每年还需不需要向当地人大作报告，如果人大不通过法院的报告怎么办，还能不能继续担任法院院长”，[1]这些问题无疑都是十分现实的。其实，就司法体制的最初设计而言，司法的独立性并不存在因为人财物的管理而被削弱的可能，司法权不管是相对于上级法院来说还是相对于地方人大、政府来说都是独立的。但实践中，对人财物的管理却成为影响和阻碍司法独立的主要原因。不过，即便如此，不少地方法院和法官也不一定就愿意并且接受当下为实现司法独立而对人财物的管理实施的改革。因为相对于既得利益而言，法院和法官更能接受地方对司法的干预。这一方面是因为法院习惯了被干预的生存状态，更重要的是干预有时候也是一种协助，并且通过干预还能为自己产生巨大的利益。而派生出这些利益才是改革真正应该祛除的顽疾。或许，审判独立的前提是人格独立，而人格独立需要可靠的制度依托，必须给法院和法官生存的土壤和发展的空间应有的尊严和荣誉，而并不是理想的道德主义。要想真正实现行政审判的独立，必须让人大、党委、政府各归其位，各个权力相互监督并有效运转。但是就现阶段而言，由于法院在地理位置上永远不可能完全脱离地方政府，因此纯粹的司法独立也是不能一蹴而就的。

五、小结

从外部环境来看中国的行政诉讼，它是镶嵌在中国整个权力结构体系中的嵌入性司法。[2]党和政府牢牢控制着法院的人、财、物以致于作为司法机关的人民法院从来都没有形成过自己独立运作的逻辑和充分发挥功能的空间和土壤。从某种意义上讲，文中所提到的“选择性司法”未必是法院自愿的选择，是法院所处的社会、政治和经济环境决定了这一尴尬的司法现象。我国行政诉讼在本质上是国家权力结构的设计和安排，行政诉讼的存在及其运作淋漓尽致地体现了各个权力的配置、协调和冲突。要创造理想的行政诉讼运作环境，就必须考虑和分析行政诉讼所根植的宏观权力结构土壤，也必须

---

〔1〕“司法改革：审判独立的前提是人格独立”，载 http://paper. oeeee. com/nis/201312/01/146352. html，最后访问时间：2015 年 6 月 6 日。

〔2〕贺欣：“法院推动的司法创新实践及其意涵——以 T 市中级人民法院的行政诉讼为例”，载《法学家》2012 年第 5 期。

深入考察和了解行政诉讼具体运作中涉及的种种权力网络关系。[1]只有从国家权力结构的外部视角重新观察行政审判的诉讼模式，才能更有力地解释行政诉讼的法律实效。总之，提升行政诉讼的法律实效不可能仅仅通过行政诉讼法本身的简单修正就可以完成，而需要诉诸司法与行政关系的调整，需要人大制度的调整以及从中央到地方各级党委的支持。

〔1〕 杨伟东：《权力结构中的行政诉讼》，北京大学出版社 2008 年版，第 201 页。

第四章

行政诉讼各方诉求的实效考察与主体因素的分析

当普通人在思考和谈论法律的时候，他们往往并不是把法律想象为或描述为一种单一的、统一的法律思想。相反，法律包含着很多的意义和行动，它们共同构成了合法性的机制。也正是因为人们并不是用同样的思考方式或角度来理解和对待法律，法律才不仅仅是僵硬而死板的条文，而可以获得可持续发展的力量。从某种意义上说，正是受不同利益驱动的法律主体（法官、法学家、律师、当事人）之间的差异才让法律制度的价值得以体现。〔1〕“法律性是社会生活本身呈现出的结构，它可能会显现在不同的场所，这些场所中既包括正式机构的场所，也包括非正式机构的场所。”〔2〕纠纷的结果因此不再是一个固定不变能够直接预见到的东西。纠纷的生成与解决是一个动态的过程，如果将研究视野局限在纠纷的解决，则既难以深刻地解释纠纷解决方式的运作特点，也无法客观评价其效果。行政争议的解决过程不仅仅是一个静态的概念，而是权力机构与权力之间、权力机构与诉讼参与各方、诉讼参与各方之间以及诉讼参与各方与其他相关人员之间互动的过程，是一种动态的实践。因此，在对行政诉讼法律实效进行考察时，对具体实践中的关系或者关系的关系进行细致的、详尽的分析就颇有意义。“把这些个人的行动与他们的动机、周围环境中的各种状况等因素结合起来加以考虑，并在此基础上弄清楚制度在实际上的运行过程。”〔3〕为了发现法律在社会关系中的表现和结果，我们必须对人们的法律意识进行研究，即当人们在适用法律、回避法律

〔1〕［法］布迪厄：“法律的力量——迈向场域的社会学”，强世功译，载《北大法律评论》1999 年第 2 期，第 496~545 页。

〔2〕［美］尤伊克、西贝尔：《法律的公共空间——日常生活中的故事》，陆益龙译，商务印书馆 2005 年版，第 41 页。

〔3〕［日］棚濑孝雄：《纠纷的解决与审判制度》，王亚新译，中国政法大学出版社 1994 年版，第 35 页。

和反抗法律时，他们是如何理解法律的意义和体验法律的过程的。[1]在方法论上，问题被转化为：日常生活中的人们究竟怎样经历和解释法律？日常的互动和关系如何被赋予或没有被赋予法律特征？法律性是以何种方式经由大众对法律的理解、解释和执行建构起来的？行政争议的解决过程就是对行政诉讼各方参与逻辑的分析。

一、行政审判法官的理想与回应

（一）行政审判法官的现实困境

1. 需要考虑多种因素的行政审判法官

我国法律要求人民法院审理行政案件时应该以事实为根据，以法律为准绳。然而，“尽管从表面上看，绝大多数司法决定都是受法条主义驱动的，但法官在司法过程中绝不是仅仅适用已有的规则或采用独特的法律推理审理案件，法官并不是完全意义上的法条主义者。法官的政治偏好和他的个人特点及生平阅历和职业经验等法律以外的其他因素，都会导致审判过程中的司法偏见，进而直接影响他对案件的判断。”[2]在行政审判的过程中，事实和法律以外的因素也会有一定的影响。数据显示，除了根据《行政诉讼法》第1条，应该考虑的彻底解决纠纷和保护相对人合法权益之外，行政审判法官还可能会考虑党的方针政策，采纳当地政法委、本院领导和上级法院的意见；顾忌当地行政机关和当事人的感受，受制于媒体的反应和社会舆论等。数据显示（见表5），90%以上的法官都会考虑党的政策以及本院和上级法院领导的意见。虽然数据显示有超过一半的法官会考虑是否会得罪当地行政机关，但是比起对其他因素的考虑，看起来考虑行政机关感受的比例要小得多（只占54.4%）。不过深入分析会发现，表5显示的仅仅可能是法官的理想而已。

---

〔1〕［美］尤伊克、西贝尔：《法律的公共空间——日常生活中的故事》，陆益龙译，商务印书馆2005年版，第56页。

〔2〕［美］理查德·波斯纳：《法官如何思考》，苏力译，北京大学出版社2009年版，第4页。

表 5〔1〕

考虑的因素	比例
争议是否能够完全化解	98.3%
对相对人合法权益的保护	97.1%
可能得罪当地行政机关	54.4%
党的政策	93.7%
政法委的意见	86.4%
上级法院的意见	95.3%
本院领导的意见	92.3%
当事人投诉、信访	79.9%
媒体的反应、社会舆论	79.2%

通过访谈发现，虽然大部分法官将彻底解决行政争议和保护相对人的合法权益作为自己在行政审判过程中考虑的首要因素，但是有受访法官提到“人民法院在审理行政案件时，经常遇到的困难就是怎样要在保护行政相对人合法权益的同时维护和监督行政机关依法行使职权的行政行为，怎样平衡两者的关系”。〔2〕从前面第三章对影响行政诉讼法律实效的权力结构因素的考察和分析来看，囿于权力结构中行政诉讼在实际运作过程中，法官顾忌行政机关的感受在某种程度上说是多于对保护老百姓合法权益的考虑的。比如审判实践中，法官就不会对行政机关“违反法定程序”的行政行为过于苛刻。1989 年《行政诉讼法》第 54 条第 2 款规定，人民法院应当对“违反法定程序”的行政行为，作出撤销或者部分撤销的判决。如果从字面上看，该条中所指的“法定程序”不单包括行政行为的主要程序，也应该包括行政行为的次要程序；即包括轻微违反法定程序的行政行为也包括严重违反法定程序的行政行为；不单包括行政行为的外部程序也应该包括行政行为的内部程序。但是，从收集的资料来看，大部分受访法官表示其在行政审判过程中，没有严格按照第 54 条的规定对违反法定程序的行政行为一律撤销或部分撤销，而

〔1〕 林莉红、宋国涛：“《行政诉讼法》实施状况调查报告 · 法官卷”，载林莉红主编：《行政法治的理想与现实——〈行政诉讼法〉实施状况实证研究报告》，北京大学出版社 2014 年版，第 39 页。

〔2〕 林莉红、宋国涛：“《行政诉讼法》实施状况调查报告 · 法官卷”，载林莉红主编：《行政法治的理想与现实——〈行政诉讼法〉实施状况实证研究报告》，北京大学出版社 2014 年版，第 29 页。

是根据行政行为违法程度的不同，采取不同的处理方式，对轻微违反法定程序和违反次要或者内部法定程序的行政行为，只要行政相对人一方不过于纠结于此，都会视为“合法”予以维持。这或许是因为传统的“重实体、轻程序”的观念在行政审判法官心中也存在并在行政诉讼的实践中体现出来，但同时也表明在面对行政相对人的合法权益时，行政审判法官更多地考虑了行政机关的面子和行政行为的稳定性，从而宽容了违反法定程序的行政行为。[1]在司法实践中顾忌行政机关的感受还体现为，尽管1989年《行政诉讼法》第49条规定，对妨碍诉讼和扰乱法庭秩序的行为，人民法院可以采取强制措施。但法官却很少在行政诉讼中对行政机关的妨碍行为采取强制措施。尽管行政机关不应诉、不答辩、不出庭、不执行生效裁决等妨碍行政诉讼秩序的情形不断被媒体揭露出来，打击报复原告和证人、甚至公然在法庭上抓捕原告等严重扰乱法庭秩序的行为也曾被曝光，[2]但受访法官几乎都表示自己在行政审判的过程中还从来没有根据第49条的规定追究过行政机关妨碍诉讼的责任。[3]当然，总体来说，法官对原被告双方都很少采取排除妨碍措施，但是相比原告，在中国作为被告的行政机关作出的妨碍诉讼秩序的行为显然更多，可见在司法实践中行政审判法官对行政机关的很多违法行为还是睁一只眼闭一只眼了。“在中国，行政审判怎么可能完全回避党委的干涉？上级法院的意见也是我们不得不考虑的，你想啊，自己的绩效考核是由谁说了算？”受访的P行政审判法官说道：“行政审判可以肯定地说没有完全独立啊，审判时要顾及太多东西，顾及多了肯定就不能完全公正了，体制决定一切啊。不要以为法院很了不起，狐假虎威，有些时候行政机关根本不把法院当回事，不出庭，不应诉就不说了，连法官的判决书都要干涉，要先汇报，法院还是不太敢明

---

〔1〕 在收集的2767份一审裁判文书中，判决为1202份。其中作出撤销判决（包括撤销判决、撤销并赔偿判决两类）的总数为210份，约占判决总数的17.5%。而在撤销判决中以“违反法定程序”为由作出判决的总数仅为62份（其中包括单独以“违反法定程序为由”，和众多理由中包含“违反法定程序为由”的判决）。详见林莉红、宋国涛：“《行政诉讼法》实施状况调查报告·法官卷”，载林莉红主编：《行政法治的理想与现实——〈行政诉讼法〉实施状况实证研究报告》，北京大学出版社2014年版，第38页。

〔2〕 孟天：“被告抓原告：行政诉讼‘带伤起跑’”，载《人民法院报》2007年9月9日。

〔3〕 林莉红、宋国涛：“《行政诉讼法》实施状况调查报告·法官卷”，载林莉红主编：《行政法治的理想与现实——〈行政诉讼法〉实施状况实证研究报告》，北京大学出版社2014年版，第36页。

目张胆地得罪当地政府的。我们也知道，老百姓有时候委屈，要不国家也不会不断出台保护相对人的规定，但无奈胳膊拧不过大腿啊，能忍就忍吧，要不然起诉也可能以失败告终，要么就被收买了。总之一句话，你在体制内，怎么可能不听体制的话。"

当然，比起维护行政机关的利益，法官还有一个更重要的目的就是维护公共利益，促进社会稳定和谐，即使不能维护社会和谐，也尽量不要成为社会不稳定的原因之一。H行政审判法官指出，"行政审判和其他两大诉讼不同，行政审判要考虑的东西太多，而且还会受到很多外来（因素）的干涉和影响，行政审判的结果又对社会产生的影响最大，"如表5所显示有高达98.3%的法官会考虑纠纷是否会彻底解决，有79.9%的法官会考虑当事人投诉、信访，有79.2%的法官会考虑媒体的反应、社会舆论。由于夹杂太多因素，审理行政案件已经不能再单纯依据法律条文和法律推理来得出裁判结果，行政审判法官的功能也不仅仅是审理案件而已。"好像行政争议的案子就永远没有真正的结束，看起来行政案件是结案了，但是只要当事人上访，就可以没完没了。上级法院可以让主审的法官对这个案子进行说明，法官还要不断地接待和安抚这些人。说实话，有时候是真的很烦，因为，有时候本来没有判错，但是这些人就是利用上访，知道我们担心稳定问题，就利用这个来达到自己的目的。"D行政审判法官谈道："也不怪我们不想受理某些敏感案件，一旦受理就是一辈子的事啊，徒增烦恼。"资料显示，一旦涉及可能影响社会安全稳定或者可能损害政府形象，影响区域发展的房屋拆迁补偿争议、土地征收征用争议、地方政府作为被告的案件，牵涉到共同诉讼、群体性诉讼的敏感案件，为了避免受理后可能出现的信访、缠访等困扰法院，妨碍行政审判工作正常进行的现象出现，法院常常会找出不予立案的各种理由，阻碍案件受理，希望能通过案外协调的方式解决。这些早已经成为公开的秘密，不但理论界意识到这个问题，最高人民法院也在试图加以解决。〔1〕

2. 行政审判法官囿于各种因素的成因分析

第一，法官保障制度不完。根据表5可知，所有的备选项都有50%以上的行政审判法官选择。这里面，有些是法官作出裁判时应该考虑的，而有些

〔1〕"江必新在行政审判座谈会上要求切实解决行政诉讼告状难"，载《人民法院报》2009年7月17日。

因素是完全不该考虑的。受访的C行政审判法官提到："在行政案件审理过程中，受到的各方面的干涉和影响太多了，除了行政机关，还有上级法院，还有媒体，不是想考虑而是不得不考虑。"表面上看起来是因为"行政机关不配合、干预、刁难""媒体的不当影响""审判不能真正独立""当事人的缠诉、滥访""绩效的考核""法院领导不重视"等，但实际上所有问题的症结在于"法官保障制度不完善"。调查结果也印证了这点，高达83.3%的受访法官认为审判难最大的原因是自身的保障制度不完善，这是所有选项中比例最高的。〔1〕有的受访法官说道："人民法院的宪法地位与现实社会地位不符，以至难以独立行使审判权，更遑论行政审判权的行使，所幸各级法院正在稳步推进中。进入法院的门槛高，政治、经济待遇差，人才外流严重，不利于法院的队伍和业务建设。法官的自身价值难以实现，工作、生活没有多少尊荣权威可言。行政审判在法院的审判体系中居弱势地位，行政审判法官缺乏人才。""在制度层面上切实保障法院、法官独立行使审判权，相信是让行政诉讼发挥其应有作用的方向。"W法官说道："各级法院领导应高度重视行政审判工作，提高行政审判人员的政治、物质待遇。"试想，如果法官的人身安全和职务安全能够得到相应的保障，不以简单的数据机械地作为评判良好法官的工作绩效，那么法官判案的时候能不能更轻松一些呢？其实不光是在判案的时候，法官自身作为体制内的成员本来就是整个政治生态系统里面的一员。法官有时候连自己利益都不能通过正常的法律途径保护，即使挨打也不敢通过正常的司法路径解决。〔2〕在笔者走访的过程中，切身感受到很多法官，由于身在体制之内，反而更加畏惧组织的强大力量，而这个畏惧有时候已经超出了我们的理解。一名法官甚至还比不上一个普通老百姓，当普通老百姓遇到问题时，既可以打官司也可以上访，还可以诉诸媒体，将自己的遭遇曝光。但法官作

---

〔1〕在问及"您认为下列问题是不是行政审判难的原因？"时，对"审判没有真正独立""行政诉讼法落后了，很多规定尚待完善""法官保障制度不完善"这三个选项的比例最高，而这三项的选择比例又分别为：78.2%、78.9%、83.3%。详见林莉红、宋国涛："《行政诉讼法》实施状况调查报告·法官卷"，载林莉红主编：《行政法治的理想与现实——〈行政诉讼法〉实施状况实证研究报告》，北京大学出版社2014年版，第41页。

〔2〕法官因生活琐事被同事打断肋骨，欲走法律程序维权却发现"路途险阻，新会区人民法院一个政工科的领导到了医院看望谭宜欣，并叮嘱他，"这个事情不用报警，单位内部解决算了"。详见"法官被同事踢断3根肋骨，领导叮嘱单位内部解决"，载http://news.qq.com/cmsn/20140326/20140326001173，最后访问时间：2015年9月30日。

为体制内的成员，必须要接受体制的管理和约束。假如遇到问题，遭受不公正待遇，除了通过内部申诉，又不能找法院提起诉讼，又不能信访，更不能将遭遇公之于众，全部希望寄托于能遇到公正英明的领导。被行政权力约束的，不仅仅是作为普通民众的局外人，对体制内的人更是如此。

而在“法官自身保障”缺失方面，基层法官的感受又最为深刻。全国人大代表、北京市高级人民法院院长慕平在 2014 年两会上提到，据统计最近几年流失的法官已高达五百多人，而这种现象在基层法院尤甚。这一方面是因为法官的职业级别和他的待遇休戚相关，而基层法院法官的晋升空间又非常小。据了解，一个刚从学校毕业的学生进入法院系统之后要依次从书记员、助理审判员、审判员做起，这样下来就至少要耗费两到三年的时间。在基层法院能够被提拔成副庭长或者庭长的人员有限，绝大多数法官只能期盼通过每年的上级法院遴选，而遴选的人数本身也是有限的。另一方面，在基层由于社会矛盾和冲突都最为集中，法院也逐渐变为老百姓解决行政争议的重要依靠。但是老百姓虽然诉诸法院，却又不完全相信法院，“信访不信法”的现象在基层还是普遍存在的。这就让基层法官除了要面对异常繁重的工作量之外，还要承受来自各方面的干预。受访的 S 法官说：“老百姓只需要打一个投诉电话，法官就可能要被征询意见，花时间解决纠纷。”为了能够彻底解决由案件引起的纠纷，维护社会稳定，各地法院都想尽办法。2010 年，北京市高级人民法院就开始了“递进式化解方式”。具体就是将提起申诉的案件先移送到下级法院逐一排除解决，尽量把当事人的不满化解在基层。但是这种做法其实让基层法官十分反感，法官也明确地表达了自己的看法：“‘递进式化解方式’可以说是一个非正常的程序。既然提起诉讼，谁不想取得胜诉？被法官判决败诉的当事人怎么可能会对法官完全满意？”[1]此外，访谈中基层法院法官还表示，自己除了要完成案件的审判任务之外，还不得不应付宣传、调研、维稳等这些额外的任务。事实上，笔者也是在协助法院完成调研和论文的时候与这些法官有了深入接触的机会。根据受访法官的描述，每个法院都会有一些所谓的评价指标，这些指标会被分配到每个法庭、每个科室，然后再由每个法庭和科室分配到具体每一个人。如果法官发表过论文、搞了调研、

[1] 孙静：“一名辞职法官的遗憾”，载 http://news.youth.cn/sh/201407/t20140719_5537742_3.htm，最后访问时间：2014 年 9 月 19 日。

做好了法治宣传可能会加分，而没有化解涉诉信访就要扣分。从某种意义上说，基层法院行政审判法官已经不堪重负。调研数据表明，基层法院行政审判法官反倒比高级别法院行政审判法官更不愿意扩大行政诉讼受案范围，[1]部分基层法院法官甚至希望取消基层法院的行政审判权。据统计，在问及是否应该取消基层法院对一审行政案件的管辖权时，不少基层的行政审判法官都表示希望取消，这个比例明显高于平均值。而中级人民法院的行政审判法官对此并不支持，认为应该继续保留。[2]同样，对于行政审判发展前景，来自基层人民法院的行政审判法官明显比来自高级别人民法院的行政审判法官对行政审判的前景更为悲观。[3]

第二，法官认为"群众不懂法"。除了"法官自身保障制度"缺失之外，半数以上法官认为"群众不懂法"也是导致审判难的原因，这个数据与1992年《行政诉讼法》实施不久，龚祥瑞先生主持调研的数据几乎接近。[4]二十多年来，应该说随着国家普法宣传的跟进和大众自身知识文化水平的不断提高，民众对法律的了解肯定也会相应提高，但是法官仍然认为民众不懂法，这是为什么？到底是普法效果有待加强，还是法官对社会公众的法律意识期

---

〔1〕 所在法院的级别分别是基层、中级、高级和最高人民法院的法官选择"应该扩大"的比例分别是57.4%、68.6%、81.3%和100%。详见林莉红、宋国涛："《行政诉讼法》实施状况调查报告·法官卷"，载林莉红主编：《行政法治的理想与现实——〈行政诉讼法〉实施状况实证研究报告》，北京大学出版社2014年版，第25页。

〔2〕 在问及"是否应该取消基层法院作为行政案件的第一审法院"时，"有必要""没有必要""说不清楚"三个选项的选择，基层法院法官回答比例为32.5%、59.2%、8.2%，中级人民法院法官回答比例为14.8%、84.3%、0.8%，高级人民法院法官回答比例为38.6%、61.4%、0.0%，最高人民法院法官此题回答缺失。详见林莉红、宋国涛："《行政诉讼法》实施状况调查报告·法官卷"，载林莉红主编：《行政法治的理想与现实——〈行政诉讼法〉实施状况实证研究报告》，北京大学出版社2014年版，第43页。

〔3〕 对于对行政审判发展前景的选项，对"光明""有希望，但困难大""黯淡""不清楚"四个选项的选择，基层人民法院法官回答比例为19.0%、69.4%、7.4%、4.2%，中级人民法院法官回答比例为14.2%、74.4%、7.3%、4.1%，高级人民法院法官回答比例为52.6%、47.4%、0.0%、0.0%最高人民法院法官对此回答缺失。详见林莉红、宋国涛："《行政诉讼法》实施状况调查报告·法官卷"，载林莉红主编：《行政法治的理想与现实——〈行政诉讼法〉实施状况实证研究报告》，北京大学出版社2014年版，第40页。

〔4〕 1992年调研数据显示选择这一选项的比例为68.3%，2012年的调研数据显示选择这一选项的比例是64.2%。详见林莉红、宋国涛："《行政诉讼法》实施状况调查报告·法官卷"，载林莉红主编：《行政法治的理想与现实——〈行政诉讼法〉实施状况实证研究报告》，北京大学出版社2014年版，第40页。

望太高。事实上，相较于法官而言，民众的法律知识可能永远都不如法官，那么要在多大程度上普法，法官才觉得相对而言民众的意识可以不成为阻碍行政审判的原因呢？或许受传统的理念的影响，在民众心中始终更重视结果公正，这本身与具有专业法律知识和理念的法官理解的司法公正、公平是有差距的，因为对法律而言，有时候程序法律事实是大于客观事实的。这或许也是在遇到棘手案件时，法官更倾向采取案外协调的方式解决行政争议的原因之一。

故而，中国行政审判法官在行政诉讼中不能完全充当一个理想主义者，还必须要考虑行政裁判的实际执行力。正因如此，在问及"是否应该扩大受案范围"时，认为应该扩大的法官比例明显小于律师。尽管大部分人认为应该扩大行政诉讼的受案范围，但是比起法学理论者、律师和普通民众，行政审判法官更为看重法律制度是不是能够得到执行，执行法律的条件是不是成熟，执行法律的环境是不是良好，法院具不具备执行法律制度的能力。有受访法官就指出，在当下的中国，上到中央下到地方都将社会稳定作为一个基本目标，强调当事人对裁决的满意度，并且认为法院应该通过司法促进社会和谐，强调裁判的案件不能成为社会矛盾的诱因之一，在这种背景下，如果仅仅扩大行政诉讼受案范围而没有其他配套措施，恐怕只会让行政审判法官办理案件的压力进一步增强。[1]

（二）行政审判法官的理想

1. 行政审判法官的"法治梦"

面对现实的机制和体制，法官有诸多心声和愿景，大多数法官认为应该解决如下问题：其一是提高职业荣誉感。近70%的法官渴望得到大众的认可和尊重，并希望将大众的认可作为待遇提高与否的标准，而不再仅仅通过追求担任领导职务来提高自己的职业级别和待遇；认为法官管理要去行政化，希望改革法官行政职级结构，探索法官单独序列管理，建立符合法官职业特点的晋职晋级和遴选制度，渴望法官职业获得独立而有尊严感的晋升途径。其二是要设立法官职业化薪金保障制度。超过80%的法官希望消除当前"办多办少一个样、易案难案无差别"的现象，希望能够通过法官职业化薪金保障等制度，用更科学合理的评价机制来作为确立法官薪金的标准，审判工作

〔1〕林莉红、宋国涛："《行政诉讼法》实施状况调查报告·法官卷"，载林莉红主编：《行政法治的理想与现实——〈行政诉讼法〉实施状况实证研究报告》，北京大学出版社2014年版，第47页。

实际成绩大小应该体现在待遇的差别上，优秀的法官理应获得更好的待遇和保障。其三是回归司法本能。接近60%的法官希望厘清司法职责，认为法官应以执法办案为首要职责，应减少行政化干扰，避免执法办案过多让位于其他各种繁杂事务，让法官回归纠纷裁判者的应有定位。36.7%的法官寄希望于扩充司法辅助人员配置，强化司法辅助人员保障机制，外出调查、保全送达等常规性、事务性工作由辅助人员完成，使法官有限的时间、精力专注于审执工作本身。超过60%的法官期待建立科学的法官职业评价、保障机制，完善不适格人员退出机制，实现法官队伍的精英化。其四是提高综合能力。接近30%的法官希望获得更多的培训机会，拓宽学习途径，其中16.3%的法官渴望得到应对突发舆情和公共危机事件的学习。青年法官培训深造的意愿强烈，85.7%的年轻法官认为职业发展最大的瓶颈是司法经验和社会阅历不足；16.3%的年轻法官渴望到基层一线锻炼；67.4%的年轻法官渴望得到资深法官的传帮带，尤其是面对疑难复杂案件时，希望及时获取审判经验指导，以避免工作中走弯路、绕圈子。其五是回应基层实践。36.7%的法官认为上级法院业务指导应立足于基层审判实际，出台相应的司法制度、创新举措前，应先至基层法院摸底调研，了解把握基层审判工作的实际状况和需求，先行出台意见草案后再征询各方意见，避免"拍脑袋"定思路、出办法式地出台一些徒具形式、操作性不强、对提升司法效率收效甚微的司法举措。同时，对相关制度性文件要出台配套实施细则，避免基层法官盲目参照，曲解本意，出现裁判尺度不一的情况。〔1〕

2. 行政审判法官的自我评价

尽管中国法官自身保障严重缺失，但是法官仍然普遍有着强烈的法治信仰和浓厚的法律人情结。调查显示，接近50%的法官（本段中所称法官均包括其他审判庭的法官）坚信民主法治建设的进步是历史必然，司法体制也终将步入良性发展的轨道。38.8%的法官认为法官职业最贴近社会民情，最能发挥法律公平正义的效用。尤其是18.4%的资深法官能从以往的司法实践中感受到法治的进步，能以历史发展的眼光理性看待法治建设进程的迂回和反复。超过40%的法官珍惜职业荣誉，认为自身的一言一行代表着法院形象，

〔1〕 马毅萍："法官工作状况实际调查——负重、坚守、期盼：基层法官职业心态调查报告"，载《审判研究》2014年7月。

影响着社会公众对司法的认知，工作中勤勉敬业，恪守司法礼仪，努力维护司法公信。38.8%的法官认为职业荣誉感来源于个案公正的积累，能理性看待社会公众对司法的质疑，希望以个案的公正裁判，赢得当事人对司法工作的理解和支持。24.5%的法官认为外界的评价不足以左右自身的职业荣誉感，努力在工作中追求“无愧于信仰，无愧于内心”的卓然境界。总体而言，将法治梦作为毕生努力的事业，愿意以己绵薄之力推动法治建设进程的法官占87.8%。〔1〕

如表5显示，在行政审判过程中，高达97.1%的受访行政审判法官会考虑是否最大限度保护相对人的合法权益，这个比例是相当高的，可见绝大部分法官都具有行政诉讼的目的之一：要保护相对人的合法权益的法治意识。尽管绝大多数民众和律师认为在行政审判中法官对行政机关的态度更好，但是法官却不这么认为，接近70%的受访法官认为，自己在行政审判中对老百姓和行政机关的态度是一样的。这可以表明至少在大多数法官的心中是怀有“当事人在行政诉讼中的法律地位平等”的理念的。只是前面所提到的法律以外的其他因素会影响法官对案件的裁判，但是无论如何大部分法官仍然报有司法公正和司法为民的理念。然而其所处的环境所受到的限制让他在作出价值选择时难以抉择，于是，法官对自己职责和司法价值的追求发生了偏差，并进一步破坏了法官对“自由”“公正”等崇高信念的坚守。正如受访法官Q谈到的：“我国的司法体制决定法院不能独立审判，依法公正审判很难，而且不现实，法官在审判时不得不考虑很多因素，而有的因素是不该考虑的，再有就是行政机关经常不出庭，完全不把法院当一回事，但是我们也不敢得罪当地政府，在作裁决的时候可能还要向上级领导汇报。国家法律虽然在不断出台，但老百姓的合法权益未必能得到好的保障，胳膊拧不过大腿，是吧？能忍则忍吧，有时候，作为法官也想为法治理想奋斗一下，但是最后都可能面临失败，有些时候说实话是被收买了，总之，感觉前途不够光明。”通过统计可以发现，有一半以上的法官赞成加强行政诉讼的检查监督。〔2〕虽然看起

〔1〕马毅萍：“法官工作状况实际调查——负重、坚守、期盼：基层法官职业心态调查报告”，载《审判研究》2014年7月。

〔2〕在问及受访法官“是否需要加强行政诉讼的检查监督”时，选择“有必要”“没有必要”“说不清楚”的比例分别为51.5%、39.4%、9.1%。详见林莉红、宋国涛：“《行政诉讼法》实施状况调查报告·法官卷”，载林莉红主编：《行政法治的理想与现实——〈行政诉讼法〉实施状况实证研究报告》，北京大学出版社2014年版，第46页。

来有些费解（因为行政诉讼中的检查监督，虽然监督对象也包括原告、被告双方当事人，但主要还是对法院的行政审判活动进行监督），但是这从侧面印证了法官们大多抱有司法公正的法治理念和抱负，并且自己认为受到各方面制约的行政审判的实际质量并不高。数据显示，自我评价为“一般”的受访者约占三分之一，选择评价“很好”的受访法官不到10%。当然超过半数的法官并不认为这是由法官的业务素质不高造成的。有受访法官谈道：“行政审判不是仅仅考虑法律因素，行政诉讼中当法律效果、社会效果、政治效果不一致时，若偏离法律依据，法官要承担很大风险；若依据法律，社会效果、政治效果差时，法官又要承担当事人信访或者有关领导等方面的压力。”而如果全部满足了这些因素，可能最终的裁判早就已经不再符合行政法官“公正司法，保护行政相对人权益”的初衷了。这些都是造成法官的自我评价和职业认同感低的原因。[1]或许正是因为法官感到自己无法改变现状，从而转向第三方力量，希望借助检察机关等外力提高行政审判质量，也给自己能够独立公正审判行政案件，不受外界干预增加砝码、动力和理由。

二、律师的理想与回应

（一）律师代理行政案件的意愿分析

通过对律师的访谈可以知道，大部分律师更倾向于代理民事案件，因为民事案件在所有代理的案件中能够自由发挥的空间最大，在刑事案件中律师实际发挥不了多少作用，而行政诉讼案件面对的行政干预是最大的。[2]也许因为行政干预的缘故，大部分律师认为行政诉讼能够胜诉的原因重要的是遇到公正的法官和具备一定的关系。[3]这可以说是大部分律师对代理行政诉讼效果的自我认识。通过调查问卷还可以发现，即使是律师自己遇到行政争议，

---

〔1〕 林莉红、宋国涛：“《行政诉讼法》实施状况调查报告·法官卷”，载林莉红主编：《行政法治的理想与现实——〈行政诉讼法〉实施状况实证研究报告》，北京大学出版社2014年版，第50页。

〔2〕 顾大松：“行政诉讼中的律师与律师眼里的行政诉讼——〈行政诉讼法〉实施状况调查报告·律师卷”，载《行政法学研究》2013年第3期。

〔3〕 受访律师在回答“老百姓在有理的前提下，想要告赢政府，您认为最重要的因素是什么？（限选一项）”时，对律师作用的选项“有名的律师”选择比例最低，为1.4%，其他几项“①不需要其他因素；②公正的法官；③要有关系；④要有舆论和媒体支持；⑤其他”分别为5.4%、64%、5.5%、18.1%和5.6%。详见顾大松：“行政诉讼中的律师与律师眼里的行政诉讼——〈行政诉讼法〉实施状况调查报告·律师卷”，载《行政法学研究》2013年第3期。

也不会把提起行政诉讼作为自己的首选，在问及“如果您不服行政机关的处罚，请问您首先会怎么办”时，只有21.3%的律师选择到法院打官司。[1]可见尽管律师对自己情况更了解，对专业知识更加清楚，对维权手段更加熟悉，但是也并不是把通过提起行政诉讼作为解决行政争议的首选。换句话说律师同样认为司法实践对《行政诉讼法》保障相对人合法权益的立法目标的实现程度是有限的。调查资料显示，大部分律师对于《行政诉讼法》能够保障相对人合法权益的作用持否定态度，认为行政诉讼对于保护相对人合法权益的作用十分有限，甚至有相当一部分律师认为，《行政诉讼法》根本起不到保障相对人合法权益的作用。[2]故而，多数受访律师表示自己首先会建议当事人选择通过行政机关内部自行处理的方法来解决行政争议，如与该行政机关进行沟通或者向行政复议机关申请复议等，只有1/5不到的受访律师会首先建议当事人到法院打官司。这再次说明，大多数律师并不认可行政诉讼在解决行政争议中的效果，只有极少部分的律师对行政诉讼饱含希望，认为通过行政诉讼能够彻底解决行政争议。[3]

此外，民众的观念也是影响律师代理行政案件多少的关键。对中国的普通民众来说，由于受官民关系传统观念的影响，大部分民众不会把提起行政诉讼作为解决行政争议的首选。连受访律师在被问及受处罚人选择到法院打官司的理由时，也只有不到25%的受访律师认为之所以会做出如此选择是因为受处罚人相信法院会作出公正的行政裁判，而绝大多数的受访律师（60.3%）都认为相对人之所以会选择到法院打官司是迫不得已。如果民众在遇到行政

[1] 其他几个选项分别为：“①忍了算了；②与该行政机关沟通；③找关系‘私了’；④申请行政复议；⑤到法院打官司；⑥去信访；⑦找媒体曝光；⑧其他”。详见顾大松：“行政诉讼中的律师与律师眼里的行政诉讼——〈行政诉讼法〉实施状况调查报告·律师卷”，载《行政法学研究》2013年第3期。

[2] 认为行政诉讼制度是否能保护老百姓合法权益的问题中，认为“能”“作用有限”“不能”“赢一阵子，输一辈子”“说不清楚”的比例是17.9%、66.1%、6.7%、3.6%、5%。详见顾大松：“行政诉讼中的律师与律师眼里的行政诉讼——〈行政诉讼法〉实施状况调查报告·律师卷”，载《行政法学研究》2013年第3期。

[3] 在“如果您的当事人不服行政机关的处罚，您会建议当事人首先怎么办?”（单选题）的调查问卷中选择“①忍了算了；②与该行政机关沟通；③找关系‘私了’；④申请行政复议；⑤到法院打官司；⑥去信访；⑦找媒体曝光；⑧其他”比例分别是3.7%、28.8%、7.1%、28.7%、17%、2.6%、5%、2.8%。详见顾大松：“行政诉讼中的律师与律师眼里的行政诉讼——〈行政诉讼法〉实施状况调查报告·律师卷”，载《行政法学研究》2013年第3期。

争议的时候不会把提起行政诉讼作为首选，那么律师当然就不能在这一领域发挥其价值。此外，在可能提起行政诉讼的情况下，受访民众尽管大多认为律师比自己更有法学专业素养，但是也认为是否了解和能够熟悉运用行政诉讼并不是打赢行政官司的保障，民众大多认为处理行政争议时“有关系”比请一个有名的律师更重要。〔1〕因此，尽管多数受访法官肯定懂法律的诉讼代理人在行政诉讼中能发挥作用，但对诉讼代理人的身份没有苛求，认为诉讼代理人是否为律师并不重要。这一点，通过分析裁判文书的结果也可以反映出来。有学者曾经大范围收集了一审案件裁判文书并进行分析，得出的结论是“在收集的所有案件中……将取得胜诉的一审行政案件与一审行政案件总量比率进行分析可以发现经过律师代理的案件与没有经过律师代理的案件对案件的胜诉率影响并没有较大的差距，甚至非律师代理的行政案件胜诉率还高于律师代理的案件”。〔2〕数据显示有一半以上的受访法官认为“没有必要”规定原告必须由律师作为代理人的律师强制代理制度。〔3〕可见在法官眼里，律师在行政诉讼中的作用也不大，而这些又反过来影响了律师代理行政案件的信心。

（二）律师眼里的行政诉讼

1. 行政诉讼实施状况不佳

虽然《行政诉讼法》（1989年版）第1条的规定，监督和维护行政机关依法行使职权应该是行政诉讼的一个重要目标。但调查结果却表明，在律师心中，行政诉讼并没有充分发挥其应有的监督作用。在被问及“行政诉讼对于行政机关的影响”时，大部分受访律师表示虽然从客观上讲，行政诉讼的实施对行政机关有一定的影响，但效果并不明显。〔4〕这其中原因很多，有可

---

〔1〕 受访民众在回答“老百姓在有理的前提下，想要告赢政府，您认为最重要的因素是什么？（限选一项）”时，对于“有名的律师”与“有关系”的选项选择比例也分别为7.0%与13.2%。详见顾大松：“行政诉讼中的律师与律师眼里的行政诉讼——〈行政诉讼法〉实施状况调查报告·律师卷”，载《行政法学研究》2013年第3期。

〔2〕 顾大松：“行政诉讼中的律师与律师眼里的行政诉讼——〈行政诉讼法〉实施状况调查报告·律师卷”，载《行政法学研究》2013年第3期。

〔3〕 林莉红、宋国涛：“《行政诉讼法》实施状况调查报告·法官卷”，载林莉红主编：《行政法治的理想与现实——〈行政诉讼法〉实施状况实证研究报告》，北京大学出版社2014年版，

〔4〕 认为“促进了行政机关依法行政”“有些促进，但效果不明显”“没有影响，行政机关的各种不法现象依然如故”“束缚了行政机关的手脚，行政机关不敢大胆处理违法行为”“说不清楚”的比例分别是26%、55.3%、14.2%、1.4%、2.2%。详见顾大松：“行政诉讼中的律师与律师眼里的行政诉讼——〈行政诉讼法〉实施状况调查报告·律师卷”，载《行政法学研究》2013年第3期。

能是因为相对人向人民法院提起行政诉讼的意愿不高导致行政诉讼无法发挥对行政机关的监督作用。但目前我国的司法不独立，司法受制于行政，导致行政诉讼不能根本地发挥对于行政机关的监督作用也被认为是造成这一现象的重要原因。与此同时，大部分律师对1989年《行政诉讼法》第7条所规定的，双方当事人在行政诉讼中的法律地位平等这一条文在司法实践中的运用效果也并不看好。大部分受访律师和民众都认为，在行政诉讼过程中，有些法院法官不能够做到完全平等对待双方当事人，明显存在偏袒行政机关一方的现象。[1]更可悲的是，大部分受访律师认为即使打赢了官司，也是得不偿失。[2]这说明不论是从律师角度，还是从民众角度都认为在行政审判中《行政诉讼法》并未得到很好地实施。

2. 律师对《行政诉讼法》修改的态度

尽管大多数受访律师认为《行政诉讼法》并未在司法实践中得到很好的贯彻实施，但是律师却并不认为《行政诉讼法》的修改是当务之急。大部分受访律师认为，之所以《行政诉讼法》不能得到很好地贯彻，发挥其应有的功能，其原因并不主要在于《行政诉讼法》本身的不合理而在于行政审判缺少独立性，受行政干预太多，取证难，以及行政判决执行难。[3]如果在司法实践中没有获得上级的认可或舆论的广泛支持，即使修改了《行政诉讼法》，《行政诉讼法》也很难实施；如果没有相关配套的措施，即使修改了《行政诉

〔1〕“行政诉讼对于行政机关的影响”中的调查结果显示，认为“促进了行政机关依法行政”“有些促进，但效果不明显”“没有影响，行政机关的各种不法现象依然如故”“束缚了行政机关的手脚，行政机关不敢大胆处理违法行为”“说不清楚”的比例分别是26%、55.3%、14.2%、1.4%、2.2%。详见顾大松：“行政诉讼中的律师与律师眼里的行政诉讼——〈行政诉讼法〉实施状况调查报告·律师卷”，载《行政法学研究》2013年第3期。

〔2〕律师在回答“如果某人不服行政机关的处罚，却没有到法院去打官司，您认为最主要的原因是什么?”选择“打官司不能真正解决问题”“不可能打赢官司”“即使打赢了官司，也得不偿失”“不知道被行政执法行为侵害了还可以去打官司”“其他”的比例分别是28.7%、15%、37.2%、9.4%和5.2%。详见顾大松：“行政诉讼中的律师与律师眼里的行政诉讼——〈行政诉讼法〉实施状况调查报告·律师卷”，载《行政法学研究》2013年第3期。

〔3〕在回答“有人说，行政诉讼太难，难在哪儿?”的问题时，被调查律师选择比例最高的几个选项分别为“审判不独立，受干扰太多”（87.9%）、“取证难”（79.8%）、“律师权利有限，难以发挥较大作用”（77.8%）、“行政机关不配合，干预、刁难”（76.1%）、“判决执行难”（68%），在14个被选项中，有5个选择率均高于“行政诉讼法落后了，很多规定尚待完善”的66%。详见顾大松：“行政诉讼中的律师与律师眼里的行政诉讼——〈行政诉讼法〉实施状况调查报告·律师卷”，载《行政法学研究》2013年第3期。

讼法》意义也不大。法律的生命在于其实施。2011年吴邦国委员长的讲话表明我国已经建立了比较完善的社会主义法律体系。[1]故而，我国“法治”面临的主要问题不在于法律的制定，而在于法律的执行。对《行政诉讼法》而言，就是在发生行政争议之后，如果相对人起诉到人民法院，法院能否按照法律的规定公正严明，最大限度地维护法律的权威和保障当事人的合法权益。

而《行政诉讼法》不能很好地贯彻发挥又进一步加深了律师在行政诉讼活动的权利受限、取证困难。从资料数据可知，在所有收集的一审行政案件中，法院依申请调取证据的占25件，这其中有9件是律师代理的行政案件，有1件是非律师的法律工作者代理的案件，有7件是由公民代理的案件。在所有收集的一审行政案件中，法院依职权调取证据的一审行政案件占91件，其中有31件是律师代理的案件，有5件是非律师的法律工作者代理的案件，有25件是由公民代理的案件。[2]可见，在行政审判中人民法院很少利用自己手中的职权主动调取证据，也很少依申请调取证据，且对于申请法院调取证据的诉讼程序，不论是律师、法律工作者还是公民代理在司法实践中均较少运用。这也导致原告聘请律师代理相较其他代理方式而言，不论是诉讼技术的运用还是胜诉效果，优势并不明显。因此，《行政诉讼法》的问题更多的不在于立法本身的问题，而是在于实施的问题。

（三）律师与民众对争议处理结果的理解分歧

在行政诉讼实施过程中，和解撤诉是常常被用到的一种解决行政争议的手段。在收集到的资料中，因为行政机关改变被诉具体行政行为而撤诉的行政案件共有142件。其中律师代理的案件有49件，占律师代理的所有案件总量（342件）比例的14.3%；非律师的法律工作者代理的案件有16案，占法律工作者代理的所有案件总量（72件）比例的22.2%；公民代理的案件有32件，占公民代理的所有案件总量（130件）比例的24.6%。[3]可见，律师代

---

〔1〕“吴邦国：中国特色社会主义法律体系已经形成”，载http://www.chinanews.com/gn/2011/03-10/2895965.shtml，最后访问时间：2014年11月3日。

〔2〕顾大松：“行政诉讼中的律师与律师眼里的行政诉讼——〈行政诉讼法〉实施状况调查报告·律师卷”，载《行政法学研究》2013年第3期。

〔3〕顾大松：“行政诉讼中的律师与律师眼里的行政诉讼——〈行政诉讼法〉实施状况调查报告·律师卷”，载《行政法学研究》2013年第3期。

理相比法律工作者和公民代理更少用到撤诉的方式。有学者认为这个数据表明律师在行政诉讼中的作用有限。[1]但是笔者对此有不同的认识，笔者认为产生这个结果的原因可能是律师和原告对诉讼案件追求的结果不一样，对“正义”概念的理解不一样。理论上讲，法律权威性一方面通过控制社会资源来塑造公众行为，另一方面通过理解人们的价值观来建立公平与义务准则。对于法律权威合法性的认同包括两个方面：一方面是人们对法律权威的评价是怎样的，另一方面是人们是否感到有一种责任去服从权威的命令，而不去考虑个人的得与失，即“内化的责任”。在某种程度上，对正义的追求也是对法律文化的价值取向。“程序正义”是实现正义的一种手段和途径，程序正义的实现与否对司法制度能否得到良性发展有着明显的影响，是促进社会文明和法律前进的内在动力。所谓“程序正义”关注的是法律的过程是否公正，它判断公正的标准是法律行为是否遵循了程序或者实施过程的一视同仁，至于结果是否符合人们的期望并不影响人们对公正结果的判断；与之相反，所谓的“结果正义”，是基于一种结果的公正观，它判断法律行为公正与否的标准是法律行为带来的后果是否平等、公平、符合人们的期望。而受中国传统文化的影响，中国普通民众对“正义”的追求和西方国家是不完全一样的。比如根据泰勒的实践（如表6），美国芝加哥城市居民对法律权威评价时，更多关注程序的公正性，而中国北京城市居民则具有明显的结果公正的评价取向。[2]可见，尽管我国的法治建设已经对人们的法治观念带来了初步的影响，多数居民在与法律打交道的过程中已经能够清晰地区分法律结果公正与程序公正。但是总体来说，现代法治实现正义的基础——程序公正的思想并未真正融入我国民众的法律意识，也未能成为其评价法律权威的主要标准。

---

〔1〕 顾大松：“行政诉讼中的律师与律师眼里的行政诉讼——〈行政诉讼法〉实施状况调查报告·律师卷”，载《行政法学研究》2013年第3期。

〔2〕 赖尚武：“美国公众的法律意识”，载《人民法院报》2004年8月13日。

表 6　中美城市居民对法院处理案件的评价比较〔1〕

对法院处理案件的评价		对法院的总体评价	对他人经历的预期	对个人经历的预期
美国	结果公正	0. 518 **	0. 353 **	0. 511 **
	程序公正	0. 353 **	0. 366 **	0. 238 **
中国	结果公正	0. 715 **	0. 700 **	0. 628 **
	程序公正	0. 466 **	0. 311 **	0. 140 **

coefficient/（D. F.）/2-tailed Significance，**p <0. 01.

此外，笔者在重庆 J 区法院的调研也说明了律师与普通民众的法治理念并不一致，在问及“通过‘和解撤诉’，您认为行政争议得到妥善解决了吗?”的问题时，行政机关和原告对此都持比较认可的态度。但是律师却对和解的结果不是很满意，其中一半以上的律师认为行政争议只是得到了部分解决（见表 7)。分析原因有三：第一，因为律师身处事外，反倒比较中立，更能客观地看待某些问题。第二，律师属于社会上比较了解法律法规的专业人士，对行政机关作出的行政行为是否违反法律法规和违反法律法规的行政行为到底依据法律该作何处理比一般当事人更明了，而和解撤诉的结果可能跟依法判决的结果有偏差。第三，由于大部分律师都怀有捍卫当事人权利和利益的抱负，对他们来说解决争议不光意味着妥协，还应该建立在当事人权益得到维护的基础上。这点可以从表 8 反映出来。

表 7

	原告	行政人员	律师
完全解决	63%	55%	27%
部分解决	16%	38%	56%
没有解决	19%	6%	12%

问题：通过“和解撤诉”，您认为之前的行政争议得到妥善解决了吗?

〔1〕 在泰勒的经验研究中，我们可以看到两国城市居民对法律权威的两个维度公正性评价与其对总体评价的偏相关系数，以及他们对他人经历的预期和对自身经历的预期之间的偏相关系数，并以此来考察两国城市居民在对法律权威评价时，更关注程序上的公正还是更关注结果上的公正。详见 Tom R. Tyler, *Why People Obey the Law*, Yale University Press, 1990, p. 90.

表 8

1. 输赢无所谓，就是出口气	4%
2. 打赢官司	10%
3. 捍卫公民的权利和尊严	70%
4. 尽量挽回损失，哪怕不能也无所谓	5%
5. 其他	9%

问题（针对律师）：您认为提起诉讼的最主要目的是什么？

因此，虽然和解撤诉解决了争议，但是具备精良法律知识的律师却认为如果认真走完审判程序，以判决结案可能更能捍卫当事人的权利。如笔者访谈的 Z 等律师表示：法院在行政审判时应该更多考虑处于弱势的原告一方的利益。法院应该是中立的机构，不应该为了维护行政机关的权威而掩饰行政机关的违法行为。当行政机关违法时，法官惯常做的协调工作，虽然可能维护行政相对人的利益，但是却放纵了行政机关的违法行为。法院应当捍卫法律的尊严，错就是错，要能够纠正错误的行为。应当重视撤销和变更两种判决，且和解也应当建立在查明案件的基础上，最重要的是让原告知道行政机关的行政行为是否违法，到底哪里违法，违反了哪些法律法规。从 Z 等律师的话，我们可以推断，法院在和解的过程中并没有告知原告行政机关是否违法，哪里违法，自己可以选择哪些维权手段以及每种维权手段的优劣。换句话说，之所以原告认为争议妥善解决的一个原因或许是由于法院和行政机关都刻意回避了行政行为已经违法或不当的事实，而在原告心中形成如果再闹下去就可能理亏的认识。法院不是把程序运用于相关的问题，而是试图重新表述相关问题，从而使他们看起来更符合法律的要求。“法律也可能在中国的基层法律援助实践中，显现为某种被‘在场’所代表或‘暗示’的‘不在场’的象征意义——执法者可以根据不同的情景和考虑，赋予不特定事物以法律意义，于是，所谓的法律调解能够在完全脱离法律条文的情况下顺利完成，乡镇政府工作人员以法律权威自居，而当事人不会有丝毫质疑。”〔1〕

〔1〕 郭星华、邱红敏：“法律的‘在场’与‘不在场’——对一起赡养纠纷调解事件的法社会学分析”，载《中国农业大学学报（社会科学版）》2007 年第 3 期。

三、行政人员的理想与回应

（一）行政人员对救济途径的选择和认知

行政机关作为一个行政主体，具体行使职权的是其行政人员。而行政人员是具有双重身份的，一种身份是代表行政机关行使行政职权的执法人员，一种身份是作为行政相对人的普通公民。

1. 作为执法者的行政人员对争议解决方式的认知

和一般人的理解不一样，作为执法人员的行政人员，大部分并不抗拒和惧怕行政相对人来找麻烦。不认为相对人就行政争议向人民法院起诉是对行政机关的一种挑衅，是蔑视行政权威的行为，反而大多表示可以理解，觉得将矛盾诉诸司法是行政相对人应有的权利。〔1〕正因如此，大部分受访行政人员都对行政首长出庭应诉制度表示支持。〔2〕有受访行政人员S曾对笔者谈道："行政机关执法结果最终还是一把手领导说了算，这导致行政机关内部的法制机构和执法的一线人员很尴尬，左右为难，出庭应诉让一把手懂点法也是好事。"这一方面表明自1989年《行政诉讼法》颁布二十多年来已初见成效，同时也表明随着行政人员受教育程度与法学专业化程度的提升，大多数行政人员已经不再完全排斥和反感行政诉讼，因为逐渐接受了"向人民法院提起诉讼是行政相对人应有的法定权利"这一法治理念而可以比较坦然地面对和接受行政机关作为被告的事实。笔者曾经在与一位行政人员交流时，该行政人员就曾淡定地说，"既然成为被告无法避免，我们更应该做的就只能是在执法过程中重视执法的程序性和合法性"。但同时这也可以说明，即使行政机关败诉，大部分时候也不会追究行政执法人员实施违法行政行为的责任，行政执法人员作出违法行政行为的成本太小的问题。

尽管绝大多数行政人员能够坦然面对被诉，但是比起诉诸行政诉讼，行政人员还是明显更倾向于行政复议和与行政机关沟通等行政系统内部的、非

---

〔1〕 在问及"某行政机关因执法行为被起诉至法院，您怎么看待原告的行为"（单选）时，对"可以理解，认为这是行政相对人的法定权利""表示说不清楚""这是对行政机关的一种挑衅，是蔑视行政机关权威的表现"的选择分别是88.1%、8.9%、3.0%。详见常晓云："抵触与憧憬——《行政诉讼法》实施状况调查报告·行政机关工作人员卷"，载《行政法学研究》2013年第3期。

〔2〕 在问及"假如某行政机关成为被告，您认为行政首长（包括分管领导）应当出庭应诉吗"，79.7%受访者认为"应当"。详见常晓云："抵触与憧憬——《行政诉讼法》实施状况调查报告·行政机关工作人员卷"，载《行政法学研究》2013年第3期。

对抗性的、简便、迅速、廉价的纠纷解决方式。调查表明，超过一半的行政人员希望老百姓解决行政争议的方式是“申请行政复议”，其次是通过“私了”解决。[1]行政人员普遍认为通过行政系统内部消化和解决行政争议是具备许多潜在的便利和优势的。这些行政系统内的纠纷解决方式与行政判决对被诉行政行为合法性的刚性判断相比，由于对抗性较弱，也容易被行政机关接受，从而有利于降低成本、完满和谐地化解行政争议，并获得比较好的社会效果。以上行政人员的看法说明虽然其不惧怕被诉但并等于他们不惧怕败诉。对于这一点受访的行政人员也毫不避讳地说：“行政机关是否败诉是和自己的工作绩效挂钩的，如果自己负责的领域在行政诉讼中败诉是不是算是没有法治能力的表现?”据了解，在有的地方，考察干部的其中一个重要指标就是有多少败诉是因为该行政官员的执法行为造成的。[2]而诸如这些行政系统内部的考核标准和追责制度，对司法带来的负面影响或许要远远大于正面影响。由于这些指标过分强调行政机关的胜诉率，以致行政机关及其工作人员会为了其考核成绩，给法院或者当事人施加压力，想方设法地干预和挤压行政审判。因此，即使是行政争议已经被起诉到法院，行政人员仍然希望用“和解撤诉”的方式结案。数据显示，超过80%的行政人员认为有必要在行政诉讼中引入调解制度，这一比例远远超过法官和律师。[3]这也再一次印证了行政机关不愿意看到败诉的结果。之所以行政人员如此迫切地希望在立法中肯定调解制度，也是因为调解不同于判决，可以给予被诉行政机关一个更正和弥补的机会，并最终避免败诉的结局；同时这也反映出多数行政人员还是倾向于行政争议能通过非对抗性的方式来处理和解决。行政人员在心理上对《行政诉讼法》规定的撤销、履行、变更、确认违法等对行政行为违法性的刚性判断方

---

〔1〕 在“如果您所在的行政机关因为您的执法行为与老百姓发生纠纷，您最希望老百姓采取哪种方式解决”?（单选）时，选择“面对面协商私了”“申请行政复议”“直接到法院打官司”“去信访”“找媒体曝光”“其他”的选择比例分别为：20.4%、55.9%、11.0%、2.2%、1.7%、4.4%。详见常晓云：“抵触与憧憬——《行政诉讼法》实施状况调查报告·行政机关工作人员卷”，载《行政法学研究》2013年第3期。

〔2〕 如江苏省如皋市就曾采取了一个新举措——干部“述法”，类似于干部述职，其主要内容就是行政官员汇报有没有发生行政诉讼和行政复议案件，有多少案件败诉，有多少行政决定被撤销。

〔3〕 行政机关工作人员、法官、律师认为有必要全面引入调解制度的比例分别是80.3%、72.4%、51.9%。详见常晓云：“抵触与憧憬——《行政诉讼法》实施状况调查报告·行政机关工作人员卷”，载《行政法学研究》2013年第3期。

式还是比较难以接受的。再者，为了和谐安定的社会秩序以及行政效率不被拖累，也为了避免当事人之后的不断上访、上诉，即使行政人员认为行政行为没有违反法律，其也愿意通过调解彻底平息矛盾。可见，不光是法院，行政机关也会为社会效果和法律效果的统一作出必要的妥协和牺牲。比如根据《行政诉讼法》（1989 年）第 74 条的规定，行政案件的诉讼费用由败诉方承担，双方都有责任的由双方分担。但资料显示在行政审判实践中就有原告败诉，却由被告承担诉讼费用的情况。〔1〕此外，比起向人民法院提起行政诉讼，行政人员最反感老百姓解决问题的方式是诉诸媒体，仅有 1.7%的受访行政人员选择了此项。可见对于行政人员来说诉诸媒体显然是比较激烈的对抗方式，这会让行政机关及其工作人员颜面尽失，而不得不应对媒体又会提高解决问题的成本。

2. 作为相对人的行政人员对争议解决方式的认知

虽然相较于其他普通民众，作为行政相对人的行政人员对行政争议的解决更积极，而不是一味地“忍了算了”，但是行政人员也没有“将争议诉诸法院”作为解决行政争议的首选。从理论上讲，根据行政先行处理原则，〔2〕司法解决一般是作为整个行政争议解决机制中的最终环节，也确实没有将行政诉讼作为解决争议首选方式的必要。当然行政人员也认为通过行政诉讼解决行政争议并不一定能得到良好的效果。〔3〕大部分行政人员还是倾向于行政机关内部解决，希望大事化小，小事化了。并且与其他普通民众相比行政人员更少会采用找媒体曝光的方式（作为行政相对人的行政人员“找媒体曝光”

---

〔1〕 从审判结果来看，被告败诉案件占案件总数 10.2%。统计数据中看得出被告承担费用的案件为 13.5%，高出败诉案件 3.3%。详见黄启辉：“行政诉讼一审审判状况研究——基于对 40 家法院 2767 份裁判文书的统计分析”，载《清华法学》2013 年第 4 期。

〔2〕 行政先行处理原则是指不服行政处理决定的行政管理相对人，一般应该先向作出行政处理决定的行政机关或其上级行政机关申请复议；对复议仍不服，才可在一定期限内，向人民法院起诉。绝大多数国家均采用行政机关先行处理原则解决赔偿问题。该原则因赔偿方式上的差别又被称为协议先行原则、穷尽行政救济原则等。在美国，涉及国家赔偿的案件，大约有 80%至 90%是在行政机关得到解决的。先行处理的主要优势是将行政机关能够自行解决的赔偿限制在行政机关内部，而不进入司法程序。一方面减少了法院诉源和讼累，减轻了法院在处理赔偿事件上的负担；另一方面又方便了当事人，使受害者可以不经过复杂繁琐的诉讼程序及时得到赔偿，同时也是对赔偿义务机关本身的尊重。

〔3〕 在问及“如果您作为行政相对人不服其他行政机关的处罚，请问您首先会怎么办?”（单选）时对“忍了算了”“与该行政机关沟通”“申请行政复议”“找关系私了”“到法院打官司”“去信访”“找媒体曝光”“其他”的选择分别为 4.9%、25.9% 、42.9% 、7.5%，7.8%、3.9%、3.2%、3.8%。详见常晓云：“抵触与憧憬——《行政诉讼法》实施状况调查报告·行政机关工作人员卷”，载《行政法学研究》2013 年第 3 期。

的比例为3.2%，其他普通民众对这一选项的比例是12.9%）。[1]行政人员遇到行政纠纷，宁愿通过法定途径（行政复议、行政诉讼）解决，也不愿意选择信访、找媒体曝光等强对抗式的非法定方式。这或许是因为行政人员更相信法律，但是也跟行政人员身处体制之内，不愿意与行政机关有过多硬碰硬的对抗有关。而将行政争议诉诸媒体，尽管可能得到妥善解决，但是对行政人员自身来说也是鱼死网破的结果。

（二）行政人员对行政机关“依法办事”的评价

在笔者对西南J区法院的调研中，当问及行政人员是否同意下面的看法，“要求行政机关完全‘依法办事’是不可能的，因为存在很多特殊情况，法律也还不完善”（以下所有百分比均精确到小数点后两位数）时，行政人员选择“比较不赞成”和“完全不赞成”的比例是27%和15%，相比原告和律师，行政人员对依法办事的预期是最高的，对违法行政行为包容度最低，可见行政人员对自己作出的行政行为的合法性还是比较自信的。（详见表9），

表9

	普通民众	行政人员	律师
1. 完全赞成	37%	19%	16%
2. 比较赞成	44%	37%	50%
3. 比较不赞成	10%	27%	21%
4. 完全不赞成	7%	15%	13%

问题：您赞成“要求行政机关完全‘依法办事’是不可能的，因为存在很多特殊情况，法律也还不完善”这种说法吗？

而在问及，“您认为行政案件中，如果作为被告的行政机关败诉，它会执行法院的判决吗？”（如图1）大部分行政人员认为如果败诉，还是应该要积极履行的（选择积极履行的百分比占了绝对多数76%），并且S行政人员还补充说道，如果行政机关的行政行为存在瑕疵就应该承担责任。可以看出行政

〔1〕在问及普通民众“如果您作为行政相对人不服其他行政机关的处罚，请问您首先会怎么办?”（单选）时对“与该行政机关沟通”“行政复议”“忍了算了”“找媒体曝光”“找关系私了”选择比例分别为：20.1%、19.3%、16.4%、12.9%、13.0%。详见马立群：“中国法治坐标上的公民行政法律意识——《行政诉讼法》实施报告·民众卷”，载《行政法学研究》2013年第2期。

人员大多都有这种良好的法律意识存在。

问题：您认为行政案件中，如果作为被告的行政机关败诉，它会执行法院的判决吗？

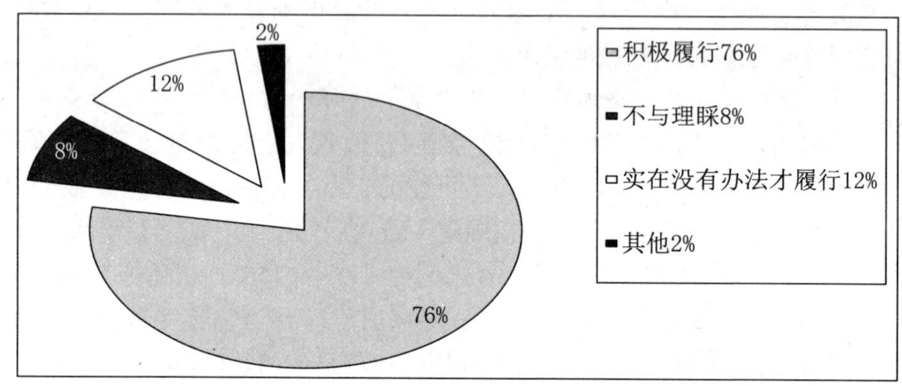

图 1

（三）行政人员对行政诉讼法的评价和建议

1. 行政人员对行政诉讼法律实效的评价

第一，通过调查发现，在所有受访的人员类型里，行政人员对行政诉讼的实施状况最为乐观也最有信心。这首先表现在绝大部分的行政人员肯定《行政诉讼法》在促进依法行政方面的作用，高达60%的受访行政人员认为行政诉讼制度体现了司法权对行政权的监督，这个比例是所有受访人员里面比例最高的。[1]这或许是因为自1989年《行政诉讼法》颁布实施二十年来，多数行政人员已经切身感受到了《行政诉讼法》的存在，体会到该法对行政执法的影响，行政机关不敢再恣意妄为。司法实践的结果也表明，一般情况下，只要行政相对人敢于向法院提起行政诉讼，最终都能让行政机关作出一些让步，从而或多或少地获得某些利益。其次，接近一半的受访行政人员认为行政诉讼能够保障相对人的合法权益，这一比例也是所有受访人员类型里比例

〔1〕在问及“您认为行政诉讼对行政机关有何影响？”时，行政机关工作人员、法官、律师、民众认为“促进了行政机关依法行政”的比例分别是60.0%、54.3%、26.0%、23.7%。详见常晓云：“抵触与憧憬——《行政诉讼法》实施状况调查报告·行政机关工作人员卷”，载《行政法学研究》2013年第3期。

最高的。[1]再次，行政人员对法官持肯定评价的比例也高于法官、律师和普通民众三类人员，甚至在某种意义上高于法官对自身作肯定评价的比例。[2]可能也是因为这样的原因，一半以上的行政人员认为是因为民众“相信人民法院会作出公正的裁决”才诉诸法院。[3]最后，比起其他受访人员，行政人员对我国行政诉讼的发展前景也最有信心，其认为行政诉讼前景“光明”的比例是四类调查对象中最高的。[4]大部分受访行政人员对行政诉讼的发展持乐观态度，当然，大多数受访行政人员也不否认行政诉讼的发展会遇到挫折，不会一帆风顺。总之，正如某行政人员在开放式问题中写道的：“任何法律的出台，其指导思想和立法意图都是美好的，但是在具体执行法律过程中，依然障碍重重，有时候，甚至是违背了立法的初衷，不过，时间久了，立法的初衷便可逐渐显露。”

第二，尽管大部分行政人员认为行政诉讼对依法行政有良好的影响，但是却认为对行政争议解决的作用有限。首先，绝大多数的受访行政人员认为通过行政诉讼解决纠纷并不能达到理想效果。[5]而这种消极的主观看法直接

---

〔1〕 在问及“您认为行政诉讼能保护老百姓的合法权益吗?”时，行政机关工作人员回答“能”“作用有限”“不能”“赢一阵子，输一辈子”“说不清楚”的比例分别是 48.9%、38.4%、3.2%、2.1%、7.3%。另外，行政机关工作人员、法官、律师、民众认为行政诉讼“能”保护老百姓的合法权益的比例分别是 48.9%、36.4%、18.4%、17.4%。详见常晓云：“抵触与憧憬——《行政诉讼法》实施状况调查报告·行政机关工作人员卷”，载《行政法学研究》2013 年第 3 期。

〔2〕 在问及“您对我国现阶段法官队伍的总体评价”时，行政机关工作人员、法官、民众、律师评价“很好”的比例分别为：8.6%、7.6%、3.8%、1.6%。评价“较好”的比例分别为 29.5%、59.1%、18.1%、22.2%。详见常晓云：“抵触与憧憬——《行政诉讼法》实施状况调查报告·行政机关工作人员卷”，载《行政法学研究》2013 年第 3 期。

〔3〕 在问及“某人不服行政机关的处罚到法院起诉，您认为他为什么会选择到法院去打官司?”时，行政机关工作人员、民众、法官、律师回答“相信法院会作出公正的裁决”的比例分别是 59.0%、50.2%、48.4%、25.3%。另网络调查显示只有 24.28%认为其他人之所以会选择行政诉讼解决争议是因为“相信法院会作出公正的裁决”，有 62.58%的受访者认为是“迫不得已才打官司”。详见常晓云：“抵触与憧憬——《行政诉讼法》实施状况调查报告·行政机关工作人员卷”，载《行政法学研究》2013 年第 3 期。

〔4〕 31.7% 受访行政工作人员认为行政诉讼前景“光明”，54.4%受访行政机关工作人员认为行政诉讼“有希望，但困难大”；行政机关工作人员、法官、民众、律师认为行政诉讼的前景光明的比例分别是 31.7%、19.1%、15.9%、8.8%。详见常晓云：“抵触与憧憬——《行政诉讼法》实施状况调查报告·行政机关工作人员卷”，载《行政法学研究》2013 年第 3 期。

〔5〕 在问及“如果某人不服行政机关的处罚，却没到法院去打官司，您认为最主要的原因是什么?”时，27.4%受访人员认为“打官司不能真正解决问题”，27.3%受访人员认为“即使打赢了官司，也得不偿失”。详见常晓云：“抵触与憧憬——《行政诉讼法》实施状况调查报告·行政机关工作人员卷”，载《行政法学研究》2013 年第 3 期。

影响了行政人员对纠纷解决方式的选择，当遇到行政争议时，行政人员首先不会选择提起行政诉讼。可见，尽管行政人员承认通过行政诉讼可以在一定程度上改变行政违法现象，但是行政诉讼的裁判结果在主观上也不一定是最好的结果，并且解决行政纠纷的最优结果也并不一定是通过行政诉讼裁判实现的。正如受访行政人员 H 曾对笔者所说的："表面上是通过行政诉讼，但是实质上仍然是通过行政机关和当事人协商解决，真正解决问题还是要靠行政机关内部认可。"其次，这也与行政人员对行政诉讼立法目标的理解和看法有关。超过 60%的受访行政人员认为"保障公民、法人和其他组织的合法权益"应该是制定《行政诉讼法》最主要的目的，[1]这一比例超过了其他三类调查群体。与此同时，也有一半以上的行政人员认为《行政诉讼法》实际并没有很好地保障老百姓的合法权益。这是值得关注的一个现象，因为如果就连行政人员自己都认为行政诉讼保障老百姓的作用有限，那么对老百姓而言行政诉讼实际又能起多大作用，能在多大程度上保障自己的合法权益，解决行政争议呢？不过，尽管如此，在所有调查对象中对行政诉讼救济功能评价最高的仍然是作为行政诉讼监督对象的行政机关。

2. 行政人员对《行政诉讼法》的修改建议

第一，绝大部分受访行政人员认为有必要设置简易程序，这与大部分法官和律师的想法一致。[2]多数受访者认为 1989 年《行政诉讼法》未设简易程序是行政诉讼解决纠纷、救济功能发挥不好的制度原因之一。冗长繁琐的诉讼程序、高昂的诉讼成本，可能会使行政相对人在选择救济途径时对行政诉讼望而却步。从行政诉讼被告的角度来说，所有的行政案件不考虑繁简程序，一律适用相同的诉讼程序，既不符合行政机关追求效率的要求，也不利于行政争议的有效解决。而且，诉讼程序经历的时间过长，也不利于行政法律关系的稳定。事实上只要能够实质化解行政争议，也实在没有必要浪费各方的

---

〔1〕 在问及"您认为我国制定《行政诉讼法》最主要是为了什么？（单选，限选一项）"时行政机关工作人员、法官、民众认为制定《行政诉讼法》最主要是为了"保护公民、法人和其他组织的合法权益"的比例分别是 61.5%、52.9%、49.0%。详见常晓云："抵触与憧憬——《行政诉讼法》实施状况调查报告·行政机关工作人员卷"，载《行政法学研究》2013 年第 3 期。

〔2〕 在问及"是否有必要设置简易程序"时，行政机关工作人员、法官、律师的选择比例分别为 84.8%、78.2%、72.8%。详见常晓云："抵触与憧憬——《行政诉讼法》实施状况调查报告·行政机关工作人员卷"，载《行政法学研究》2013 年第 3 期。

时间成本和经济成本。

第二，除了在理论界与实务界有一种意见希望规定行政复议前置程序外，多数受访行政人员也赞同在法律中增添行政复议前置程序的相关规定，这与受访法官和律师的看法不太一致（大部分法官和律师都建议将行政救济途径的自由选择权赋予行政相对人，反对设立复议前置的强制程序）。[1]行政人员的选择倾向或许与行政复议的性质有关，因为行政复议作为行政机关系统内部解决纠纷的方式之一，如果相对人在提起行政诉讼前，能够先向行政机关提起复议，行政机关就获得了可以自我反省与修正的时间和机会。当然，如果在行政复议中，行政机关能够发现自己的违法之处并及时予以纠正，也是有利于行政争议的有效解决的。此外，通过分析收集的行政裁判文书可知，行政复议结果若对行政机关有利，一审行政裁决结果大部分也对行政机关有利。因为如果行政行为经过了行政复议的审查、质证、辩论、调查等一系列过程仍然得到支持，那么，即使行政相对人将争议诉至法院，法院也会更加谨慎地对待，不能对所诉行政行为轻易做出否定性的判决，行政机关也会更有信心和底气。行政人员对复议前置的态度也再次表明行政机关及其工作人员不愿意被诉，更不愿意败诉的心理。

第三，虽然有超过一半的受访行政人员认为行政诉讼的受案范围应该扩大，但是这个比例在所有受调查对象中仍然是最少的。[2]这或许是因为行政诉讼的监督对象就是行政机关，行政诉讼受案范围的扩大意味着行政机关被监督的范围也随之扩大，这与行政机关的利益休戚相关。如果行政诉讼的受案范围扩大，就意味着行政机关受人民法院监督的范围变宽，行政机关行使职权自然会受到更多的约束。且行政人员对行政诉讼受案范围扩大的接受程度也能从另一个角度反映出一国行使职权的状况。试想，如果一国的行政机关依法行政的状况良好，那么，行政机关及其工作人员还会担心败诉和惧怕行政诉讼的监督吗？如果行政机关及其工作人员不怕行政诉讼的监督还会惧

[1] 调查数据显示，在三类调查对象中，认为“有必要”规定行政复议前置的比例，行政机关工作人员、法官、律师的比例分别为50%、33.4%、16.1%。详见常晓云：“抵触与憧憬——《行政诉讼法》实施状况调查报告·行政机关工作人员卷”，载《行政法学研究》2013年第3期。

[2] 在问及“您认为是否应扩大现行法律规定的行政诉讼受案范围”时，受访人员“应当扩大行政诉讼受案范围”“维持现状”“应当缩小目前的受案范围”的选择比例分别为57.8%、18.2%、3.5%。详见常晓云：“抵触与憧憬——《行政诉讼法》实施状况调查报告·行政机关工作人员卷”，载《行政法学研究》2013年第3期。

怕行政诉讼受案范围的扩大吗？显然，行政人员也意识到在实践中行政执法状况还差强人意。

（四）行政人员眼里的司法独立

通过调研可知，绝大部分行政人员已经基本具备“审判独立”“司法权威”等法治理念，赞同人民法院独立行使审判权，认为司法应当具有权威性。[1]从理论上讲，人民法院与行政机关之间的关系体现着国家权力结构体系中司法权与行政权之间的关系，是一国行政诉讼制度建立的基石，属于行政诉讼的核心问题。根据《宪法》第126条、1989年《行政诉讼法》第3条第1款以及《中华人民共和国人民法院组织法》第4条的规定，人民法院应该独立行使审判权。由于行政争议本身的复杂性，所以行政诉讼也面临比其他诉讼类型更多、更严重、更复杂的干涉，故而行政审判的独立性问题比起其他各类诉讼显得尤为重要。但是调查问卷的结果显示，认为在行政审判中“人民法院应当配合行政机关”的受访行政人员仍然占到36.2%。有接近80%的行政人员表示“人民法院和行政机关都应该服从和谐、稳定的大局”。与此同时，通过对法官和律师的调查可以看出，法官群体和律师群体均认为“审判不独立，受干扰太多”是行政审判难的主要原因，而审判所受的最大干扰就是来自于行政机关。很明显，行政人员对此现象并不回避。剖析原因，这一方面可能是因为行政人员都非常清楚地方人民政府及其相关部门控制着地方各级人民法院的人财物。“一般情况而言，就人类天性来说，对某人的生活有控制权，就等于对某人的意志享有控制权。”[2]在中国现有体制下，为了不承担政治风险和法律责任，不失去维持生计的来源，地方人民法院和法官必须竭力支持和配合地方党委、人民政府的各项工作。因此，即使行政人员具备“审判独立”“司法权威”等法治理念，但他们也不否认在司法实践中行政审判不可能真正独立，同时由于行政审判的不独立，法院在行政机关面前也失去了司法权威。其次，行政人员自身具备法治意识和理念的程度与其所受教

---

〔1〕 在问及行政机关工作人员“您如何看待法院与行政机关的关系”时，受访人员时“法院应当独立审判”“行政机关应当服从法院的裁判”“法院应当配合行政机关的工作”“法院与行政机关应当服从和谐、稳定的大局”的选择比例分别是90.9%、87.7%、36.2%、78.4%。详见常晓云：“抵触与憧憬——《行政诉讼法》实施状况调查报告·行政机关工作人员卷”，载《行政法学研究》2013年第3期。

〔2〕 ［美］汉密尔顿、杰伊、麦迪逊：《联邦党人文集》，程逢如等译，商务印书馆2004年版，第396页。

育的程度、专业背景是分不开的。从调查结果可知，无论是行政人员的受教育程度、专业文化背景还是其工作所在部门都会对他产生影响，不同成长背景下的行政人员，法治素养也不相同。比如，法治意识的高低与受教育程度一般成正比，行政人员的受教育程度越高法治素养也越高；此外，具有法学专业背景的行政人员法治素养也明显高于其他行政人员；在法制部门工作的行政人员，法治素养高于其他综合部门、业务部门行政人员的法治素养。通过横向比较，在行政人员、法官、律师、普通民众四类调查群体之中，行政人员的法治意识虽然强于普通民众，却也不及法官和律师。[1]还有部分受访行政人员在“法院与行政机关的关系”四个选项里选择了“说不清”。这或许是一种无奈，在现有特殊背景下，行政人员在整个行政机关中的作用有时候也只是上传下达，对于下达的某些指示只能明知故犯，这些都是长期的历史遗留问题。

四、普通民众的理想与回应

（一）普通民众眼里的行政审判法官

普通民众对法官队伍的评价，可以折射出民众对司法公信力和法官业务素养的信任程度。调查结果显示，仅有 1/5 的受访民众对法官队伍持较好和很好的正面评价。这一比例较之于法官、行政人员、律师对法官队伍持积极评价的比例最低。[2]但是普通民众对于法官的负面评价原因可能是多方面的，可能是内心天然的抵触，可能是受媒体不全面信息的影响，也可能是自己亲身体验的结果，而自己亲身体验之后再对法官作出评价可能是最客观的。研究表明，接触过法官的受访者，对法官队伍的整体评价较高。而参与过行政诉讼的受访者，对法官队伍的评价则呈两极分化趋势，正面评价和负面评价均高于平均比率。其中以原告身份参与行政诉讼的受访民众对法官队伍持否定评价的比例较低，对法官队伍作出负面评价的主要是以旁听的方式参与过

---

〔1〕 常晓云：“抵触与憧憬——《行政诉讼法》实施状况调查报告·行政机关工作人员卷”，载《行政法学研究》2013 年第 3 期。

〔2〕 普通民众、法官、行政机关工作人员、律师对法官队伍持积极的评价的比例分别是：21.9%、66.7%、38.1%、23.8%。详见常晓云：“抵触与憧憬——《行政诉讼法》实施状况调查报告·行政机关工作人员卷”，载《行政法学研究》2013 年第 3 期。

行政诉讼的受访民众。[1]可见民众对行政审判法官的评价有些时候并不是自己亲身经历的感受，而是受到各方面影响的综合感受，而这些感受并不一定都是客观公正的。

很多时候普通民众对行政审判法官的评价又直接影响了其对司法公正性及对法院解决问题能力的判断，并进而影响其对行政争议解决方式的选择。接近一半的受访民众认为，在老百姓起诉有理的前提下，在行政审判中是否能遇到公正的法官是是否能取得胜诉的关键。可见，普通民众对法官"不偏不倚""公正审判"充满期待。但或许是因为普通民众把人民法院及其法官也当作是传统意义上的"官"的原因，多数受访民众对司法公正心存怀疑，认为人民法院对行政机关的态度会更好，普遍担心在行政审判中法官会"官官相护"。网络调查也显示，普通民众对人民法院独立司法和法官公正裁决的信心严重不足。高达一半以上的受访民众认为法院对行政机关的态度会更好。[2]就有受访民众毫不留情地指出："行政诉讼偏官压民，想告赢政府谈何容易?"[3]在开放性问答中，受访民众对上述问题有更为直观的描述。例如有

---

〔1〕调研结果显示，在该题目中有2500份有效回答，2021名受访者没有参与过行政诉讼、占80.84%。另外有479人参与过行政诉讼（包括原告、第三人、原告的诉讼代理人、被告的诉讼代理人、旁听群众、审判人员、其他诉讼参与人、如证人、鉴定人员、勘验人员、翻译等），占19.2%。在参与过行政诉讼的受访者中，以原告和第三人身份参与行政诉讼的有145人，以旁听群众参与行政诉讼的有195人。在曾参与过行政诉讼的受访者中，31.7%的受访者对法官队伍持积极评价，这一比例为22%，同样高于整体比例。同时，参与行政诉讼的受访者对法官队伍负面评价的比例为21.1%，也要高于整体比例的15.5%。进一步提取旁听群众和原告的该项数据分析，在以旁听群众参与行政诉讼的179人中，有2.8%（5人）的受访者选择很好，有16.2%的受访者（29人）选择较好，45.3（81人）的受访者选择一般，17.9%（32人）的受访者选择不好，10.6%的受访者（19人）选择较差，7.3%（13人）的受访者选择不了解。对比后，旁听群众对法官队伍持否定评价的比例（28.5%）高于整体比例（15.5%），而在参与过行政诉讼的受访者中，对法官队伍持否定评价的只有101人，旁听群众就占有其中一半（51人）。在以原告身份参与行政诉讼的受访者中（110人），12.7%（14人）的受访者选择很好，31.8%（35人）的受访者选择较好，33.6%（37人）的受访者选择一般，9.1%（10人）的受访者选择不好，7.3%（8人）的受访者选择较差，5.5%（6人）的受访者选择不了解。通过归纳，44.5%的受访者对法官队伍持积极评价，这一比例高于整体比例（22%）。同时，对法官队伍持否定评价的比例为16.4%，与整体比例15.5%接近。详见马立群："中国法治坐标上的公民行政法律意识——《行政诉讼法》实施状况调查报告·民众卷"，载《行政法学研究》2013年第2期。

〔2〕马立群："中国法治坐标上的公民行政法律意识——《行政诉讼法》实施状况调查报告·民众卷"，载《行政法学研究》2013年第2期。

〔3〕马立群："中国法治坐标上的公民行政法律意识——《行政诉讼法》实施状况调查报告·民众卷"，载《行政法学研究》2013年第2期。

受访民众写道："中华人民共和国法律与《行政诉讼法》都体现公正公平原则。但是根据我的实际工作来看，老百姓想要告赢政府可能性不大。即使打赢官司也得不偿失，会对你以后的工作带来很大不便。官还是官，民还是民，打行政官司没有什么意义。"[1]法国伟大启蒙思想家卢梭曾说过："所有法律之中最重要的法律既不是铭刻在大理石上，也不是铭刻在铜表上，而是铭刻在公民们的内心里。"[2]在我国，受传统官民观念的影响，普通民众始终对行政权的优越性心存敬畏，对法官能力不够信任，担心法院偏向行政机关而导致司法不公，尽管这些感受不一定都源于民众自己的亲身亲历，但也确实构成了民众选择争议解决途径和客观评价法官的观念性障碍。

（二）普通民众对行政争议救济途径的选择和认知

当普通民众与行政机关发生行政争议时，普通民众是否会选择行政诉讼作为救济途径，为何要选择诉讼作为解决纠纷的手段？根据之前学者们统计的结果，行政诉讼案件数量一直比民事和刑事两类案件数量少，那么为什么民众不服行政机关的处罚又不到法院去打官司呢？这其中的因素很多，除了对行政诉讼制度本身不了解之外，根据社会学的相关理论，人们的行为和选择直接受到主体对行动结果预期的影响和控制。在面对行政争议时，当事人是否会起诉至法院，取决于他对行政诉讼结果的预期和价值评判。而对他人行政诉讼结果的观察与评价，又会对当事人造成很大影响，从而可能导致当事人对诉讼结果的预期产生怀疑，对诉讼结果的价值评判发生偏差。此外，除了当事人对诉讼结果的悲观预期外，普通民众对诉讼中的消耗估计以及诉讼外成本的考虑都可能成为其不提起行政诉讼的理由。如前面第三章所述，一来原告提起的行政案件不容易被受理，二来就算受理了也不一定会胜诉，更重要的是胜诉了也不意味着就取得了实质性的成功。所以，可以说中国传统的"无讼""厌讼"等观念实质上也是民众自身对维权成本—效益分析之后的理性选择。数据显示，从1999年到2008年十年间，行政诉讼案件增长率基本停滞不前，年均增长率不足1.5%。在中国，不光行政诉讼受理率值得关注，行政诉讼起诉率同样值得关注，因为通过起诉率我们可以更加了解一国政治经济

〔1〕马立群："中国法治坐标上的公民行政法律意识——《行政诉讼法》实施状况调查报告·民众卷"，载《行政法学研究》2013年第2期。

〔2〕［法］让·雅各·卢梭：《社会契约论》，何兆武译，商务印书馆2003年版，第70页。

发展和依法行政之间的关系，揭露行政诉讼的运作状态以及社会对司法的信心。

林莉红教授主持项目的网络调查结果更详细地说明了行政纠纷的当事人不选择向法院提起行政诉讼的原因。数据显示，86.32%的受访民众认为不将争议诉诸法院的原因是“打官司并不能真正解决问题”。[1]可见，在普通民众眼里行政诉讼维权的有效性并不高，提起行政诉讼也不见得能解决问题，很难获得胜诉，即使打赢了也是得不偿失。且民众提起行政诉讼的目的也不全然是为了解决行政争议，大部分是出于争回自己的面子，捍卫自己的尊严。在回答笔者提出的“作为原告，你最初提起行政诉讼的目的是什么”时，大部分原告打官司的目的都是为了捍卫自己的权利和尊严，而是否挽回损失是排在第二位的。如果按照我们一般人的理解选项一“出口气”也是为了赢回面子的话，那么原告打官司的最初目的是“捍卫自己的尊严和权利”就占了绝对多数（见表10）。因此，民众在遇到行政争议时并不会将行政诉讼作为其权利救济的第一选择，而更愿意选择让行政机关直接解决行政争议（比如找行政机关沟通、找关系私了、申请行政复议和信访），或者以非制度的方式（比如直接与行政机关沟通、找媒体曝光、找关系私了和信访）解决问题。[2]数据显示，在知道有《行政诉讼法》的1663名受访对象中，首先选择到法院打官司的比例也只有11.1%，说明普通民众即使知道有《行政诉讼法》的存在，在其遇到纠纷时仍然会首先选择通过行政机关系统内部解决或者利用其他非制度化的方式维权。正如有受访民众说道：“行政诉讼目前还不是很普遍，很多人不服行政机关的处罚都是忍忍算了。”还有受访民众说：“当今社会，政府行政权已经超出法律的控制，只要政府在行使权力的过程中，不要太过分，于情于理能给公民、法人或者其他组织一个说法，我们一般是不会启动行政诉讼程序的。”还有受访民众认为：“民众告官太难，告官还不如沟通。真正要打官司，还是要有媒体帮助。对于现有的法律实施，不太看好。没有什么信心。”网络调查也表明，62.58%的受访民众认为是“迫

---

[1] 马立群：“中国法治坐标上的公民行政法律意识——《行政诉讼法》实施状况调查报告·民众卷”，载《行政法学研究》2013年第2期。

[2] 网络调查显示只有7.51%的民众选择“到法院打官司”，23.95%会选择“与该行政机关沟通”，20.09%选择“申请行政复议”，14.02%选择“忍了算了”，13.91%选择“找媒体曝光”，14.79%选择“找关系私了”，3.42%选择“信访”；在龚祥瑞教授主持的调研中，对类似问题的回答有13.7%受访者选择“忍了算了”。详见马立群：“中国法治坐标上的公民行政法律意识——《行政诉讼法》实施状况调查报告·民众卷”，载《行政法学研究》2013年第2期。

不得已才到法院打官司”。只有不到25%的受访民众将“相信人民法院能够作出公正的裁决”作为老百姓选择提起诉讼解决行政争议的原因。[1]可见，中国的老百姓一般都不愿意马上采用强对抗方式，而更愿意选择先以沟通等弱对抗方式解决问题。实践中老百姓经常采用的“信访”就可能被民众认为是一种比“私下沟通”更规范的非对抗性解决方式。

表 10

1. 输赢无所谓，就是出口气	18%
2. 打赢官司	18%
3. 捍卫公民的权利和尊严	36%
4. 尽量挽回损失，哪怕不能全部挽回也无所谓	23%
5. 其他	3.8%

问题：作为原告，你最初提起行政诉讼的目的是什么？

（三）普通民众的法律素养与期望

1. 欠缺的法律素养

首先，公民守法、用法的前提在于知法。普通民众遇到行政争议时选择通过行政诉讼来维护自己的权利的前提是普通民众知道并基本了解《行政诉讼法》的存在。龚祥瑞先生曾在1992年主持的《行政诉讼法》实施现状调查中，对这一问题做过调查，有88.5%的普通民众听说过行政诉讼法，11.4%的普通民众没有听说过。[2]而2010年11月林莉红教授主持的研究课题“中国行政诉讼制度改革的理论与实践”对民众的调查表明，有34%的受访者不知道有《行政诉讼法》[3]。进一步调查显示，在不知道《行政诉讼法》的民众中，仍有高达21.2%的受访者不知道老百姓可以告政府。尽管这道题在大部分学者看来只要有一点法治常识即可判断出正确答案，对当今社会来说应该不是个问题，但结果仍不尽如人意。可见，尽管从1986年“一五”普法开

---

〔1〕 马立群：“中国法治坐标上的公民行政法律意识——《行政诉讼法》实施状况调查报告·民众卷”，载《行政法学研究》2013年第2期。

〔2〕 龚祥瑞主编：《法治的理想与现实》，中国政法大学出版社1993年版，第251页。

〔3〕 在实地问卷调查中受访对象不包括行政机关工作人员、法官、律师。网络问卷调查不直接排除行政工作人员、法官和律师。马立群：“中国法治坐标上的公民行政法律意识——《行政诉讼法》实施状况调查报告·民众卷”，载《行政法学研究》2013年第2期。

始到2011年“六五”普法的启动，全民普法工作已经有二十多年，依然有如此高比例的受访者缺少基本的法律常识。其次，就算民众是知道有《行政诉讼法》的存在也不一定对其了解并可以运用。〔1〕调研结果表明，普通民众对《行政诉讼法》的内容以及程序制度了解程度较低。除了有接近1/3的受访者不知道我国有《行政诉讼法》外，还有一半以上的受访者对《行政诉讼法》的内容和程序制度不了解。〔2〕有受访民众表示：“一般群众都还不了解《行政诉讼法》的诉讼程序以及诉讼主体是什么，用我们老百姓的话说，就是什么情况下可以民告官，找谁告，怎样告，还有民告官的后果怎样。只有老百姓把这些都搞清楚了，才能自觉地运用《行政诉讼法》来维护自己的合法权益，促进社会和谐稳定的发展。”〔3〕

2. 普通民众的期望

在立法目标的选择上，多数受访民众认为《行政诉讼法》的主要目标是保障相对人的合法权益，不过司法实践并没有完成这个目标，高达67.1%的受访民众认为行政诉讼并没有起到保护公民权利的作用，或者作用有限。〔4〕网络调查数据也显示，仅仅一成左右的受访民众认为行政诉讼的实践与立法目标相符，其余80%以上的受访民众都对行政诉讼实践持否定性评价。甚至有民众直言不讳地说，提起行政诉讼即使胜诉也是“赢一阵子，输一辈子”。中国目前所面临的政府对社会的管制较多、非政府组织不发达、企业与政府关系暧昧不清、事业单位与政府关系盘根错节等困境都阻碍了行政审判的公正性和行政判决的执行。这点也反映在原告的主体类型上。从林莉红教授所

---

〔1〕根据林莉红教授的课题研究数据，在知道有《行政诉讼法》的1678名受访者中，选择“很了解”与“一般了解”的比例和为53.7%（5.4%选择“很了解”，48.3%选择“一般了解”）；选择“不太了解”与“完全不了解”的比例和为46.3%（4.5%选择“完全不了解”，41.8%选择“不太了解”）。马立群：“中国法治坐标上的公民行政法律意识——《行政诉讼法》实施状况调查报告·民众卷”，载《行政法学研究》2013年第2期。

〔2〕如在举证责任调查中，只有20.1%的受访者知道行政诉讼中被诉行政行为的合法性应由被告举证，近80%的受访者不知道这一基础性制度。详见马立群：“中国法治坐标上的公民行政法律意识——《行政诉讼法》实施状况调查报告·民众卷”，载《行政法学研究》2013年第2期。

〔3〕马立群：“中国法治坐标上的公民行政法律意识——《行政诉讼法》实施状况调查报告·民众卷”，载《行政法学研究》2013年第2期。

〔4〕其他三类调查对象中，选择肯定回答的比例分别为：行政机关工作人员48.9%；法官36.4%；律师18.4%。详见马立群：“中国法治坐标上的公民行政法律意识——《行政诉讼法》实施状况调查报告·民众卷”，载《行政法学研究》2013年第2期。

写的“湖北行政审判现状调查报告”中可以看到在湖北省的一审行政案件中，大部分提起行政诉讼的是普通公民，占原告总数的80%，法人作为原告的仅仅只有总量的17%，其他组织作为原告的比例是3%。[1]可见，提起行政诉讼的主体绝大部分都是作为个体的公民。由于行政权的强势，大量真正需要保障自己合法权益的法人（即企业）并没有选择起诉这种公开的、对抗性较强的维权方式。故而，受访民众对行政诉讼的发展前景大多持相对谨慎的态度（认为行政诉讼“前景光明”的受访民众比例低于行政机关工作人员，但是高于律师）。[2]当然值得庆幸的是，普通民众也意识到传统官民观念的落后性，并希望对此作出改变，正如有受访民众提到的：“自古以来‘民告官’都被认为是逆天行为，但到了现在，这个‘天’也应该有所改变了。这个‘天’可能不再是‘官’而应该是‘法’，‘法’应该大于‘官’。国家对此应该有相关的规定，我们应该去了解”。[3] 多地人民法院行政审判白皮书也显示，从2013年开始，不少地方法院的行政诉讼案件都有大幅度的提高。[4]并且2014年法院受理政府信息公开案件同比增长近四倍，越来越多的公民、法人或其他组织更积极主动地向行政机关申请获得政府信息、答复或利益。[5]这些都反映了随着国家法治化进程的不断推进，普通民众利用法制手段维护自己权益的意识也日益增强。

---

〔1〕 林莉红、沈小平、黄启辉：“湖北行政审判现状调查报告”，载《湖北社会科学》2009年第10期。

〔2〕 调查结果显示，15.9%的受访者选择“前景光明”，这一比例低于行政机关工作人员（31.7%）、法官（31.7%），而高于律师（8.8%）。多数的受访者（53.7%）选择“有希望，但困难大”，对行政诉讼的前景持谨慎态度。在网络调查中，6.29%的受访者选择“前景光明”，70.64%选择“有希望，但困难大”。另外，也有一定比例的受访者对行政诉讼的前景比较悲观（实地问卷12.3%的受访者选择“黯淡”，网络问卷这一比例为17.44%）。详见马立群：“中国法治坐标上的公民行政法律意识——《行政诉讼法》实施状况调查报告·民众卷”，载《行政法学研究》2013年第2期。

〔3〕 马立群：“中国法治坐标上的公民行政法律意识——《行政诉讼法》实施状况调查报告·民众卷”，载《行政法学研究》2013年第2期。

〔4〕 周斌：“多地法院发布2013年度行政审判白皮书”，载 http://legal.china.com.cn/2014-09/02/content_33404898.htm，最后访问时间：2014年10月2日。

〔5〕 重庆高级人民法院2014年《行政审判白皮书》，载 http://www.legaldaily.com.cn/Court/content/2015-07/14/content_6168687.htm?node=53949，最后访问时间：2015年7月14日。

五、行政诉讼运作中各方的参与逻辑

（一）行政诉讼各方对争议解决途径的选择和考量

人们在获得利益的过程中，必定需要耗费一定的交易成本，根据选择交易形式或制度不同，实际耗费的成本也会存在显著的差异。当遇到行政争议时，人们一般可以选择求助政府部门、诉诸司法机关、依靠社会网络三种手段。那么，面对三条解决路径，当事人应当怎样抉择？按照行动理论的有关研究，其主张所有行动均要涵盖行动者、目标、规范以及场景取向这四大组成因素。[1]

在中国，求助政府部门解决行政争议除了行政复议，最典型的形式就是“上访”。上访的部门可以是任何上级行政机关和相关团体，其中绝大部分是党政部门。改革开放前三十余年间，党的方针、政策在实际上优于和高于宪法、法律。很多时候人们依靠行政手段，部分是因为他们认为这些问题只不过是政策的问题，部分是因为他们清楚地认识到现实中司法机关常常听命于党委、政府，因此找政府部门似乎更有效。但是对权力关系上处于弱势地位的普通公民而言，寻求通过政府部门来解决纠纷同样存在着一定的风险。因为多数民众对于政府部门的办事流程了解程度不高，如果问题一旦转入到政府部门，也就意味着当事人对该问题的处理丧失了控制。同时依靠政府部门来解决问题需要耗费更多的成本（例如前往有关部门的过程中所耗费的交通费、伙食费等）。此外，政府部门中的一些不良作风也会影响行政争议的最终处理结果。这些都是通过政府部门解决问题的弊端。

司法机关属于纠纷解决的正式途径，秉承着“形式理性”的法律来处理行政争议，拥有规范化的条文与程序作为保障，因此在程序上规定了明确的权利，具备较强的公正性。但对普通民众而言，通过司法机关处理纠纷同样存在诸多问题。首先，从成本—收益的角度分析，选择司法部门的成本是很高的。第一是隐性成本，或者称为心理上的障碍。中国社会一直是伦理本位的社会。人们心中一直隐含着某种“厌讼”情结，尤其是在传统的乡土社会之中，人们更倾向于用比较隐晦的方式解决问题，而少于将纠纷诉诸“公堂”

---

〔1〕［澳］马尔科姆·沃特斯：《现代社会学理论》，杨善华等译，华夏出版社2000年版，第46页。

以避免因为公开纠纷的事实和真相引来非议。其次，显性成本。我国的司法部门并未覆盖到乡村，若想要进行诉讼必须前往县城方才能够处理，这个辗转的过程势必会耗费较多的时间和精力，且这还不算上诉到更远的法院和聘请律师的花费。最后，知识障碍。一般来说法院会严格按照法律规定和法定程序进行司法活动。在案件陈述时以“法律术语”为主，在裁判文书中运用法律条文，非专业人士对于这些过程和信息都不太熟悉。所以如果将行政争议诉诸司法机关，当事人在整个争议处理的过程中也是比较被动的。

运用社会关系网络解决纠纷在我国有着悠久的历史传承，此类处理方法主要是以血缘、亲缘以及地缘等关系作为基础。从历史上看，自明朝以来，国家法律对民间调解就有了明确的规定。一般来说民众在实践中选择社会关系网络解决纠纷，主要是基于以下三个原因：第一，被一直以来的行为惯性所影响。第二，如果以成本—收益的视角进行考量，通过社会关系网络来处理纠纷耗费的成本相对较低。矛盾双方不仅在实际生活中很容易找到适宜的纠纷调解人，而且需要耗费的报酬不高（比如吃饭、送礼等），甚至在很多时候不需要报酬。同时，依靠社会网络来处理现实生活中的纠纷，除了更有助于化解纠纷外，对于人际关系所带来的负面影响也更为轻微。此类非对抗性的纠纷解决方式因为可以让当事双方保全名誉，所以也有利于当事双方日后的正常交往。这点对行政争议一方是企业的来说尤其重要，在中国，政企之间的关系常常是很微妙的，所以企业在遇到问题时更倾向于依靠社会网络。这也是前面所提到的企业很少作为行政诉讼原告的原因。第三，民众对依靠社会网络解决纠纷的操作方式更为熟悉。由于民众对该纠纷解决的操作方式更为熟悉，因此更能在争议解决过程之中占据主动并对解决结果具有一定的控制力。但由于依靠社会网络解决纠纷的主要追求和价值取向不在于明辨当事人之间的是非对错，而是更多的追求双方当事人间的和谐共处，因此在多数时候难以最大限度保障当事人的权益。在处理一些敏感的行政争议时，甚至会放弃或进一步压缩一方的合法权益。

通过上述分析能够发现，这三类纠纷解决途径在行政争议的处理过程中都各有自身的优点和不足。所以，既不能片面推崇某一种特定的纠纷解决方式，也得不出推进“法治”就必须完全依靠司法渠道来处理纠纷的结论。一般而言，民众在选择时都是理性的，其会综合自身的实际背景、能力以及条件，来选择合乎自身需要的解决方式（当然在这个过程中，他们也许尝试过其他的解决方式）。需要提出的是，此处所提到的“理性选择”是与经济学范畴的“有限理性”较为相似的概念，而并非“完全理性”。“有限理性”指出由于信息的不完全对称，人们在实际决定过程中寻找的并非是“最大”或“最优”的标准，而只是“满意”的标准。民众在解决行政争议时只是根据自身所处情景的差异，选择了一种适当的纠纷解决途径，以满足自己的当务之急。2002 年 2 月由中国人民大学郭星华教授牵头，利用问卷的方式开展了“农民法律意识与行为”的大范围调查活动。虽然这份调查侧重于研究农村纠纷解决过程，但是在以“乡土社会”〔1〕为特征的中国肯定是非常具有参考价值的。〔2〕根据郭星华教授主持的项目调研结果以及本章前面所描述的数据可以发现，通过社会关系网络来进行争议处理的，其结果符合或者是超出期望的受访人数比例明显超出选择通过国家机构处理争议的人数；而通过政府部门来进行争议处理的结果符合或超出期望的受访人数比例又大大超过司法机关。这可能主要是由两方面的原因造成的。第一，普通民众对于国家机构，尤其是司法机关解决问题的方式和程序并不了解，大部分信息是道听途说，这可能误导人们对司法机关产生过高的期望，而与最终的实际处理结果相比形成心理落差；而由于普通民众对于通过社会网络处理问题的方式最为了解，因此，能够较为精准地预估最终的处理结果，不会产生明显的心理落差。第二，对比依靠社会网络来解决纠纷，通过国家机构来处理问题需要耗费更多的成本（如前所述，尤其是其中潜藏的“隐性成本”），在综合权衡各种成本和收益之后，可能会对国家机构产生一定的不满情绪而影响最终的评价。网络调查显示，当遇到行政争议时，只有不到 8%的民众会选择诉诸法院，约 23.95%的受访民众会选择直接去和行政机关沟通、协商，约 20%的受访民众会以行政复议的方式处理问题，约 15%的受访民众会选择依靠网络社交解决问题，约 14%的受访民众会选择忍让和搁置纠纷，约 14%的受访民众会选择向媒体求助，约 3.42%的受访群众会选择通过信访渠道解决。〔3〕可见，比起

---

〔1〕“乡土社会”的这一概念最早由费孝通提出。详见费孝通：《乡土中国》，人民出版社 2008 年版，第 1~4 页。

〔2〕调查由郭星华教授主持，在全国范围内选取了 6 个县中的 30 个村进行入户问卷调查，共回收有效样本 297 份。详见郭星华主编：《法社会学教程》，中国人民大学出版社 2011 年版，第 330 页。

〔3〕马立群：“中国法治坐标上的公民行政法律意识——《行政诉讼法》实施状况调查报告·民众卷”，载《行政法学研究》2013 年第 2 期。

直接到法院提起行政诉讼，普通民众更倾向于采用非制度化、非程序化的手段和方式。有国内学者曾经对行政争议解决方式的制度需求展开过定量分析研究，认为目前我国民众对于行政争议的解决方式需求是二元的，也就是说公民对于利用（准）司法途径与通过党政渠道处理争议存在同等的需求。[1]实践中，行政诉讼与行政复议这两种（准）司法途径利用率相对偏低的原因，并不是因为当事人更相信“信访”等党政渠道，而是因为相比以正式的（准）司法途径寻求救济，其他维权手段和途径由于对峙程度更低、成本更少、方式更灵活，更易于操作和掌控。

（二）行政诉讼各方对司法活动的认知

认知者对法律的认知是其对信息进行分析、加工和整理的过程，它具有如下几个特点：其一，主观能动性。社会认知是主体对客观世界的感受和理解。尽管因为物质世界的客观性让社会认知具有一定的客观性和确定性，但是个体的认知程度会受认知者自身的素养及认知者接收的社会信息的影响而表现出主观能动性。同理，人们对行政诉讼制度的认知也难免存在一定的主观性和不确定性。其二，间接性。由于诉讼活动本身的非常态化、专业性以及对决性特征，使得社会中的多数人对于司法的认知常常属于间接性的理解，很多信息不是来源于自己的经历而是来自于他人的转述、解读。种种这些不同的表述方式和社会舆论结合在一起共同构成了人们对《行政诉讼法》及其运作的认知。其三，片面性。由于当事人与最终的司法判决结果总是存在实际利害关系，通常都会以自己的理解和利益诉求来判断司法结果的合理性，如果判决结果不利于自己，或者认为偏向于对方，就会对司法产生怀疑。在对自身行为合法性的盲目判断下，一旦遭遇败诉的结果，就可能将责任推卸到法院，认为法院司法不公。而这些对司法活动的认知都是带有明显的片面性和情绪化的。其四，本土性。一国的法律以及法律现象都是该国历史文化的产物，总会受到该国传统文化和社会发展的制约。不同的国家和民族通常存在不同的法律传统，不同地区的人们对于法律和法律现象也存在不同的认知，并进一步影响其对于司法活动的具体认知及判断。因为在中国，受儒家传统文化的影响，民众长期存在“厌诉”心理，对司法和法官不太看重和信

---

[1] 程金华：“中国行政纠纷解决的制度选择——以公民需求为视角”，载《中国社会科学》2009年第6期。

任，而倾向于将化解矛盾和维护秩序的期望寄托在所谓的“贤臣”身上，希望有包拯之类的清廉官员能够为社会伸张正义。这也是“人治主义”在我国影响深远的原因之一。而在法治发达国家，社会往往认为法律才是世界上最可靠的东西，法官是仅次于上帝的，这就为这些国家的“法治主义”奠定了坚实的基础。其五，历史性。法律本身作为历史发展产物，由此产生的法律现象总会受社会发展的影响和制约，并同时反映出社会存在的状况。司法活动作为一种法律现象也是如此。在社会发展的不同阶段，人们对司法的功能、过程、效果等方面的需求也会存在差异。故而，人们对司法的评价也同样体现了明显的时代特征。〔1〕

于是，在当代社会，人们对司法的评价也呈现出一种极为复杂的状态。首先，整体案件质效的不断上升和司法公信力不断降低的现象交错存在。法院系统的公信力并没有伴随案件质效的提升而随之上涨，甚至还出现了降低的趋势。其次，人们对司法的评价既存在主观性也存在客观性。这是因为公众获取司法信息的渠道不足，道听途说的信息往往又与真实情况存在偏差，且人们选择采信的信息还常常会受自己主观情绪和价值取向的影响，并用道德、伦理而非法律的标准来评价司法的过程和效果。复次，有关主体维权意识的提升和权利滥用的问题同时存在。诸如规避执行、虚假诉讼等各种问题表明，公民法律认知和权利意识的提升，并未真正地转变成为尊重法律的自发行为，当事人在司法中的活动带有明显的功利主义，同时针对司法所作出的评价也掺杂着自己的利益需求。由于公众的法治素养并没有随维权意识的提高而上升，所以通过“闹”来解决问题就成了中国解决纷争的一个特有的场景。关键在于，闹，有时还真是一些法官的命门。一些法官怕当事人闹，所以委曲求全依照一方当事人的意愿判案，另一方只得服从。有些错案，便是法官怕当事人闹而导致。一些民众为何会闹，还是因为对司法不信任，一方当事人可以保证自己不找关系，但不能保证对方不找关系，更不能保证法官不顺着关系判案。所以，关系成了左右判决结果的尺度，而法律却靠边站。即使法院判决都生效了，当事人还在不断申诉。虽说，现行法律规定了申诉制度，申诉也是当事人的合法权益。但是，申诉率越高的司法制度也正说明

〔1〕 公丕祥：“当代中国的自主型司法改革道路——基于中国司法国情的初步分析”，载《法律科学（西北政法大学学报）》2010年3期。

当事人对法院判决的服从率低，另一方面，也验证了民众对司法的不信任。这也加剧了司法评价的第四个特征——司法同时存在他信不强和自信不足的问题。在目前社会诚信普遍欠缺、公众对司法的信任显著不足以及巨大的办案压力下，法官对司法发展的信心也遭遇了巨大的挫折。一方面，人们的期望与行政审判结果心理落差会严重妨碍公众对行政诉讼的运用，从而导致行政审判的社会功能不能充分发挥；另一方面，司法权与行政权的关系错综复杂，如果人们对行政审判缺乏起码的关心、参与和信任，那么当司法机关需要采用和行政权力对抗的方式来保障特有价值时，就很难得到社会的认同和支持。由于缺乏一般公众支持的社会基础，司法只有转而通过与国家权力实现一体化来补充自己正当性的倾向。这体现在行政诉讼上就是本书前面所提到的，自1989年《行政诉讼法》诞生伊始就伴随的两个鲜明特点，一是全国法院受理的行政诉讼案件数量偏少。从1999年至2008年十年时间，行政诉讼的数量增幅仅仅为平均每年不到1.5%，这与其说成是案件的小幅增长，不如说是行政诉讼案件停滞不前或许更为妥当。[1]二是从2011年开始，尽管各类案件的审结数量总体上升了，但“民告官”案件的审结率却连续三年呈下降趋势。总之，公众对司法的不信任导致了行政诉讼利用率偏低，而法官下降的司法信心又加剧了这个现象。

（三）行政诉讼各方的法律意识

大量的调研数据显示，行政诉讼参与各方主要存在对行政诉讼制度及其运用的三种态度：“敬畏”“利用”和“反抗”。每一种意识类型的体现都建立在主体不同的文化、阶级和地位背景之上，表达了其对行政诉讼制度的不同理解和感受，体现了主体与司法机关的不同关系。

“敬畏”是在意识上把行政诉讼制度当成一种日常生活之外的外在的、客观的、静止的体系，与日常生活不存在相联与交叉，法律与日常生活被理解为不同的秩序。其特征为：（1）想象和相信行政审判权威的存在；（2）认为行政审判具有一定的客观公正性；（3）相信在行政诉讼过程中存在一定的规则或者规律，并且限制或者影响着人们的行为；（4）意识到通过行政诉讼会造成一定的影响，或达成某种结果；（5）认为将行政争议诉诸行政诉讼会产

---

〔1〕应星、徐胤：“‘立案政治学’与行政诉讼率的徘徊——华北两市基层法院的对比研究”，载《政法论坛》2009年第6期。

生一定的成本，耗费日常生活的精力。

“利用法律”则体现出更多现实主义的算计。在“利用者”的意识里，行政诉讼过程被看作充满博弈的竞技性领域，人则被假设为“理性人”，根据对成本和授意的算计来采取行动。这种参与者相信法律具有清晰性，认为自己只要掌握法律的规则、就可以获得胜利。其具体特征为：（1）行政诉讼可以被看作人们追逐自我利益的方式，可以通过运用策略进行算计。（2）虽然行政诉讼的结果具有偶然性和不确定性，但是经过整个诉讼过程后总会有一个结果，胜诉、败诉或是和解。（3）能力方面，个人的经验会对最终的诉讼结果产生巨大的影响，个体所能够使用的法律资源中最主要的是律师以及集体行动。

“反抗者”的意识里存在着对行政诉讼的沉默、拒绝、缺席、公开对抗、试图置换、不信任甚至反讽等意识和相应的活动。法律往往被体现为一种异己的权力，试图侵入日常生活。其具体特征是：（1）认为权力创造了规范，相信强权即公理。行政诉讼被完全视为是权力的产物，具有反复无常的特点。（2）认为行政诉讼受正式程序、机构和观念的约束，对现实问题并不能加以解决。（3）在面对行政争议时，常常运用伪装、消磨时间、胡搅蛮缠等非理性的反抗策略。〔1〕

（四）行政诉讼中弱者的策略

所谓诉讼中的弱者应当怎样界定？其一，将法律过程（核心是指司法）视为一种博弈，而博弈双方总是存在着经济状况、社会名誉以及网络关系上的区别，在某些较为极端的状况下，两者之间各方面的差异就会演变为诉讼中的强弱优势。其二，在司法场域之中，对比国家公权力而言，公民在权力方面显然处于弱势地位，是诉讼中的弱者。弱者在诉讼活动中为了取得胜利就会采用更多的策略，这些策略可能发生于台前也可能发生于幕后，可能为公开的行动也可能是隐秘的算计。总之，由于诉讼各方的行动策略使得整个诉讼过程是动态变化的而不是机械静止的。那么，诉讼中弱者的策略到底包括哪些内容，其有怎样的行动逻辑，所采用的策略和行动逻辑与弱者自身的法律意识之间有什么样的关系呢？

司法实践中，弱者的诉讼策略大概有两大模式：其一，通过力量的平衡。

---

〔1〕 三种态度的展开论述，详见陆益龙：“法律性的社会学建构——评述伊克和西贝尔《法律的公共空间——日常生活中的故事》”，载《社会学研究》2006 年第 6 期。

即弱者通过引入法律外的力量，诸如政策、舆论、社会关系等来使得强者与弱者之间减少差距，能够相互对抗，或者是至少形成两者间力量基本均衡的状况。如在行政诉讼中，相对人就常常利用“抱团”维权方式来最大限度保障自己的合法权益。〔1〕除此之外，利用媒体也是诉讼中弱者常常采取的策略。因为媒体的特殊性，在某些案例中，一旦与商业利益结合在一起，就可能产生巨大的影响力和眼球效应，有时候连法律权威也无法与之抗衡，司法的过程和结果经过媒体的解读后可能会招到社会的反感从而产生压力。此类策略并非仅仅专属于弱者，但是其在弱者身上却又是最典型的表现。这恰好也可以解释本章前面所提到的普通民众在遇到行政争议时更容易求助于媒体的现象。其二，斯科特理论〔2〕之中的计谋。例如在案件里面，弱者往往会利用营造某种法庭氛围、刻意控制出庭的人员构成等手段强化和提高社会对其的同情心。在某些时候，弱者甚至需要同时利用有形、无形两类力量，方才有助于解决自身在资源方面的弱势，并以此来占据一定有利地位。尽管弱者的行动目的是追求公平与正义，但不管弱者利用何种力量和采用哪一种手段，都是超出法律框架的行为。这些手段和目的之间相互矛盾，反映出弱者诉讼的边界：弱者能够尽可能地调用法律之外的各种资源（包括对于律师等专业法律人士的求助），但是却无法影响法律的具体适用；弱者能够在一定程度上影响和制造舆论，但是却不能触碰政治的边界；当然，弱者所进行的诉讼虽然看起来力量有限，但也不能否认其意义。在司法实践之中恰恰是这些行动策略塑造和描绘了弱者的法律意识和法律行动，并进一步为法律的发展、改革和变迁提供了“自下而上”的基础和条件，这或许才应该是法治的真正核心和发展方向。〔3〕

---

〔1〕 如“金山碧海业主诉房屋规划许可证案”“地铁9号线房屋征收决定案”“水湾村旧村改造拆迁案、桃源村三期业主诉收回经济适用住房决定案等群体性纠纷案”。详见“行政机关败诉案去年450宗”，载 http://news.dayoo.com/guangzhou/201507/01/10002080_ 111695733.htm，最后访问时间：2015年8月1日。

〔2〕 心理学中的斯科特理论认为，人类的经济行为通常建立在感性或情绪的基础上，而不是建立在理性或逻辑的基础上。

〔3〕 郭星华、张晶：“弱者的诉讼：过程与策略”，载《中国农业大学学报（社会科学版）》2010年第1期。

六、小结

主体之间法律意识的不同，表明法律是社会关系的具体表现，而并非是强加在社会生活之上的附属品。行政诉讼制度的法律性除了仰仗国家权力的强制力，也有赖于人们社会生活的平常模式。行政诉讼各方运用自己独特的意向性在日常生活中“再生产”着行政诉讼的法律性，以使其贴近生活并得以运用。在中国法治化的进程之中，遭遇的主要问题就是法治的构建和在底层的推进。在旧社会的法律体系被变革和代替之后，政府权威已经代替一切权威，演变为整个社会权威的独立来源，法律权威若是不依靠政府支持也不存在立足之地，法律权威在底层的树立需要以国家权力作为支撑，法律的权威来源于政府。但是法治的真谛和本质却要求法律的权威应该是至高无上的，法律的权威能够超越包括政府在内的一切权威。所以，在我国的法治建设过程中就形成了尴尬的局面——这个必须受助于政府权威构建而来的法律权威，如何才能演变为整个社会的最高权威？纵观世界各国法律发展的进程，在树立法律权威的过程中可能出现三种情况：其一，法律权威超越政府权威，这种情况代表法治社会已经建立。其二，法律权威无法超越政府权威，这属于人治社会的特征。其三，政府权威下降、法律权威欠缺，这种情况常常出现在转型社会，也就是现如今的中国。在转型社会之中，因为法律体系内还存在“规范真空”，各个法律规范之间也可能存在矛盾和冲突，人们往往会以自己的利益追求和价值取向为行动准则。当政府权威有利于自己利益的实现时，选择政府权威来保障自己的权益；而在政府权威有损自己的利益，法律权威对自己利益更有好处时，又会通过法律权威来实现自身的利益；如果两类权威都无助于自己利益的实现时，就会对这两种权威贬斥和不服从。当下法律关系主体对法律的选择和行动是转型社会特有的产物，同时也构成了中国行政诉讼法律实效的特征之一。

第五章

行政诉讼结案方式的实效考察与实施环境因素的分析

近代以来的行政审判制度被普遍认为是规范性的，建立在经验和逻辑之上、有着严谨精致结构的规范体系，成为每一个具体行政判决内容的决定基准。但是法律制度的运行需要良好的外部实施环境。司法实践中，诉讼各方的力量对比而非规范体系在很大程度上决定了纠纷解决的内容和结果；行政审判中的诉讼各方以及有利害关系的其他相关人员的价值观、利益、力量对比等具体状况都会对法官的判断产生影响；如党与法、党与政、政与法等诸多外部关系，司法系统自身的领导体制、管理体制的构架会影响行政审判法官审理案件的公正性和有效性；而长期影响着中国各阶层心理与行为的重情、重权、轻法、惧法、厌讼、等级特权等传统法律文化和法律意识是影响行政诉讼运行的深刻历史根源。种种这些作用于行政诉讼实际运作的因素共同构成了行政诉讼的实施环境，影响着中国行政诉讼的法律实效。只有充分理解法律实效的外在实施环境才能理解一国行政诉讼的运行现状，才能进一步探索现实中的行政争议是否真正按照行政裁判得到了解决；是哪些力量支撑行政审判对行政争议的解决。如果行政裁判没能有效化解行政争议，那么司法将以何种方式面对和影响争议的最终解决。就行政诉讼的法律实效进行考察，对行政争议解决的过程和方式展开实证研究必须对这些问题作出回应和解答。〔1〕

---

〔1〕［日］棚濑孝雄：《纠纷的解决与审判制度》，王亚新译，中国政法大学出版社 1994 年版，第 1~18 页。

一、无法落实的生效判决：以“吴某某等人请求确认南山区住建局不予备案的行为违法案”为例〔1〕

基本案情：2012 年 11 月 11 日，南山区月亮湾小区第四届业委会委员吴某某等五人向南山区住建局邮寄了该小区第四届业委会的备案申请表等一系列材料，但均被南山区住建局退回。理由为吴某某等人的登记申请不符合南山区人民政府规定的业委会备案的要求，且这些要求在政府网站上都有公示。据查明，根据南山区人民政府网站的公示，办理业委会备案的事项程序为，先由业委会将所有资料准备齐全，再分别到社区工作站和辖区街道办事处签署意见并盖章，然后由区住建局核准备案。凡是没有获得工作站及街道办签署意见的，住建局不能予以备案。

之后，吴某某等人向月亮湾社区工作站提出备案申请。但是，月亮湾社区工作站于 2012 年 11 月 22 日突然根据《深圳经济特区物业管理条例》第 23 条、第 29 条、第 41 条的规定认为，山庄业委会的换届选举工作既未接受工作站的指导和监督，也没有接受相关职能部门指导和监督，明显违反条例，不予备案，并出具不予备案通知。该通知表示从今天起，山庄业委会不再承担该区业委会换届工作，而由街道办事处接管负责。换句话说，当地社区工作站完全否定了目前的业委会工作，要重新组织业委会开展选举工作。接到通知后的第四天，吴某某等人再次来到南山住建局，向南山住建局当面提交了备案申请表等材料。但是南山区住建局对吴某某等人提起的申请仍然不予备案，并口头告知原因是这些材料上没有社区工作站、街道办事处出具的意见。吴某某等人对此表示不服，向南山区法院提起诉讼，请求确认南山区住建局不予备案的行为违法。

深圳市中院二审认为，行政机关应当严格以法律为依据实施具体行政行为。根据《深圳经济特区物业管理条例》第 28 条的规定，社区工作站和辖区街道办事处的审核程序并不是业委会备案前的必经程序。南山区人民政府网站上公布的备案程序与《深圳经济特区物业管理条例》不符，属于下位法违反上位法的情形，不能作为南山区住建局作出行政行为的依据，南山住建局适用法律规范错误。故而，二审法院撤销了一审判决，判决确认南山住建局

---

〔1〕“告赢住建局却遇执行难，官赖奈何？”，载 http://sz.house.sina.com.cn/news/2015-07-02/0809602216405938502496l.shtml，最后访问时间：2015 年 7 月 2 日。

行为违法，并责令南山住建局重新作出处理。

因为这起案件是人民法院基于行政行为所依据的规范性文件违反上位法，而被法院确认违法的典型案例，最终被列为 2013 年到 2014 年深圳行政诉讼的十大典型案例。但即便如此，对案件的执行还是困难重重。二审判决在生效一年半之后，还是没有得到执行，该业委会仍没有获得备案。根据二审判决的要求，南山区住建局确实重新作出了处理，但只是换了处理决定的理由，处理的结果仍然不变，还是不予备案。对此，该小区业主和业委会也不知如何应对。一名业主无可奈何地说："难道还要再到法院打一次官司？就算打赢了，又能怎样，还不是可以继续作一个相同的决定，不能永远打下去吧？"

生效的判决却得不到很好地执行，诸如这样的案例在我国并不鲜见。在"樊河村村委会要求对省国土厅未经村委会同意将集体矿权变更为李某个人矿权"一案中，尽管案件仅仅涉及简单的矿权纠纷，但是案件在经过陕西省榆林市中级人民法院判决，又经过陕西省高院裁定后仍然无法执行。其结果造成价值高达数亿元的集体财产划归个人名下不说，更具有讽刺意义的是，案件的被告陕西省国土资源厅面对生效的判决不但不予以执行，竟然还召集各方开展所谓的协调会，试图以会议决定的内容否定法院判决，结果造成了更激烈的冲突。[1]无独有偶，在广东东莞第一人民法院对寮步镇一宗土地使用权及地上建筑物进行拍卖时，寮步镇政府竟然连续两天在报纸发表声明称，"该地块属于国有划拨用地，并非被执行人东莞市寮步工业发展总公司的财产，并且由于本案所涉及的标的物还存在权属争议，法院不能强制执行，因为强制执行可能产生很大的风险"，并指责第一法院"罔顾事实，罔顾我镇异议，一意孤行强行拍卖土地"。[2]虽然事后寮步镇政府向人民法院道歉，但行政机关对法院的嚣张气息可见一斑。再者，除了行政权的自我膨胀外，行政权与司法权的分立也是造成行政判决难以被很好执行的原因。因为，司法并不能干涉行政权，法院只具有对行政行为合法性的审查权。虽然法院可以确认行政行为违法，并作出撤销判决，但没有权力越过行政机关对行政权指手画脚，直接作出行政行为。因此，虽然行政判决已经作出或者生效，但是行

〔1〕"陕西国土厅否了法院判决 导致矿权纠纷矛盾激化"，载 http://news.xinhuanet.com/legal/2010-07/20/c_12350550.htm，最后访问时间：2013 年 7 月 20 日。

〔2〕"东莞一镇政府连日登报骂法院续：已向法院道歉"，载 http://i.ifeng.com/news/sharenews.f?aid=104238973&from=timeline&isappinstalled=0，最后访问时间：2015 年 12 月 17 日。

政机关还仍然可能不履行生效判决，或者作出一个与原行政行为没有实质差别的行为。这样一来，就算原告获得胜诉，结果也只是让问题重新进入行政程序；行政机关仍有可能作出同样的决定，当事人不得已可能还会重新起诉，如此反复轮回。行政争议还是没有化解，老百姓的问题还是没有解决，其合法权益仍没有得到保障。这方面深圳就出过极端个案。[1]据重庆市高院副院长黄明耀介绍，个别行政机关重复违法率较高，表明部分行政机关对依法行政和应诉工作的重视程度还不够，相关依法行政评价制度的效果仍有待提升。[2]生效判决得不到很好的执行的另一个原因是人民法院的判决不具有实质意义上的终局效力。尽管我国的司法实行两审终审制，但由于审判监督程序的存在，即使生效的判决也有随时被推翻的可能。如《最高人民法院公报》刊登的最高人民检察院提出的全国首个抗诉案件，“贵州省遵义市桐梓县农资公司诉该县技术监督局行政处罚案”。本案仅仅为了当事人购买的不到 200 吨复混肥中化肥的含量问题就先后经历了四级人民法院审理。[3]在“张某某诉吉林省白城市公安局行政处罚”一案中，吉林省高院也是对案件进行了三次再审，最后才由最高人民法院再审终结。[4]除此之外，信访制度下的申诉、上访也可能反复推翻已经生效的判决，让法院苦不堪言。信访流行或许是因为法院司法权威不足和解决问题能力有限造成的，但是大规模的信访又反过来再次削弱了法院的司法权威。因此，尽管 2015 年颁布的《行政诉讼法》授予了法院多种强制手段。[5]但是因为现有体制的原因，这些措施也可能只会被束之高阁。

---

〔1〕 如倪顺义案。2009 年 11 月 5 日，倪顺义一锤砸向社保局女科员。此前，他因从事过放射性行业申请提前退休不被批准，法院终审裁决责令社保局对其退休申请依法重新作出处理，不过社保局的新决定仍坚持不批准其提前退休，倪顺义怒而挥锤，不过最终他也为自己的冲动付出了代价。“倪顺义锤击女副科长 状告社保局终审胜诉”，载 http://news.sznews.com/content/2011-06/01/content_5701122.htm，最后访问时间：2014 年 6 月 6 日。

〔2〕 “行政机关未及时书面回复败诉占一半”，载《重庆晚报》2015 年 7 月 14 日。

〔3〕 《最高人民法院公报》1995 年第 4 期。相关评论详见赵正群：“‘打假’的司法审查标准”，载《人民法院报》2001 年 1 月 8 日。

〔4〕 最高人民法院行政判决书［2001］行提字第 2 号。

〔5〕 一是经济上的制裁，如划拨、罚款；二是向行政机关的上一级行政机关或者监察、人事机关提出司法建议；三是追究主管人员和直接责任人员刑事责任。

二、面对现实的行政诉讼与柔性司法的兴起

（一）司法建议的运用：以“孙某某诉兴化市教育局等不履行办理入学及进编手续法定职责案”为例[1]

案情简介：江苏省教育厅为了稳定该省苏北偏远地区农村中小学师资队伍，提高该省教师的整体素质，改善基础教育，决定招收中等师范学生（以下简称中师民），招收对象主要是现有中小学民办教师。为此还发布了《关于中等师范招收中小学民办教师有关问题的通知》和该通知的答复意见两份文件。文件要求，中等师范的招生对象包括两类，一类是1984年年底以前就开始从事中小学教育或者教学工作的中小学民办教师，并且这些教师还要具备现在仍然在岗和已经取得任用证书两个条件；第二类是1986年底前就经县（市）教育部门批准聘用的中小学合同代课教师，并且这些教师要满足现在仍然在岗和已经在省辖市教育部门备案两个条件。并且小学教师还应具备国家承认的中师或其他中专毕业及以上学历，中学教师还应具备国家承认的专科及以上学历。办学模式为以省辖市为单位，在师范院校内利用假期单独办班，为期两年；教学模式以自学为主，内容突出成人和在职的特点；经考核，成绩合格者可获得中师毕业证书，并被纳入国家整体分配计划，回原单位工作；江苏省教育厅行使教师的审核录取权，不得录取有违反计划生育政策行为的教师。

原告小学民办教师孙某某于2000年8月参加了江苏省中等师范民办教师考试，其文化成绩达到录取最低控制分数线。但是，在考试成绩公布时，就有人举报孙某某曾经违反计划生育，后经相关部门出具文件证明并无此事，孙某某才被列入兴化市教育局的录取名单。次年11月，经江苏省教育厅批准，江苏省泰兴师范学校录取孙某某为该校学员。12月，在孙某某办理入学手续前，因为再次有人举报其存在违反计划生育行为，因此兴化市教育局将情况如实反映给上级教育主管机关，孙某某被暂缓入学。孙某某不服于2003年5月向江苏省兴化市人民法院提起诉讼。

原告诉称，2001年自己就已经通过了江苏省教育厅的审核，并被江苏省教育厅录取，并且自己仅生育过一胎女孩，没有违法计划生育，这点也已经

[1] 江苏省兴化市人民法院行政裁定书［2003］兴法行初字第14号。

被兴化市竹泓镇竹二村村民委员会、兴化市计划生育局、镇计划生育服务站三者审查核实。江苏省泰州市教育局和兴化市教育局在无证据证明自己具有违反计划生育政策行为的情况下，无故拖延，造成自己因未能收到入学通知书至今仍无法入学。两被告的行为共同侵犯了原告的合法权益，是明显的行政不作为。基于此，原告请求人民法院判令两被告立即批准原告入读江苏省泰兴师范学校，补办教师进编手续，并承担本案诉讼费用。

被告江苏省兴化市教育局辩称，按照《关于中等师范招收中小学民办教师有关问题的通知》及答复意见的相关规定，对举报的原告违反计划生育问题应该进行调查。而自己对原告是否违反计划生育问题的调查与原告未能收到学校入学通知书的问题没有任何关系。另外，根据《行政诉讼法》的规定，人民法院的受案范围内并不包括办理入学手续的类型，补办教师进编的要求也不属于行政诉讼受案范围，被告也不存在行政不作为的问题。

被告江苏省泰州市教育局辩称，兴化市教育局与泰州市教育局是分属于江苏省两个不同级别的行政机关，职权各不相同，并没有共同行使职权的权力。根据江苏省教育厅《关于中等师范招收中小学民办教师有关问题的通知》（苏教师［2000］21号文件）第7条第2款的规定，只有江苏省教育厅才有招生录取的审核权，原告起诉的两被告并没有该项权力；原告起诉的第二被告江苏省泰州市教育局主体不适格。另外，根据《行政诉讼法》的规定，人民法院的受案范围内并没有包括民办教师转为国家计划内公职教师的类型，遂请求法院驳回原告起诉。

法院经审理认为，江苏省教育厅将现有中小学民办教师招收为中等师范学生的计划是为了稳定该省苏北偏远农村中小学师资队伍、提高教师的整体素质进行的在职教育和培训。该计划针对的是作为该省教育行政系统内部人员的民办教师，这与民办教师转为国家计划内公职教师的教师进编行为一样都属于教育系统内部实施的行政行为，根据《行政诉讼法》的规定，内部行政行为不属人民法院的受案范围。且根据苏教师［2000］21号文件的规定，只有江苏省教育厅享有中师民录取工作的最终审核权，而本案录取原告的单位不是江苏省教育厅，而是江苏省泰兴师范学校，因为江苏省兴化市教育局和江苏省泰州市教育局都没有发放入学通知书的法定职责，所以两者都不能作为被告。依照《行政诉讼法》（1989年）第12条和《最高人民法院司法解释》第44条第1款第（一）项、第63条第1款第（二）项的规定，该院于

2003 年 8 月 15 日作出裁定：驳回原告孙某某的起诉；本案诉讼费 100 元，由原告承担。一审行政裁定送达后，依据相关法律规定，在法定期限内，当事人均未向上级法院提起上诉，行政裁定生效。

另外，兴化市人民法院还认为，经调查核实江苏省兴化市计划生育行政主管部门具有证实原告是否存在违反计划生育政策行为的职权。原告在行政诉讼中提供的证明材料，因为由该市竹泓镇计划生育服务站出具，由兴化市计划生育局加盖公章，所以可以证明情况属实，经开庭审理质证双方当事人均无异议，应当作为认定原告没有违反计划生育政策行为的有效证据。尽管本案行政裁定已经发出并且生效，但是为了维护社会稳定，防止讼累，妥善处理原告的中师民入学问题，该院向江苏省兴化市教育局发出司法建议，并建议该单位尽快向上级教育行政主管部门报告，并将上述司法建议函抄送至泰州市教育局和江苏省教育厅。2003 年 10 月，原告孙某某收到了入学通知书。

通过基本案情可知，该案并不复杂，主要分歧就在于原告的诉讼请求是否在法院受案范围之内、两被告是否适格。虽然本案中所诉的行政监察行为不在法院受案范围之内，但是行政监察行为持续存在且始终不做出结论肯定会影响当事人的合法权益。如本案中，原告在行政诉讼中已经提供了由该市竹泓镇计划生育服务站出具的证明材料，该材料还加盖了兴化市计划生育局的公章，以证明情况属实，经开庭审理质证双方当事人均无异议，应当作为认定原告没有违反计划生育政策行为的有效证据。但是被告却迟迟不对此调查做出结论。故而，兴化市人民法院在驳回原告起诉的同时，针对被告的行为提出司法建议，并将司法建议涵分别抄送到泰州市教育局和江苏省教育厅，最终妥善处理了原告的中师民入学问题。

司法实践中，由于审理对象的特殊性行政审判可能遭遇挫败，但是这并不意味着人民法院会完全顺从行政机关。多数时候，法院仍然在尽力维护司法活动的价值、独立和权威，仍然希望能担负起监督和制约行政机关的重任。那么，人民法院将如何应对呢？面对特殊的背景和需求，中国法院的司法运作表现出了独特的逻辑。其中，司法建议书就是法院行政审判庭采取的一种应对策略。即除了法院与行政机关在行政审判开庭前和闭庭后的私下沟通交流外，行政审判庭还会以法院的名义针对某些特殊行政机关的某些行政行为提出司法建议，并送达正式的司法建议书。通过司法建议，法院由原来的直接对抗行政机关变为了运用建议的形式来规范行政行为。一方面法院“维持大局”，实现了与行政机关一起在党的领导下共同治理国家的功能；另一方面，又通过“指出不足，寄以希望”，实现司法机关特有的工作职能和运作逻辑要求，对行政机关的具体行政行为进行了法律监督，实现“依法治国”对司法机关的要求。在司法建议书中，这两个方面被很好地结合在一起：既让行政机关脸面好看，也在实际上“纠正了行政机关的做法”；既坚持了“法律的政治化”，也响应了“依法治国”的号召，达到了“政治的法律化”；既体现了法律治理的“社会效果”，又履行了法律本身司法监督的功能，实现了“法律效果”。

为了纠正过去仅仅对行政行为进行合法性审查的单向思维，2015 年颁布的《行政诉讼法》明确将“解决行政争议”作为行政诉讼的一个价值追求和主要目标。行政判决因为过于刚性，多数时候让行政机关难以接受，其结果就是不能充分化解行政争议，不能达到“案结事了”。反过来，对相对人来说，有时也能得到实惠。随着社会转型的逐渐深化，面对不断增多的官民冲突和纠纷，单纯依靠审判已经无法完美地处理和解决行政纠纷。法官在行政诉讼过程中必须选择更灵活的诉讼机制，通过司法建议[1]等各种柔性手段弥补判决的不足。在中国，行政审判法官要想实质性解决行政争议，实际上是要处理好司法、行政和民众三方的关系。司法建议的出现正是我国法院角色分裂的反映，一方面作为审判机关，必须要严格审查进入行政诉讼程序的各类行政案件并作出权威的裁判；一方面却又因为司法权威有限，不得不以建议书等比行政判决更委婉的表现方式规范和监督行政机关的行为，以完成维护社会和谐的使命。

（二）数量巨大的和解撤诉案件

在行政诉讼过程中探索并实行“和解撤诉”方式，鼓励当事人双方在平等协商的基础上达成和解协议，在妥善解决争议的前提下通过向法院提起撤诉的方式结案，兼顾多方利益，尽力实现法律效果与社会效果的统一，是人民法院所倾向采用的方式。虽然在二十多年的司法实践中，原告的撤诉率也曾经历了大起大落，但是通过原告撤诉的方式结案的数量比以移送、驳回起

〔1〕 行政诉讼中的司法建议是指，人民法院针对在行政审判活动过程中所发现的、与案件有关但不宜由法院直接处理的问题，向有关国家行政机关提出建议要求其予以处理的活动。

诉、终结诉讼等其他结案方式数量的总和还高，始终是行政诉讼结案的主要方式，撤诉率总是与法院的立案率同起同落。据统计，1987年，行政诉讼的撤诉率为21.3%，之后不断上升，到1997年已经高达57.3%。1997年之后，尽管撤诉率出现明显回落，但也一直保持在30%左右。这几年，在“和谐社会”的背景下，行政诉讼撤诉率再次上涨。根据资料显示，2010年，一审行政诉讼撤诉率已经接近一半，达到44.5%。〔1〕地方法院擅长使用撤诉结案也是不争的事实，如山东省法院2013年就有11 988件一审行政案件是以和解撤诉方式结案，撤诉率超过一半，高达66.5%。〔2〕山东省高级人民法院副院长叶赞平介绍说，以和解撤诉方式结案较好地实现了定纷止争和行政争议的实质性解决。北京市高级人民法院白皮书也表明，2013年近1/3的行政案件是通过协调和解妥善解决的。北京市高级人民法院副院长吴在存指出，对待矛盾尖锐、长期涉诉信访、对社会影响较大的复杂行政争议，可以充分发动行政机关的力量，做好协调和解工作，化解争议，达到案结事了人和的效果。〔3〕

法院的实用主义态度和工具主义职能促进了和解的倾向。法官通过法律技术和日常权力技术达到了纠纷解决的功能。对此，法官们毫不隐讳，“诉讼中的调解有利于案结事了，当事人息诉后一般不会再上诉、申诉，也不再缠诉；执行难的问题也迎刃解决，不但能够提高人民法院的工作效率，而且能够达到良好的社会效果，有利于维护社会和谐。”〔4〕在最高院印发的优秀调解案例里，在对“连城县鑫都矿业有限公司诉福建省国土资源厅等行政许可及行政赔偿案”（福建省高级人民法院［2009］闽行终字第35号）一案进行点评时写道：“福建省高院转变司法观念，创新司法手段，采用了行政协调的方式处理纠纷，妥善化解了行政争议。福建省高院在行政协调过程中的成功经验主要有三个：第一，在坚持合法性审查原则的基础上探索和运用‘和解撤诉’，在法律的框架下鼓励当事人双方平等协商，达成和解协议，妥善化解行政争议，实现法律效果与社会效果的有机统一；第二，严格按照法律规定确

〔1〕何海波：“困顿的行政诉讼”，载《华东政法大学学报》2012年第2期。

〔2〕“山东高院公布十件典型行政案例”，载《法制日报》2014年7月3日。

〔3〕周斌：“多地法院发布2013年度行政审判白皮书”，载《法制日报》2014年9月1日。

〔4〕范愉：“法院调解制度的实证研究”，载王亚新等：《法律程序运作的实证分析》，法律出版社2005年版，第221~223页。

定损失的程度和范围以及应赔偿的数额，积极找寻双方利益的契合点，促使双方当事人通过不断调整，逐步缩小与预期的距离，奠定协调结案的基础。第三，在作出行政判决前积极探索和运用‘司法建议’”。由法院明确指出被诉行政行为的违法和不当之处，表明态度，促成行政赔偿，充分发挥司法的能动性。在“玉溪某运输有限公司诉河北省政府某部门要求依法确认被告所属收费站违反规定多收取原告车辆通行费案”中，[1]由于原告玉溪某运输公司出示的证据相对充分，如果这个案件没有被很好地处理和解决，那么就可能引起一系列连锁反应，类似的行政纠纷可能不断被诉至法院，造成社会上的不良影响。故而，为了彻底解决这个问题，法院在行政案件的审查阶段就积极与被告进行沟通，听取意见，相互交流，并提出司法建议。而涉诉行政机关也能够面对现实，及时主动纠正自身存在的问题，最终使纠纷得到化解，案件协调解决。本案从立案到最终结案仅仅用了 11 天时间。在这个过程中，原告对法院和法官积极协调、解决问题的做法，深表谢意，还向该法院赠送了锦旗。

于是在案件审理过程中，和解与撤诉成为行政诉讼审判中的常态。2012 年全国最高人民法院发布了《全国法院十大调解案例——最高人民法院关于印发全国法院优秀调解案例的通知》（法［2012］101 号），号召全国各级法院学习和借鉴。“我国行政诉讼撤诉率居高不下的深刻原因还在于当前行政审判缺乏良好的实施环境……行政诉讼中的撤诉可以说是法院和原被告之间的一个中止诉讼的‘合谋’。”[2]所谓“和解协调”和“服务性司法”并不是法院自甘丧失司法中立地位的体现，而是考虑到中国特有的国情和司法文化，不得不照顾行政机关的面子和可接受度，从而只能“曲线救国”，通过调解、司法建议等比较柔性的司法方式指出行政机关的不足，以更顺利地规范行政行为，促 进行政机关“依法行政”。同时，被诉行政机关基于对自身不当之处的羞耻也可能对法律和法院产生敬畏之心，态度更加友善，更有效地处理行政争议。在我国，行政诉讼中的和解已经不仅仅体现出纠纷解决的社会功能，而且还反映出中国法律制度的历史文化传统和技术的某些特点。行政诉

---

〔1〕 雷德亮等：“车辆通行收费引发行政官司 政府部门接受建议知错则改”，载《人民法院报》2010 年 8 月 15 日。

〔2〕 何海波：“行政诉讼撤诉考”，载《中外法学》2001 年第 2 期。

讼中的和解既具有纠纷解决型司法的社会功能，又体现了一种具有悠久历史的法律传统，[1]这种法律传统的适用表现了调解文化的连续性，同时调解还兼备了党在特殊历史时期改造社会的政治功能。[2]也就是说对中国调解问题的研究，应存在功能主义与文化解释两种研究视角。如果把现代性背景下的司法和解（调解）置入中国的国家政权建设与权力关系重组的场域中，注重分析国家与法律的关系，关心政治意识形态中法律的治理化，可以得出调解是国家治理的方式和工具，是国家权力延伸的手段。调解，尤其是司法调解，是一种政治的法律化，是中国特色的“权力治理方式与法律的加速沟通”。[3]

三、行政诉讼柔性司法解决机制的成因分析

（一）能动司法观念之兴起

司法发展至今，已然出现了两种不同的理论支持，分别为司法能动主义[4]和司法克制主义。司法能动主义是指司法可以适度主动地介入社会生活，法院和法官在法律允许的范围内可以更多地追求公平正义，可以通过司法对于各类不公的社会现象提供救济。司法克制主义则认为司法权力应该是消极被动的，司法权的行使是十分严谨的过程，法院和法官只能严格按照司法规则作出判断，不关注案件发生的背景和“情理法”，只追求案件的形式主义正义。那么，现代社会该如何取舍这两种截然不同的观点和理论呢？从理论上讲，如果采用司法克制主义，绝对消极被动地服从法律规则，很可能出现判决结果的形式合理和实质正义的丧失，这是因为：第一，人类对于语言和概

---

〔1〕 关于调解的中国法律传统的研究，参见［美］柯恩：“现代化前夕的中国调解”，王美红译，载强世功编：《调解、法制与现代性：中国调解制度研究》，中国法制出版社2001年版，第88~116页。

〔2〕 对调解在中国特殊时期的社会功能与政治功能的研究，参见陆思礼：“毛泽东与调解：共产主义中国的政治和纠纷解决”，“邓小平之后的中国纠纷解决：再谈毛泽东和调解”，载强世功编：《调解、法制与现代性：中国调解制度研究》，中国法制出版社2001年版，第117~203页，第264~309页。

〔3〕 季卫东：“调解制度的法律发展机制——从中国法制化的矛盾情境谈起”，载强世功编：《调解、法制与现代性：中国调解制度研究》，中国法制出版社2001年版，第51~60页。

〔4〕 司法本是人有意识的活动，当然会有人的主观能动性，这里所说的能动司法，并不涉及司法有没有能动性的问题，而是涉及司法有多大能动性的问题，研究的是司法对经济社会生活的介入、对诉讼的干预以及自由裁量权行使的问题。如果司法在这些方面表现出更为积极主动的取向就是能动司法。公丕详：“当代中国能动司法的意义分析”，载《江苏社会科学》2010年第5期。

念的理解总会存在或多或少的偏差，司法条文即使规定得再明确，对于一些棘手的案件，法官适用起来可能还是存在困难。第二，字面的逻辑性与生活的现实性是永远无法完美契合的。生活中不仅仅存在各种僵硬的法律规则还存在各种文化、风俗、政策、传统、道德等，若只考虑冷冰冰的条文，而忽略人类的心理和情感，那么所作出的评判将是难以服众的。第三，大部分案件的背后都涉及多方面的利益牵扯。如果仅仅只考虑司法条文所顾及的国家利益和公共利益，而置其他利益于不顾，从单一方面去评判，那么社会对这样的裁判结果接受度肯定不高。第四，由于当事人具备不同的法律素养和法律知识储备，对审判的过程和裁判结果的认知也不完全相同，如果仅以司法条文判断是非曲直，而不对诉讼过程进行一定的释明，就有可能因为当事人对审判的误解而引发社会公众的不满甚至反感，从而阻碍实体公正的实现。[1]司法制度之所以能得到广泛普及，不仅是因为它为具体案件制作了一个模板，同样也因为它的出现为社会公平公正奠定了基石，有助于社会公平正义风气的传播。只有通过对个案的审理和裁判实现社会的公平公正，才能实现司法的普遍正义，整个社会才能对司法产生信任。“普遍正义”不是仅仅局限于个案的公平，而是通过个案的公平正义实现、拓展和升华促进整个社会的公平正义。总之，能动司法对于中国的行政诉讼而言是必需的。事实上自 2008 年金融危机出现以来，面对严峻的社会现实和形势以及越来越艰巨的司法任务，“能动司法”的理念也被最高人民法院提出。与此同时，大部分学者对“能动司法”这一概念的提出也持赞同意见，认为能动司法能让审判的过程和结果更加合理，于是能动司法就在包括“行政诉讼”在内的所有诉讼类型中获得了存在的正当性。

但与西方国家相比，能动司法的概念和意义是不一样的。西方国家实行的能动司法侧重于法官对具体案件进行审理时，不仅仅拘泥于先例或者是司法规则的表面含义所反映的司法理念和司法行动。法院和法官要发挥充分的主观能动性，在审理具体案件时要考虑案件背后所隐藏的人性、情感、伦理、事实，综合平衡，最后作出判断。这种方式更能回应社会的价值取向和需求，

---

〔1〕 公丕详：“能动司法与社会公信：人民法院司法方式的时代选择——‘陈燕萍工作法’的理论思考”，载《法律适用》2010 年第 4 期。

提高公众对裁决结果的可接受度。[1]按照本意，司法能动性是指法院和法官在处理具体案件时，要将法律规则与政策、伦理、道德、社会影响、法律原则、案件的事实等各类因素融合在一起，进行综合权衡，最后确定结果的一种处理方式。但是，目前由于各地法院对于能动性的提倡和加强，中国司法实践中的"能动司法"已经不再仅仅局限于裁判意义上。最高院2007年颁布的《最高人民法院关于加强和改进行政审判工作的意见》（法发［2007］19号）指出，要妥善处理人民内部矛盾，积极维护行政管理秩序，保证社会和谐稳定。在当前群体性事件比较严重的新形势下，法院要更重视行政争议的妥善化解，促进社会和谐发展。可见，我国司法机关实施法律的主要目的是"为人民司法、为大局服务"，这不仅仅关乎司法裁判的规则问题，更是一种审判的方式，司法的理念，是通过司法解决问题的基本立场和态度。"能动司法"是法官履行职能上的能动，是对整个国家社会发展的回应。因此，虽然我国和西方国家实行的"能动司法"都强调法官的能动性。但是两者的实现方式、价值追求并不相同。前最高人民法院院长王胜俊提出我国能动司法最明显的两个特点就是高效性和服务性。[2]也就是说我国的"能动司法"是综合运用利益平衡、柔性司法、政策考量等方式和手段实施司法审判职能的司法；是为了促进经济发展和保障社会和谐，维护民众合法权益的服务型司法；是根据国家社会经济发展的要求，防微杜渐，争取把矛盾和冲突消灭在起始状态的高效型司法。"当代法院除了传统的纠纷解决功能之外，还应当具备平衡和制约国家权力、参与公共决策制定等其他延伸性功能。"[3]作为响应"能动司法"理念的一项主要举措，行政诉讼柔性司法就是通过分析具体某一个或者某一类行政案件的特性，在监督行政权力、促进依法行政的同时，积极研究和拓展行政审判的服务性功能，从而尽量顺应社会发展的需求。由此可见，"能动司法"理念的兴起标志着行政审判方式和立场的重大调整和改变，这一变化有利于司法与行政之间的良性互动，从而为行政诉讼调解、司法

---

〔1〕 Henry Campbell, *Black's Law Dictionary*: *Definitions of the Terms and Phrases of American and English Jurisprudence*, *Ancient and Modern*, 6th ed. West Publish Co. 1990, p. 847.

〔2〕 2009年8月28日最高人民法院院长王胜俊在江苏高院调研座谈会上的讲话。

〔3〕 左卫民、周长军：《变迁与改革——法院制度现代化研究》，法律出版社2000年版，第95~105页。

建议等制度提供生存和发展的空间。〔1〕可以预见的是，在未来相当长一段时间内，“能动司法”都将占据我国司法理念的主导地位，包括司法建议、调解在内的多种体现服务性司法的柔性司法措施也必然会在司法实践中得到广泛的运用。

（二）纠纷解决的多种途径

纠纷解决过程的类型化由两条相互交叉的基轴组成。纵轴表明了纠纷的解决是依靠对第三者有拘束力的“决定”，比如审判，还是通过当事人之间的“合意”，比如和解或者调解。这条轴看起来体现了“合意”与“决定”两种纠纷解决取向的对立，但实际生活中这个区别是流动的，而非决然两分的。现实中所观察到的纠纷解决类型往往是两者不同程度的混合。并且，由于社会环境的变化、各方力量的悬殊以及各个主体动机的不同，纠纷解决的过程实际上也是在这条轴的两极间移动。（如图 2）将现实生活中的纠纷解决过程以合意还是决定完全区别开来是没有可能性的。因为在纠纷解决的过程中，许多因素相互混合，并且混合的深度和范围会随纠纷各方利益的变化、他们之间的力量对比关系，纠纷与纠纷的关系等因素的不同而形态各异。〔2〕

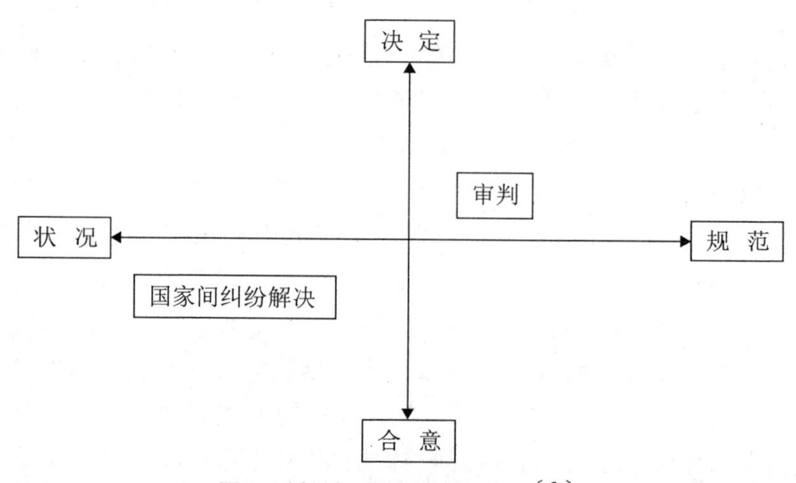

图 2　纠纷解决过程的类型轴〔3〕

---

〔1〕 章志远：“我国行政诉讼司法建议制度之研究”，载《法商研究》2011 年第 2 期。

〔2〕 [日] 棚濑孝雄：《纠纷的解决与审判制度》，王亚新译，中国政法大学出版社 1994 年版，第 14 页。

〔3〕 [日] 棚濑孝雄：《纠纷的解决与审判制度》，王亚新译，中国政法大学出版社 1994 年版，第 9 页。

通过“合意”解决纠纷，是指双方当事人通过互相协商，对纠纷解决的方式、内容、程度等达成了一致，化解纠纷的过程。[1]当下，我国处于社会转型期，社会的激烈变革和经济的快速发展必然导致利益格局的复杂多元和社会结构的进一步分化，与此同时，各种发展之间的失衡、政府决策的失当以及利益分配的不均又会造成不同群体间的利益冲突进一步加深。从某种程度上说，我国当下已进入了社会矛盾的多发时期。目前中国的行政纠纷主要呈现出两大特征：一是虽然一些行政争端看上去只是某个相对人与特定的行政机关之间的纠纷，但其实在争端的背后代表着某类群体与行政机关的冲突，典型的如因土地征收、房屋拆迁、企业改制而导致的行政争议背后就隐藏整个失地农民、待补偿民众、下岗职工与行政机关之间的冲突。如果不能及时、有效地化解这些行政纠纷，就可能引发群体性事件，成为社会不安定的因素。二是，大多数行政案件都牵涉到民生保障领域，是否能妥善处理这些行政纠纷意味着作为弱势群体的行政相对人能否摆脱困境，不成为社会动荡因素。行政判决是一种比较刚性的纠结处理方式，行政判决虽然能够达到“定纷”的效果，却未必能够起到“止争”的作用，更无法保障“案结事了”。站在行政相对人的角度，他们希望法院能够“明辨是非”，也希望获得“实惠”。因此，对相对人而言，行政判决有时候并不是唯一的选择，也不是首要的选择。于是乎在当前和谐社会背景下，法院的司法政策也发生了调整和变化，各地法院更加推崇柔性的司法处理方式，司法建议、和解撤诉等方式的运用更加频繁，司法实践中行政诉讼的撤诉率也进一步上升。虽然从理论上讲，行政判决方式仍然应该是通过行政诉讼处理行政争议的最重要的方式，但是由于行政争议自身的特殊性使得在行政诉讼中不能完全依靠单一的司法救济手段，判决方式之外的行政争议解决方式反倒被更多地寄予期望。最高人民法院《二〇一〇年人民法院工作要点》（法发［2010］1号）文件指出，要积极贯彻实施“调解优先、调判结合”的原则。将调解工作贯穿整个案件处理过程，达到“案结事了”。要完善诉讼程序与其他非诉纠纷解决方式的协调与配合。重视司法建议、调解等柔性司法方式的运用，引导行政纠纷双方当事

[1] 比如，当事者或者利害关系者通过自由的讨价还价达成了合意，从而终结纠纷的谈判（即交涉）过程。在那里，纠纷过程的参加者都有自己的利益，为了最大限度地实现自己的利益而动员一切可以动员的手段。通过这种自由的讨价还价达成的合意就称为妥协的解决。

人在相互体谅和理解的基础上达成共识，相互协调，案结事了，弥补了行政判决方式的不足。可以预见，为了满足妥善化解行政争议的现实需要，以司法建议、调解制度为代表的柔性司法方式在我国的司法实践中还有更广的应用和发展的空间。也正是在我国行政争端复杂多元，各类矛盾比较激烈的背景下，司法建议、调解等这些柔性司法方式才能够得以充分的体现和发挥。

（三）回应行政审判尴尬之处境

理论上讲，《行政诉讼法》的制定与颁布代表着法律制定者希望通过有限的司法审查权规范和抗衡行政权的愿望。“行政诉讼的实践证明中国人在尽力改变原有关于权力的认识，开始意识到对权力控制的最好方法就是以权力制约权力，只有通过司法权与行政权的对峙和合作才能实现社会的总体目的。”〔1〕2015年颁布的《行政诉讼法》第1条删除了“维护”行政机关行使职权的内容，保留了“监督”行政机关行政职权的内容，改变了过去维护和监督并存的局面，明确了行政诉讼的目的是监督行政权。尽管如此，我国“弱司法、强行政”的体制格局也必然会影响甚至阻碍这种对抗式的行政诉讼制度的推行和适用。二十多年，行政诉讼制度发展所经历的曲折也已经印证了这一点。在社会矛盾加剧、司法权威受挫的当今中国，行政审判日趋尴尬：一方面是行政机关认为人民法院没有为国家大局服务，一方面是人民法院也不断遭受民众的指责，认为其不能充分保障公众的合法权益，且行政审判法官自己也会因为缺乏理想的外部司法环境而心生抱怨。面对来自社会各界的不满和异议，近几年来，人民法院的选择不是让自己与行政机关更加疏远，而是主动寻求各界更多的理解和支持，其中一种重要的方式就是通过“柔性司法”方式参与进来，回应社会，为各界提供更多服务，同时指引行政机关更加合法、合理地行使行政权力。比如2007年12月27日，福建省首开先河，由省政府法制办与省高级人民法院签订了《关于建立行政审判与政府法制工作良性互动机制座谈会纪要》，确定了省政府法制办与省法院行政审判庭良性互动的具体内容和措施，正式建立了政府法制工作与行政审判良性互动机制，并且也取得了良好的效果。资料表明，从福建省在全国率先建立司法与行政良性互动机制以来，全省各级法院共受理各类行政案件21 627件，其中一审案件

〔1〕陈端洪：“对峙——从行政诉讼看中国的宪政出路”，载《中外法学》1995年第4期。

14 272件，审结 13 725 件，结案率为 96. 16%；其中，行政机关败诉的案件占 8. 17%。[1]可见，尽管人民法院和行政机关之间的互动还存在着相互竞争、斗争甚至抵制，但是人民法院也确实通过司法方式的不断创新，监督和规范了相当数量的行政行为。只有在行政诉讼中减轻被诉行政机关的压力，人民法院才能获得行政机关更多的理解与支持。能够肯定的是，随着传统行政审判模式的变迁，这些制度创新注定将会在我国司法实践中获得更为广泛的适用空间。《最高人民法院关于加强和改进行政审判工作的意见》（法发［2007］19 号）明确指出，人民法院审理由社会热点和敏感问题引起的群体性行政争议，如农村土地征收、资源环保、劳动和社会保障、企业改制、房屋拆迁等案件时，要尽量采取协调处理的方式，尽力将案件处理的负面影响降低到最低限度，竭力防止因工作方法不当导致矛盾的进一步激化或者转化。同时，最高人民法院还陆续发布了一系列有关的司法文件，这些司法文件中反复提到“建立司法权与行政权的良性互动机制”“建立健全民意沟通的表达机制”“积极争取党委和政府的支持”“善于利用现有体制提供的各类资源”等措辞。通过这些措辞我们可以了解到行政审判在现行体制中艰难的挣扎状态；了解到法院在夹缝中谋求生存和发展的用心良苦；了解到法院对开放合作型司法所寄予的厚望。在开放合作型思路的指导下，这些功能各异的柔性司法方式有的为行政争议的协调化解牵线搭桥，有的为民众的合法权益提供间接司法保障，有的为行政机关改善管理、弥补缺陷出谋划策，总而言之，让行政诉讼的运作能够更积极地接近社会现实需要，回应公众的诉求，以共同警示和防备可能出现的社会矛盾和冲突。柔性司法的号召很快得到了地方各级法院的积极响应。具体说来这些创新的柔性司法方式主要包括三种类型。

首先是司法建议的运用。早在 2007 年 12 月 17 日最高人民法院的司法文件就进一步明确了法院主动建议被告改变其具体行政行为的问题，2008 年，最高院作出的《关于行政诉讼撤诉若干问题的规定》（法释［2008］2 号）又对这个问题再次作了规定。[2]可见，最高法院不仅以法律解释让人民法院提

---

〔1〕 吴亚东：“福建：政府法院良性互动行政机关败诉率降至 9%”，载 http://www.legaldaily.com.cn/zt/content/2013-10/21/content_4946807.htm? node=41441，最后访问时间：2014 年 10 月 30 日。

〔2〕《关于行政诉讼撤诉若干问题的规定》（法释［2008］2 号）第 1 条规定，为达到妥善化解行政争议的目的，各级人民法院在行政审判中认为被诉具体行政行为存在违法或者不当情形的，可以在宣告行政判决或者行政裁定前，先建议被诉行政机关改变其所作的具体行政行为。

起司法建议有了法律依据，也将法院“建议被告改变行政行为”作为了处理行政案件、化解行政争议的一种新方式。正如《最高人民法院〈关于加强司法建议工作的意见〉的通知》（法［2012］74号）所指出的：“司法建议是法律授予法院的职责之一……在法院充分发挥审判职能的同时，更应当重视司法建议的运用，维护社会和谐稳定……司法建议可以深入推进人民法院的三项重点工作，不但是提升司法能力的重要手段，也是提高司法公信力的重要保障。”在行政诉讼运作过程中，当面临一些重大、疑难、敏感的普遍性与区域性问题或者涉及地方政府利益的比较棘手难办的案件时，都积极倡导人民法院主动与涉案行政机关联系和沟通，充分听取他们的看法和意见，努力为行政机关提出有效建议，以保障行政审判的顺利进行。当然，如果行政机关只是一味压制法院和法官而不愿意接受法官的建议，那么法官也会提醒这些行政机关一意孤行可能造成的不利后果（如群体性事件的暴发、民众上访等）。总之，就是利用这种带有服务性的司法方式，博取行政机关的理解和支持，尽量摆脱行政诉讼的困境。

其次是利用党委。早在2009年11月，最高人民法院颁布的《关于依法保护行政诉讼当事人诉权的意见》（法发［2009］54号）司法文件就已经明确指出：“人民法院要更加积极主动地争取党委的领导和人大的监督，以取得行政机关和社会各界的支持”。将地方党委作为挡箭牌，促进地方行政机关的依法行政，这在很多学者的调研中都有提到。如费丽芳在“我国行政审判现状管窥——以‘湖州市两级法院十五年行政诉讼’案件调查为例”一文中提到的湖州市中院法院和安吉区法院的例子。[1]以及贺欣在“法院推动的司法创新实践及其意涵——以T市中级人民法院的行政诉讼为例”中提到的T市的实践。[2]特别是在妥善处理群体性事件、拆迁等牵涉社会稳定和谐的案件中，对党委的依靠更是得到最高人民法院的积极支持。最高人民法院《关于妥善处理群体性行政案件的通知》（法［2006］316号）和最高人民法院《关于严格执行法律法规和司法解释依法妥善办理征收拆迁案件的通知》（法［2012］48号）中都明确提到，要紧紧依靠党委的领导，并主动及时地向当

---

〔1〕费丽芳：“我国行政审判现状管窥——以湖州市两级法院十五年行政诉讼案件调查为例”，载《浙江社会科学》2005年第3期。

〔2〕贺欣：“法院推动的司法创新实践及其意涵——以T市中级人民法院的行政诉讼为例”，载《法学家》2012年第5期。

地党委汇报重大案件的进展情况，在党委的统一领导下妥善处理争议，在党委的协调下依法解决问题。

最后是调解主义的运用。根据中共中央办公厅2006年作出的《关于预防和化解行政争议健全行政争议解决机制的意见》（中办发［2006］27号）的要求，各部门在化解行政争议过程中，要注重运用调解手段，并将之作为工作的重点。这就为法院行政诉讼和解处理方式的创造和建立提供了重要的筹码，为法院探索行政诉讼制度改革提供了重要的政策依据。于是，最高人民法院也对行政审判的理念和方式作出了相应调整，《最高人民法院关于当前形势下做好行政审判工作的若干意见》（法发［2009］38号）司法文件指出：要建立健全司法权与行政权的良性互动机制，重视行政审判中的协调工作，要善于在法律框架下，积极运用协调方式，将协调机制、和解机制贯穿行政诉讼的全过程，有效化解争议，维护社会和谐……人民法院要探索如何使沟通协调制度化和常态化，要规范并利用司法与行政的良性互动机制，争取各方支持，保障社会安定。最高人民法院也将全国法院优秀调解案例作为是广大法官审判艺术和司法智慧的结晶，以最高法院通知的形式向地方法院展示这些“典范”，号召地方各级人民法院学习。尽管2015年颁布的《行政诉讼法》已经就案件的调解做了修正，增加了可以调解的内容，但因行政法理论上的“公权不可处分”原则，行政诉讼中的调解对象仍然是有限的，对多数类型的行政案件仍然是明确禁止调解。于是在司法实践中就出现了，行政审判法官在审理中采用通过鼓励当事人撤诉来进行诉讼外调解的司法方式。根据统计数据，近年来，我国的行政诉讼撤诉率一直居高不下，其中非正常撤诉率尤其突出。在司法实践中，行政诉讼调解方式逐渐演变成了一条超出《行政诉讼法》规定的判决方式之外，但是又无法直接辨明法院司法态度的第三条道路。

四、小结

在现代法治社会，主要有两种解决社会纠纷和冲突的途径：第一是诉讼途径，即通过司法机关审理和裁判具体案件，处理纠纷。诉讼途径作为最终的救济方式应该具备很高的权威性；第二是诉讼外途径，主要是采取各种类型的调解。在这里人民法院并不是完全通过判决和裁定的方式来解决社会纠纷和冲突，人民法院的主要贡献不是行政审判，而是通过审判为所有交流和秩序提供服务，这些交流和秩序可能存在于私人之间，也可能产生于公共场合之中，而法院就是要让这些交流和秩序有一个规范的平台。[1]总之，通过对行政诉讼结案方式的考察和对行政诉讼实施环境因素的分析，我们可以了解到在当下中国，要求实现经典法治的程序主义还不是很现实，各种权力机构和组织体系的边界还没有良好地形成和划分。行政诉讼的法律实效和法律实现还存在距离，行政诉讼体现的不完全是法律所规定的监督行政职权和保障公民权益的功能，而更多是作为民众和政府对话和交流的平台，并逐渐演变成了法官说服教育、政府讨价还价、民众获得赔偿的非司法解决场所。就如学者汪庆华在其著作中所指出的，中国的法院和法官在行政案件中，为了处理各种复杂关系，使各个关系尽量平衡，在很多时候并不是以一个完全中立司法者的身份出现。而是在对不同部门利益的协调过程中，以非司法解决纠纷的方式呈现出来。[2]

---

〔1〕［意］莫诺·卡佩莱蒂：《福利国家与接近正义》，刘俊祥等译，法律出版社 2000 年版，第 132 页。

〔2〕汪庆华："通过司法的非司法解决：群体性争议中的行政诉讼"，载《政法论坛》2010 年第 4 期。

第六章

改善行政诉讼法律实效的路径分析

法律的生命在于其至高无上的权威，法律的权威在于其不折不扣的实施。颁布实施后的法律应该得到良好的法律实效，以避免法律形同虚设。作为法学理论的一个重要问题，法律实效的好坏直接体现了法律被执行的状况。

一、完善法律实效的一般方法

一般理论认为改善法律实效的方法有如下几种：第一，树立法律权威。伯尔曼说，"法律必须被信仰，否则它将形同虚设。"〔1〕如果法律规定仅仅停留在表面，不能内化为人们的主观意识，转化为人们的行动准则，那么所谓法律也不过就是"僵死的法条"。〔2〕树立法律权威一般可以从两方面入手。一是立法应该更具有实质理性。根据亚里士多德所言："所谓法治就是已经成立的法律获得普遍的服从，而大家所服从的法律又应该本身是制定良好的法律。"〔3〕"有法可依"是树立法律权威的前提。一般来说一部制定良好的法律除了应该具有形式合理性，比如法律本身要明确无歧义；法律的逻辑应该严密，前后协调；法律的规定要可预期，可信赖。更重要的是法律要具有实质合理性。这是对法律更深层次的要求。当前中国的法律大部分来自于西方，是通过法律移植建立起来的，那么舶来中国之后会不会出现"水土不服"的现象？有学者从文化论的视角对此表示怀疑。如梁治平教授在《死亡与再生——〈法律与宗教〉译后》里曾经提到，包括《宪法》在内的我国当代的许多法律制度虽然被设计和建立起来调整我国社会生活的各个方面，为构建现代社会奠定制度基础，但是由于这些法律制度本身代表着一种精神和价值取向，

---

〔1〕［美］伯尔曼：《法律与宗教》，梁治平译，三联书店出版社1991年版，第28页。

〔2〕［美］伯尔曼：《法律与宗教》，梁治平译，三联书店出版社1991年版，第64页。

〔3〕［古希腊］亚里士多德：《政治学》，颜一、秦典华译，中国人民大学出版社2003年版。

这些都需要在历史的沉淀中形成，并最终体现为一国的文化传统，而这些文化传统恰好都是我国所不具备的，甚至我们还有一些与之格格不入的固有文化。所有这些都是影响我国法律实效的因素，同时也阻碍了法律实现。因为“我们并不是渐渐失去了对于法律的信任，而是从一开始就没有信任过这些法律”。〔1〕不过很多人也强调，法律是否能够被信仰和执行，关键不在于该法律是不是舶来品，而在于法律所体现的内容是不是能够反映该国社会的普遍需求和利益。正如罗尔斯所言，“只要正义的制度存在并适用于我们，我们就会服从并为之尽力。”〔2〕因此法律要成为人们的内心信仰，就需要法律最大限度地尊重习惯和社会风俗并且符合社会的主流价值观，反映社会普遍和客观的需求。二是法律要具有可操作性。如果法律不被落实那就形同空文。要让法律具有操作性，首先就要让法律具有可诉性，即当人们的合法权益遭受侵害时，可以诉诸法院，通过展开诉讼获得救济，弥补损失。此外，更重要的是，法律要具有经济性。所谓经济性，就是指法律实践成本与收益的比例应该是合理的实践成本不能过高。具体地说，包括国家行政机关、司法机关和公民使用法律的经济性。任何公民在适用法律时都会考虑实践的成本和收益（这里的成本和收益既包括物质层面也包括精神层面），如果得不偿失那会让公民望而却步。行政机关和司法机关虽然是一个国家的社会公共服务机构，其运作需要依靠社会公共资源，但是也会有自身的价值追求和成本计算方式，如果相较于实践收益，成本过高，同样会影响法律的适用。

第二，重视法律动员。法律的实施运行需要全社会的集体参与，法律实效的一个体现就是社会对公民的接受和遵守。要让公民自己遵守法律，就要进行充分的法律动员。也就是说要调动人们利用法律系统中的知识、人员和程序等法律资源的行动和过程。〔3〕对我国来说首先就是要提高公民的法律意识，加强公民对法律的理解。在很大程度上，一部法律能否取得成功，关键就是人们对该部法律的认知、看法与评估。

第三，保障法律的执行。法律的执行与司法是属于法律的实施环节，是

---

〔1〕 梁治平：“死亡与再生——《法律与宗教》译后”，载《读书》1998年第3期。

〔2〕［美］罗尔斯：《正义论》，何怀宏、何包钢、廖申白译，中国社会科学出版社1988年版，第50页。

〔3〕 郭星华主编：《法社会学教程》，中国人民大学出版社2011年版，第297页。

体现一部法律的法律实效最明显的部分。①严格依法行政。我国的法律法规大部分都是由行政机关来执行的，要提高法律实效就必须要求行政机关以法律至上，公正合理地执行法律。行政人员要自觉维护法律权威，不能以权谋私、腐化堕落。②提高司法的独立与权威。“如果说法律是一个帝国，那么法官就是法律帝国的王侯，法院就是法律帝国的首都。”〔1〕司法是防止法律失败的最后一道防线，是法律实效最为直观的表现。通过司法取得法律实效就必须提高审判的独立性和权威性，提高判决和裁定的执行力。同时司法者也应加强自身法律素质，将公正、合理的审判作为自己的天职，捍卫社会的正义。

第四，重视法律与社会发展的共时性。法与社会的关系，传统理论一般存在两极化的理解：或者认为法律自治，甚至认为法律具有普适性机制，不随社会变化而变化；或者认为法是社会的产物，社会进化决定法律进化。卢曼认为，这两种理解都没有抓住法与社会关系的根本，法与社会进化是共时性进化的关系。〔2〕社会是一个有机整体，组成这个有机体的各个部分之间形成一种有机联系。各法律系统只是整个社会系统的一个组成部分，它在其中承担社会控制、社会整合的功能。法律系统与社会有机体的其他组成部分一起共同维护社会运行、维持社会秩序。法律的变迁引导整个社会变迁，社会其他部分的变迁也会导致法律系统的变迁。立法者如果对那些促进非正式合作的社会条件视而不见，那么可能造就一个法律更多但秩序却更少的社会。〔3〕而这也正是摆在处于社会转型期的中国所要正视的现实问题。法律现代化是一项系统工程，总是与其他领域的现代化联系在一起的。用系统论的视角来看，法律是社会大系统的一个子系统，其运行总是与其他子系统联系在一起的。法律现代化对社会整体现代化的体现和反映，其推进程度需要与政治、经济、文化、社会等其他子系统的发展程度相匹配。社会的发展和构建是很多制度的组成，制度与制度之间需要相互协调，有机统一；这些制度不仅仅包括成文的法律制度，还包括了社会中逐渐形成的风俗习惯、道德文化等这些非正

---

〔1〕［美］德沃金：《法律帝国》，李常青译，中国大百科全书出版社 1996 年版，第 361 页。

〔2〕［德］卢曼：“法律的自我复制及其限制”，韩旭译，载《北大法律评论》1999 年第 2 期。

〔3〕Robert Ellickson, *Order without Law*: *How Neighbor Settle Disputes*, Harvard University Press. 1991, p. 1, 286.

式的制度。[1]一个规定得再详细的制度也不可能是万能的。评价一个制度的好坏，不应仅仅局限于具体事件对错判断标准，而是要对该制度的总体作出评价，将该制度放在社会发展的历史长河中去考量。

具体到行政诉讼，笔者认为改善和提升行政诉讼的法律实效主要应该从以下方面入手。

二、树立行政审判的权威

如果法律不能充分解决因社会和经济的高速发展所带来的新型争端，人们就可能不会再把法律作为社会组织的工具之一予以依赖，而会转而找寻如腐败、肉体威胁、政治恐吓等其他解决争端的方法。一旦如此法律就将逐渐沦为与社会经济生活不相关的东西，政府也将再度失去引导和规范社会与经济发展的最有效手段。诉讼机制是其他纠纷解决机制的基础，一切非诉讼机制都要依赖于诉讼机制，只有在诉讼机制的法律背景和前提下才能进行。[2]

（一）避免行政诉讼程序的随意性

行政诉讼的司法和立法是两个方面的问题，尽管行政诉讼的制定需要放在国家历史和文化大背景下对待，但是对行政诉讼的具体运作和实施却不能全部只考虑法律之外的因素，而不考虑法律本身的规定，必须在法律的框架下追求其他的价值。如论文第二章所述，司法实践中，法院在很大程度上更看重行政诉讼的社会效果，司法的主要目标和基本价值就是对社会效果的追求。[3]但是什么是社会效果呢，以什么标准来判断司法的法律效果已经和社会效果有机统一了呢？是以司法的运作过程及结果是否符合国情，是否回应当地的现实需要来判断？还是以司法的过程和结论能否推动社会的发展和进步，能否通过司法结果引领未来的发展方向，而不是一味地迁就各方当下的利益为标准？还是以法律对社会的调整、规范作用是不是得到了实现，维护

---

〔1〕 苏力："制度是如何形成的？——关于马伯里诉麦迪逊案的故事"，载《比较法研究》1998年第1期。

〔2〕 RH Mnookin，L Kornhauser，*Bargaining in the Shadow of the Law：the Class of Divorce*，Yale Law Journal，1979，88（5），pp. 950~997.

〔3〕 日本学者加藤一郎与星野英一教授强调，"在利益衡量中否定法律家的权威，尊重一般人的常识，强调以实质性使得一般人信服"。段匡："日本的民法解释学（五）"，载梁慧星编：《民商法论丛》第20卷，金桥文化出版社2001年版，第361页。

了社会的稳定为标准？还是以司法的过程和结果是否让人民群众满意，社会舆论评价是否正面积极为标准？或许社会效果的标准本身就具有抽象性，标准不一，通过司法很难一一满足。

“平时审理行政案件，最怕遇上拆迁的案子。这么说吧，有些拆迁行为肯定是违法的。但你不能硬判，因为政府会来打招呼。我们扛不住，法院也扛不住，只能判这个拆迁行为不违法。当然，老百姓不答应，然后就上诉、上访，好，案子到了中院，中院不怕基层政府啊，就改判违法，其实这些我们都知道，实际上我们就是把这些困难推给中院。类似的案子我们去年就遇到三件，年终考评也受到影响。但我们又有什么办法呀。”〔1〕这个受访法官的叙述或许能让我们更深刻地体会到司法的“软肋”是如何形成的。在普通民众眼里，可能认为改判就是他们闹的结果，他们不会想到，这其实是基层法院的一种自我保护行为，司法的软肋就是人民法院自己在希望通过司法解决社会的全部纷争的过程中制造出来的。事实上，追求社会效果更多应该是立法考虑的问题而不是司法考虑的问题，《行政诉讼法》在立法之初就应该考虑法律条文的可实践性和目的性，这是另一个讨论的范畴。而作为司法即便是要追求社会效果也应当尽可能在立法的宗旨下追求，行政审判的社会效果必须是在法律规定的范围之内予以讨论，必须在法律的框架下追求社会效果的最大化，而不是一味地变通现有法律或者规避法律。在转型时期的中国，既应该强调司法的社会效果也应该注意维护法律的一致性、稳定性和连续性，对中国这样一个自上而下推行法治的国家，法的确定性、安定性、稳定性就是一个国家根本的社会利益和社会稳定的基础。虽然法官通常要容许源自逻辑、历史或习俗的法律沿它与生俱来的路线走下去，但是司法始终不能走得太远。〔2〕

行政诉讼的问题除了立法本身的问题之外，更大的问题在于切实地执行，这点在第四章律师对立法的看法时候也有提到，多数律师都对是否修改行政诉讼并不感兴趣。2015 年《行政诉讼法》的修改大多也是对已经规定的重复。比如 2015 年修法所主要针对的“三难”问题，其实在我国现有法律规定

〔1〕 张永和：“民意与司法”，载《云南大学学报（法学版）》2010 年第 5 期。

〔2〕 江必新：“在法律之内寻求社会效果”，载《中国法学》2009 年第 3 期。

中都是能找到相似规定的，有些甚至是常识性问题。[1]其实，目前中国的行政诉讼之所以遭遇多重困境，举步维艰，固然有行政诉讼制度本身不够完善、配套不够齐全、法律规定不够明确等原因，但最根本的原因还在于我国不够理想的司法实施环境不能满足法院真正独立行使审判权的要求。故而，如何改善法治环境，厘清人民法院内外部的关系才是根本。换句话说，就是要真正摆脱人民法院只是行政机关的附属物的观念，提高法院地位，树立司法权威。光是规定行政机关不能干预的手段是不够的，本书第三章也提到，行政机关干预的方式是多种多样的，有公开的，但更多是潜在的、隐形的干涉，而对这些法官都只会忍气吞声。要想纠正和取消一切以行政手段干涉和代替司法审判的形式，不仅仅是靠立法上的几个条文。自上而下地引导整个社会，引导民众在解决行政纠纷时更多地依赖法律，并通过公正司法，让民众在最终通过司法方式处理行政争议后更认可法律，共同营造通过法律和司法手段才能更妥善化解行政争议的氛围，避免民众形成行政干预能够解决一切问题的误区才是树立司法权威的根本。

总之，行政诉讼中的能动要有一定的限制。司法实践应该有所为，有所不为，提升行政诉讼法律实效的立足点应该是“司法能动”而不是“司法盲动”。在行政审判过程中，任何形式的“司法能动”都是在适用法律过程中的能动，都必须于法有据，而不是规避法律。但是，当下我国各级法院在行政审判过程中实行的“司法能动”有些就已经跳出了法律的框架，有些手段没有明确法律依据，有些手段甚至还与法律规定相悖。事实上，尽管法院有权通过司法判例来创新解决问题的手段，可以通过案例指导等制度来促进立法的发展，但是却不应该在行政审判过程中以政治效果、社会效果等法外因素

---

〔1〕 比如，对行政诉讼实践中的“立案”问题。可以说长期以来，我国《行政诉讼法》及其司法解释对立案的规定不是不明确，只是法院在受理案件时受到地方保护和行政干预，加上一些法院制定的立案“土政策”，让大量符合立案条件的起诉被人为排除在诉讼程序之外。现行《行政诉讼法》规定的立案登记制也只是解决了行政纠纷的诉讼入口，而当事人向法院提起行政诉讼，不仅要求案件被法院登记立案，更需要案件得到公正审判。行政诉讼立案登记制让大量案件进入诉讼程序，法院案多人少的压力必将加大。如果实施新制度后，案件审判质量和效率却得不到保障，这样的结果比法院不受理案件对当事人造成的侵害还要大，也与立案登记制的初衷相悖。再如 2015 年《行政诉讼法》修改所强调的行政机关不得干预法官审案，被很多人认为是此次修法的一大亮点，这一规定也确实具有积极意义。但是，这一规定其实是对常识的重复，党委和政府都不能干预法官审案，而从法律实践来看，任重而道远。

作为自己判案的标准，或者为了行政审判的顺利进行或轻易妥协于现实，或人为“变通”现行法律。

（二）提高行政案件判决结案的比例

实体判决率是一审行政案件判决数与一审行政案件结案数之比，一般来说，审判的司法监督职能发挥得越充分，实体判决率越高。但现实的情况却是对判决的最终性重视不够。如本书第二章和第五章所述，一半以上的行政案件是以裁定驳回或者和解撤诉的方式结案的，进入诉讼程序的行政争议大多并未获得真正的裁判，人民法院并没有对被诉行政行为是否合法下结论。司法实践中，行政审判法官不愿意甚至拒绝以裁决方式结案似乎已成为一种比较普遍现象。但是，放弃实体裁断，很大程度上就是对审判职能的放弃。“通过司法的非司法解决”之所以能够存在并且不断扩大，法院也起到了推波助澜的作用。那么，行政诉讼的参与各方是怎么认识这个问题的呢，以下是笔者就这个问题做的调研：

1. 行政诉讼参与各方对行政审判的基本立场

行政审判这种方式到底还有没有存在的必要和价值。根据笔者的实地调研数据显示，在问及“您是否同意下面的看法，‘行政审判只是一种形式，实际解决不了什么问题’”时，无论是民众还是行政人员还是律师都没有完全否认行政审判的作用，赞成“行政审判只是一种形式，实际解决不了什么问题”这种说法的百分比远远低于反对这一论断的人。尽管举棋不定，不完全同意的人数在三者中都占多数，但这至少说明三者对行政审判的信心尚存，行政审判虽不能解决所有问题，但是确确实实还是能解决部分问题。(如图3)

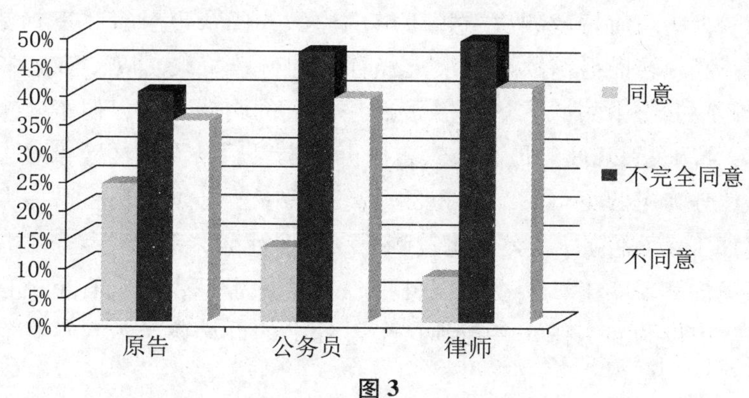

图3

在问及“您觉得行政审判的功能更应该是以下两种功能的哪一种？”无论是民众、行政人员，还是律师，认为应该将“督促行政机关依法行政”作为行政审判的首要功能的比例都大于认为行政审判功能应该是“解决行政争议”的比例（如图4）。这与最高人民法院的观点似乎存在差异。按照最高院这几年连续颁布的文件和修改的《行政诉讼法》第1条可以看出法院已经将实质性解决纠纷视为行政诉讼的首要功能。但是如果深陷行政争议中的当事人都认为行政审判该承担起监督行政机关的责任，那审判机关又该做何感想呢？

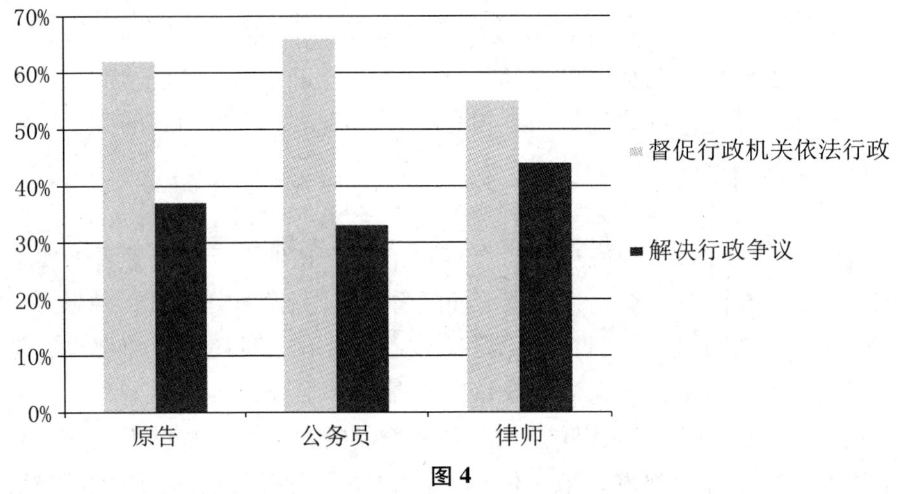

图4

2. 诉讼参与人对“和解撤诉”的满意度调查

或许因为法院对行政判决重视不够的原因，民众也对行政审判裁决的效力产生了怀疑，转而另辟蹊径解决已经存在的行政争议。以“和解撤诉”为例，尽管行政诉讼中的“和解”并没有法律上的明确规定，但事实上已经被践行多年，特别是2008年最高院颁布撤诉规定以后，许多法院都在实践中把受理的案件分为了两类，一类是为了提高结案率所必须采用行政审判方式结案的（比如工伤案件），一类是比较棘手，牵涉社会关系比较复杂的需要用和解撤诉的案件。事实上，所有的案件还没有开始审理，法官心里就已经事先有了偏好。但作为实实在在参与到这个过程中的诉讼参与人对这种解决纠纷的方式的评价却并不是很高。[1]从前面第四、五章我们也得出“和解”一般来说并非原告主动所为；尽管行政人员对其作出的行政行为的合法性较有自信，并且也不愿意参与到解决行政争议的漩涡中去，只是由于科层制下的各种压力，才不得不选择自己本不愿意选择的和解之路。那么诉讼各方是否对这种选择真的满意呢?

从某种意义上说，行政争议的解决程度不能同诉讼各方对结果的满意度画等号，通常意义上，我们说对某种争议处理结果很满意，那么可以推断确实是解决好了；但是如果说，某件事情解决了，不等于说我们对某件事情就非常满意了，“解决了”有可能是非常满意也可能是无奈之举。在问及：“在上次的行政诉讼中，您对和解撤诉的结果还满意吗”和“您认为‘和解撤诉’这种方式能否修复您和行政机关的紧张关系”时，代表行政人员对和解的结果满意度最高，律师最低，接近一半的律师认为和解结果只是勉强接受，原因我想和之前分析为什么律师认为和解没有完全解决行政争议的原因雷同。但是对比下表可以发现，尽管认为行政争议得到妥善解决的原告占到61%，但是对和解撤诉结果满意程度却只有47%，后者明显低于前者（详见表11、表12)。因此，原告口中的妥善解决或许并不是完美解决。

表 11

	原告	行政人员	律师
满意	47%	65%	38%
勉强接受	35%	29%	48%
不满意	17%	5%	13%

问题：在上次的行政诉讼中，您对和解撤诉的结果还满意吗?

---

〔1〕 从1987年到2012年，J区法院办理“和解撤诉”案件共计786件，涉及行政机关93个、行政相对人842个，涉及律师事务所10个。课题组在对每件撤诉案件查阅并准确登记造册后，针对原案诉讼参与人（包括原告、涉诉行政机关的承办人、代理律师）三者发放了1500份调查问卷，其中公务员600份、原告600份、律师300份，共收到有效问卷781份，其中原告195份，行政机关承办人381份，律师166份，比较准确地反映25年来当事人对行政和解撤诉的客观感受和评价。

表 12

	原告	行政人员	律师
可以	55%	40%	33%
修复部分	27%	47%	44%
不可以	17%	12%	21%

问题：您认为“和解撤诉”这种方式能否修复您和行政机关的紧张关系？

而从图 4 的结论可以看出，尽管大部分原告（55%）认为和解撤诉可以修复相对人和行政机关之间的紧张关系。但是作为行政机关代表的参诉公务员（47%）更多却认为只是“部分修复”，高出认为“可以修复”的百分比。为什么对和解撤诉满意度最高的行政机关会觉得和解撤诉不完全能修复相对人和自己的紧张关系呢？可以肯定的是每个人对“修复关系”的衡量标准是不一样的。首先，或许无论是和解还是判决，原告之所以提起行政诉讼，对行政机关之前的行政行为就肯定是有抵触情绪的，而这种不满意，或许会一直延续到结案后。很多时候，尽管行政争议已经，至少表面上看似解决了，但是原告情绪并没有理顺，还是憋着气。这里原因很多，但可以肯定这种负面情绪已经让行政机关有所察觉，因此在司法的过程中进行情绪干预很有必要。其次，尽管行政机关和原告达成了和解，但是由于和解并没有形成白纸黑字的协议，其本身也并没有法律上的效力，所以很难约束双方当事人，原告仍然可以重新就原来的行政行为提起诉讼。正如 R 行政人员曾提道：“当事人不诚信，说好的话又反悔，还上诉。”最后和解撤诉只能解燃眉之急。“遗留问题”是在我们的访谈中，公务员提到的最多的问题，他们大多认为通过和解撤诉也解决不了遗留问题。这里的遗留问题有的是行政附带民事的问题，有的是多个部门共同管理的问题。比如常见的房屋拆迁问题，虽然房屋拆迁是开发商和被拆迁人之间的问题，但整个地方政府其实对整个过程都会有或多或少的控制。从拆迁许可证办理到拆迁方案的制定，再到拆迁协议的内容，政府部门其实都参与其中，但又不仅仅是政府的某个部门或者某个人所为，而是一个相互牵制的过程。因此，要想彻底解决这种问题很不容易的。所以，诸如房屋补偿、土地征收、农村集体收益分配以及涉及群体性事件等敏感遗留问题单靠判决无法解决，但是单靠和解也是无法解决的。正如 Z 等律师所言，司法机关只是在和稀泥，并没有解决真正的困难。遗留问题解决不好，关系当然无法完全修复。从这点上说，在司法实践中，一味用“和解撤诉”等诉讼外的方式代替行政判决就值得商榷了。

3.“行政判决”具有其他非司法方式不可比拟的作用

第一，在行政争议的解决过程中，公民对制度的需求和制度的实际运行是存在差异的。尽管我国的当事人希望在发生行政纠纷时诉诸行政诉讼和行政复议等（准）司法渠道，但是实际上在行政争议真的发生时，却将容忍作为了解决问题的首选，上访等非司法渠道作为了主要解决问题的途径。[1]打官司难是全世界都面临的一个难题，即便是在美国这样的国家，诉讼的周期也很漫长，成本也很高昂。正因如此，ADR（Alternative Dispute Resolution）这种“非诉讼纠纷解决方式”才会出现并得以发展。但是和法治发达国家不同的是，ADR是国外民众主动积极选择的非诉讼方式，是有主观认同感的；而中国的庭外和解撤诉、涉法信访等却是一种由于制度缺失而被迫选择的无奈之举，是被动和消极的。所谓沟通理性，是指人们在进行沟通行动时预设的准则和条件，在交往的过程中，人们对于描述事实的真假规范的有效性乃至交流态度真诚与否，都可能提出质疑。在此情形下，提问者和被提问者往往展开论辩，以确认被质疑的有效宣称。在数百年的文明与进步发展的历史中，为建立解决纠纷的裁决机制，人类也动足了脑筋，从最早的神明裁判、决斗到近代文明的仲裁到最终才选择让诉讼作为解决纠纷的终极解决办法。因为只有经过质疑—论辩—确认的过程所达到的共识才是合乎沟通理性的。[2]要真正回应当事人的需求，归根结底还是该完善行政诉讼等司法渠道本身。

第二，尽管当下，从国家到最高司法层面都在强调诉讼中的“能动司法”和“大调解”，但是仍然还是要有所为，有所不为，努力平衡能动与消极、判决和调解的关系，而不是用一种倾向压倒另一种倾向。[3]体现法律的回应性固然重要，但体现“回应性”只是更重视司法的结果而非不要司法的过程。所谓能动司法只是在审判的方式上更加能动。司法能动的前提是司法的存在，

---

〔1〕 详见程金华：“中国行政纠纷解决的制度选择——以公民需求为视角”，载《中国社会科学》2009年第6期。在该篇文章里，作者利用“决定中国公民是否卷入行政纠纷的Logit模型”分析得出了上述结论。

〔2〕［德］哈贝马斯：《在事实与规范之间：关于法律和民主法治国的商谈理论》，童世骏译，生活·读书·新知三联书店2014年版，第203页。

〔3〕 苏力：“关于能动司法与大调解”，载《中国法学》2010年第1期。

而审判乃是司法之本，审判工作仍然应该是并将始终是法院的主要工作。即使大多数行政争议都可以通过和解等非诉方式解决，也不意味着所有行政争议都可以用和解来解决；哪怕是都能通过和解解决，也不意味着和解的结果一定都比审判更有效。这就是最高人民法院前院长肖扬所强调的“能调则调，当判则判”。如果在该判决的案件中强行和解，甚至在知道和解毫无结果的案件中还一定要和解，肯定是对司法的背离。

第三，任何公文都不能取代判决书的地位。在谈论行政审判中的司法建议时，学者汪庆华曾在自己的著作中表达了这样的忧虑：“将对行政行为合法性的判断以某种公文的形式代替，长此以往，会对整个诉讼制度的正当性造成不可小觑的损害。”〔1〕尽管，不可否认司法建议因为其具备灵活等特征，可以充分发挥柔性治理的优势，但是，如果所有行政行为的合法性都不再通过裁决来判断，让行政判决缺位，不再明确指出行政行为的违法之处，而只是用司法建议这种柔性司法的方式来应对，注定是危险的。当前，我国对程序违法的责任追究机制本来就不够重视，但是被诉的行政行为有很多恰恰又有程序上的问题，这些游离于合法与合理之间、违法与瑕疵之间的程序问题如果没有法律的有效追究，就可能出现尽管对当事人的合法权益伤害并不大，但是因为被反复经历所以这些不利益会日渐叠加起来造成对公共利益的巨大侵害。司法权与行政权之间的互动机制须呈“良性”状态，不能以“互动”的名义放弃或者侵犯其他法定权力。在司法独立尚未充分实现的今天，尤其要警醒司法机关和行政机关利用诸如司法建议等方式达到擅自改变违法行政行为损害信赖保护利益的情况发生，尽量保障司法审查权应有的功能与作用。根据德国有关法律的规定，判决是具有既判力的，而所谓既判力就是对内容的确定，它会阻止当事人就已经确认的相同事实产生新一轮的诉讼。〔2〕然而，司法建议并不具有判决才有的既判力。所以，“人民法院任何时候都应该谨守司法权与行政权的边界，与一些不应当介入的事项必须保持距离”。〔3〕

第四，法官应该是具备法律素养的专业技术型人才，追求“零判决”有碍法官对法律知识和技能的钻研，有碍法官司法专业技能的发展和培养，有

---

〔1〕 汪庆华：《政治中的司法：中国行政诉讼的法律社会学考察》，清华大学出版社 2011 年版，第 64 页。

〔2〕［德］弗里德赫尔穆·胡芬：《行政诉讼法》，莫光华译，法律出版社 2003 年版，第 255 页。

〔3〕 董礼洁、周欣：“行政性司法建议的法定功能与事实功能”，载《人民司法》2011 年第 3 期。

碍法官积极性的调动，有碍优秀审判法官的培养。“零判决”的追求拿捏不好就是对司法的折腾，对法官的折腾，而不是司法制度的自我完善。[1]加之，随着这两年法院对专业人才的大量引进，法官的人员构成也更年轻和专业，相对于追求“案结事了”的非诉手段更擅长于中规中矩的审判。而熟悉以非诉方式化解争议的法官也渐渐步入退休年龄。因此，如果过于强调和解等非诉方式的重要性也可能不利于充分发挥年轻法官所擅长的司法审判知识和技能。

第五，无原则的使用非司法手段，不利于司法的公信力和权威。以行政诉讼作为和行政机关对抗的工具，仍然是公众的选择之一。不应当假定当事人对和解和判决有什么特别的偏好。事实上，通过前面对图表的分析可知，当事人并没有否定行政审判的作用，也没有可靠的资料和数据显示通过和解结案比判决更好。中国社会对法治的信心，如果最终在他们走向法庭之后而归于破灭是一件很悲哀的事情，这个现象只会让中国的司法更加尴尬。这就是玛丽·加拉格尔在其文章《中国的法律动员：因了解而失望和法律意识的发展》中所提到的“因了解而失去魅力”。[2]如表5所显示，既然当事人都没有将解决争议作为行政审判的首要功能，司法机关又何必自己去蹚这趟浑水呢？司法是司法，政府治理是政府治理。司法本不该承担该由政府和社会承担的责任，尽管中国的法院一直认为自己担负着重要的纠纷解决和化解社会矛盾的责任，但其实就连在崇尚三权分立的美国，司法也没有能力承担这样的责任。“司法机关是三权中最弱的一个，它既不享有财权，也不拥有军权，社会上的财富和力量也不归其支配，故而，司法机关几乎不能采取任何主动行动。故可以正确判断：司法部门既没有强制也没有意志，而只有判断。”[3]所以，无论从理论上、实际承受力上、还是当事人的需求角度，司法机关都应该继续竭力维护其中立形象，以此增加自身的威信和法律的权威，而不是为了解决争议而偏向任何一方。司法意味着公正，要公正就必须和只能宣示立法者的意志，对被诉具体行政行为在充分审查的基础上依法作出公

〔1〕 董礼洁、周欣：“行政性司法建议的法定功能与事实功能”，载《人民司法》2011年第3期。

〔2〕 Mary E. Gallagher, *Mobilizing twe Law in China: Informed Disenchantment and the Development of Legal Consciousness*, unpublished manuscript, p. 27.

〔3〕 [美] 汉密尔顿、杰伊、麦迪逊：《联邦党人文集》，程逢如、在汉、舒逊译，商务印书馆1995年版，第391页。

正的判决。某种程度上，一味地迎合现实也可能加深当事人对法治和司法的不信任感。在原、被告实力悬殊，原告没有更多关系网络的情况下，公众仍然看重“打官司”这种救济手段。希望通过行政诉讼对抗行政行为，得到是与非的最终定论仍是人们乐意追求的结果。如果放任“和解撤诉”等非司法解决方式代替行政判决方式，只会进一步损及政府公信与司法公信。

德国学者胡芬曾经说过：“行政诉讼法既不是单纯的‘诉讼法’，也不是单纯的‘行政法’。它既是通过各种具体裁判去实现宪法和行政法的一种方式，也是公法上法律争议的法院程序法。”[1]纵观国外，各国行政诉讼制度在二战结束后，在“增加诉讼种类、强化权利保护功能、行政裁判司法化、扩大行政裁判权”等四个方面均表现出相同的发展态势。[2]确切地说，不管建构哪一种形式的行政审判，都有必要尊重行政审判制度的本质，避免行政诉讼的价值在任何旗号下被扭曲。不是放弃审判和判决，而是要建议政府和行政机关修改和完善相关考评机制，引导他们正确理解行政诉讼，公正评价败诉现象，尽量防止和消除由不合理的考评机制带来的阻碍和负面影响，如此才是树立司法权威的正道。

三、规范司法实践中的“和解撤诉”

自 1987 年基层法院审理行政案件伊始，“和解撤诉”便伴随产生。对此，许多学者已经从不同角度做了研究和解读，并从相应的立场提出了意见。[3]为了能较为准确地了解诉讼参与人的真实感受和见解，笔者以中国西南 J 区法院为考察对象，对曾在该院参与行政诉讼的参与人做了问卷调查和回访。

（一）行政诉讼各方对“和解撤诉”的基本立场

1. 行政诉讼各方对“和解”的选择

《行政诉讼法》（1989 年）第 51 条规定，在行政案件宣告判决或者裁定前，原告申请撤诉的，或者被告改变其所作的具体行政行为，原告同意并申请撤诉的，由人民法院裁定是否准许。（2015 年《行政诉讼法》第 62 条亦有

---

〔1〕［德］弗里德赫尔穆·胡芬：《行政诉讼法》，莫光华译，法律出版社 2003 年版，第 4 页。

〔2〕蔡志方：《行政救济与行政法学（一）》，三民书局 1993 年版，第 101 页。

〔3〕比如何海波：“行政诉讼撤诉考”，载《中外法学》2001 年第 2 期；解志勇：“行政诉讼撤诉：问题与对策”，载《行政法学研究》2010 年第 9 期；徐军、江厚良：“透视撤诉率：行政诉讼中实践与表达的背离　以法院/法官的行动选择为视角”，载《法律适用》2012 年第 2 期等。

同样的规定）可见申请撤诉的主体应该是行政诉讼中的原告也只能是原告。原告撤诉的原因一般都是因为行政争议已经和解或有和解的可能。以J区法院为例，从1987年到2012年，J区法院共办理“和解撤诉”案件786件，其中和解后撤诉的589件，接近75%。是否和解无疑是原告是否撤诉的一个关键。而由于目前法律只是对提起撤诉的主体做了规定，并没有明确规定行诉中的和解问题，所以关于提出和解的主体也没有相应规定。那么，在实践中都是原告主动提出和解的吗？其他诉讼参与人会不会主动提出和解呢？

问题：在上次的行政诉讼中，是您（或者您所在单位）主动提起“和解”的吗？

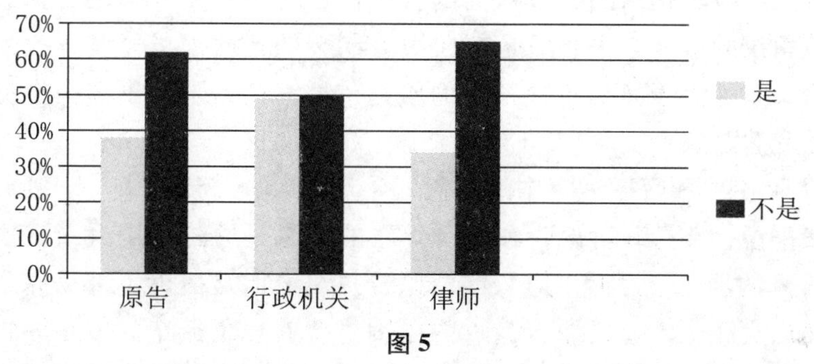

图5

从图5可以看到，原告、行政机关和律师都主动提出过和解，但并不是如人们想象或和之前大部分研究不一样的是，行政机关并不总是主动提起和解撤诉，大部分还是选择按照正常程序参与行政诉讼，其比例从调查问卷上直观显示是50%，刚好一半。为此，笔者对F等公务员进行了回访，他们表示他们根本不愿意进行和解：“为什么要进行和解呢，本来行政机关就没有错”，“该罚就是要罚，以为诉讼就可以免于行政处罚吗，一提起起诉就可以不依照程序办事了吗?”行政人员F等的话表明，“和解”可能并不是行政机关一开始就热衷于干的事情，对行政机关来说，自己应该将更多的精力放在如何依法行政上，而不是处理作出具体行政行为后的争议。其实自从2004年国务院颁布《全面推进依法行政实施纲要》开始，行政机关自身法律意识较之过去已经有了很大提高，并且也尽量在作出具体行政行为时依照法律规定进行，这点在问卷中也有所表现。尽管数据显示仍然有19%的行政人员完全赞成和37%行政人员比较赞成，但是在回访中行政人员补充说道“处理争议本来就是法院的事情，违法不违法由法院来判断和处理就好了，没有必要让行政机关再牵涉进去”。如此看来，行政机关其实并不愿意花费更多精力处理行政争议。

尽管和解并非行政机关的本意，但是行政机关主动提起和解仍然是不能忽视的部分，从图表可以看出有49%接近一半的和解是由行政机关提起。为什么不愿意为而为之？行政人员T等回答说，是因为上级要考核，行政机关害怕败诉丢面子，最重要的是怕考核过不了。由此我们可以推断，行政机关系统内部有一套考核标准，而是否成为涉诉机关是考核的一个指标。对行政机关而言，无论判决结果如何，哪怕是自己胜诉，仍然会影响考核。

总之，从上图可知：第一，“和解”一般来说并非原告主动所为；第二，尽管行政人员对其作出的行政行为的合法性较有自信，并且也不愿意参与到解决行政争议的漩涡中去，但是在层级管制下的行政人员以及行政人员所属的行政机关本身由于面临各种各样的压力，最终还是不得不选择自己本不愿意选择的和解之路。

2. 法院在“和解撤诉”中的角色

一般来说，在行政诉讼中和解所导致的结果是原告撤销诉讼。根据《行政诉讼法》的规定，撤诉申请只能由原告提出。但是撤诉不都是原告自愿而为的。司法实践中，造成原告撤诉的原因主要有以下四个：一是原告因被告胁迫而撤诉；二是原告受被告利诱而撤诉；三是原告基于诉讼成本的考虑而撤诉；四是法院游说原告撤诉。[1]那么哪个是最主要的原因呢？

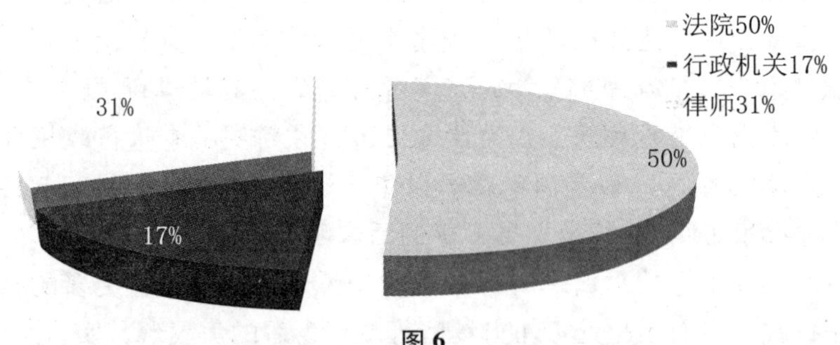

图6

问题（针对原告）：在上次的行政诉讼中，是谁建议您通过和解撤诉的？

〔1〕 解志勇：“行政诉讼撤诉：问题与对策”，载《行政法学研究》2010年第9期。

可见，尽管行政机关和律师都可能建议原告撤诉，但法院很明显占据了主导地位，占了50%。在“N诉U市某渔政管理站行政登记”[1]一案中，通过对司法建议的解读也可以很清楚地看到是法院促成了原告的撤诉。这里就有两个问题，第一，为什么法院会超越行政机关成为原告撤诉背后最大的推手？第二，法院成为和解撤诉的最大推手，到底有没有法律上的依据，是否合法？关于第一个问题，中国的法院既是国家机构的一部分，又是追求自我利益的一个部门，同时，处于层级管制下的法官要面对体制内和体制外的诸多压力，既要考虑结案率又要考虑各种考核指标，法官常常会“选择性司法”。[2]“是我国不理想的行政诉讼外部实施环境造成了行政撤诉率居高不下的现状……是原告、被告和法院‘合谋’用撤诉的方式中止诉讼。”[3]这种情形短时间内难以逆转，在特有的法院文化背景下，中国的法官在很多时候并不敢完全独立地去运用法律，得出非此即彼的结论，为了避免不必要的麻烦，法官必须提前做准备。在这方面，中国的法官可以说是“变通”的一把好手，首先是在立案的时候，已经通过“选择性立案”排除掉了一部分棘手的案件。在诉讼过程中如果再通过“和解撤诉”化解一部分，通过“驳回起诉”退回一部分，到最后真正通过判决结案的比例将大幅度减少。关于第二个问题，尽管已经有很多文件表明法院进行和解的合理性和应景性。[4]但是

---

〔1〕 案情简介：被告在变更登记网围养殖使用权登记时，未经原使用权人同意，由其前妻代理将使用权变更登记到F名下，原告认为当事人既未提供委托书，也未提供夫妻关系证明，故起诉其侵犯合法使用权。最后以原告撤诉告终。该案中，随案的《司法建议书》中写道：“我院在审理该案中，发现你站将网围养殖使用权人从原告变更登记至第三人名下，虽让当事人提供了办理转让登记所需的相关材料，但在具体审核当事人身份等程序上尚存在一些瑕疵……为了使行政机关在执法过程中更加规范，减少不必要的纠纷，本院特向你站提出以下建议……”U市某渔政管理站的《回函》是耐人寻味的，“在贵院的大力支持下，原告诉我站渔业行政登记一案以原告最终撤诉而得以妥善解决。通过本次诉讼，反映出我站在网围养殖使用权登记转让过程中存在不规范之处……重点对具体负责网围养殖使用权登记工作的分站提出了如下要求……”转引自黄学贤、丁钰：“行政审判中的司法建议制度运行分析——以江苏法院为视角”，载《行政法学研究》2011年第3期，第86~91页。

〔2〕 选择性司法是指：法院在案件的受理、审理和执行过程中，依据法律规则之外的因素，来作出是否受理、如何判决和怎样执行的决定。详见汪庆华：“中国行政诉讼：多中心主义的司法”，载《中外法学》2007年第5期。

〔3〕 何海波：“行政诉讼撤诉考”，载《中外法学》2001年第2期。

〔4〕 2006年9月4日，中央办公厅、国务院办公厅下发《关于预防和化解行政争议健全行政争议解决机制的意见》；同年10月最高法院召开《加强行政审判工作，妥善处理行政争议》电视电话会议并下发《关于妥善处理群体性行政案件的通知》；2007年3月第五次全国行政审判工作会议结束后，最高法院出台了一系列推动性政策，如《 最高人民法院关于为构建社会主义和谐社会提供司法保障

这些文件从严格意义讲都不应该算作是法院寻求主动“撤诉”的合法性的依据，最多只能算是一种工作指导。全国人大颁布的《行政诉讼法》没有规定法院有权促成和解撤诉，最高院关于《行政诉讼撤诉问题的有关规定》也没有明确法院可以主动建议当事人和解撤诉，相反《撤诉规定》第 7 条还明确规定，法院应当及时对申请撤诉不符合法定条件，或被告改变被诉具体行政行为后当事人仍然不愿意撤诉的案件作出裁判。如果说对行政机关而言是“法无规定即禁止”，那么对作为传统中立机构的司法机关而言是不是也应该如此?

3. 诉讼各方对“和解撤诉”方式现存缺陷的见解

在调研中，笔者也发现，诉讼参与人对“和解撤诉”这种方式还有诸多的意见。

表 13

	普通民众	行政人员	律师
1. 维权不力	26%	30%	30%
2. 时间过长	27%	18%	11%
3. 执行不力	10%	20%	32%
4. 操作困难	20%	24%	19%
5. 其他:	8%	6%	5%

问题：您认为“和解撤诉”这种方式最大的问题是什么?

可以看出，笔者设计的每个选项的被选择率其实并没有很明显的差别。

首先是维权不力的问题。原告、行政人员、律师三者都认为维权不力是最大的问题。对比表 2、表 4，尽管原告和行政人员都认为和解是一个比较好的解决方式，也可以妥善解决问题，但是二者也都认为，和解仍然没有真正维护权利（权力)。在这里有必要提出的是，通过我们对行政人员的访谈，发现很多行政人员并不认为和解撤诉只要让行政机关保留了面子，就理所当然的很好地维护了权力。根据相关资料，在原告申请撤诉的行政案件中，被告先

(接上页）的若干意见》法发［2007］2 号、最高人民法院《关于进一步发挥诉讼调解在构建社会主义和谐社会中积极作用的若干意见》法发［2007］9 号、最高人民法院关于加强和改进行政审判工作的意见》法发［2007］19 号等。2010 年 6 月最高法院下发《关于进一步贯彻“调解优先、调判结合”工作原则的若干意见 》。

变更行政行为，原告再向法院提起撤诉的比例一直较低，并且随着时间的推移还越来越少。1996 年，因为被告作出改变后原告撤诉的比例为 48.3%，到 2007 年同样的情况比例只有 5.8%。换句话说，绝大多数的撤诉，是在被告没有变更被诉行政行为的情形下原告自动提起的。这一现象似乎是不正常的。或许虽然被告表面上没有变更被诉行政行为但私下承诺给原告一些其他的好处。对这种令人费解的情况目前还没有确切的研究资料。[1]在笔者访谈中行政人员 H 等指出，政府应该是具有公信力的，行政行为应该是具有公定力的，朝令夕改成什么样了。并且 H 行政人员还明显透露出为了和谐而被迫和解的不满，他说："和谐社会是美好的，和为贵，贵在人人都满意，但是这个满意度应该建立在法律的基础上，不应该单方面的为了'稳定''和谐'等就不考虑法制的稳定性。"这也说明，虽然行政人员一方面想依法办事，一方面又不得不迫于现实而规避法律，变通法律。所有人都有可能成为规避法律、变通法律的受益者，也都可能成为这样做的牺牲品。

其次是时间过长的问题。第一，虽然最高院的《撤诉规定》第 7 条规定，人民法院应当及时对申请撤诉不符合法定条件，或被告改变被诉具体行政行为后当事人仍然不愿意撤诉的案件作出裁判。但因为并没有明确界定"及时"的期限，那么对法院的束缚力就是有限的。第二，规定撤诉的时间不等于规定了和解的时间，事实上，现行行政诉讼及其司法解释和《撤诉规定》里面都没有关于"和解"的明确规定，因此，当事人除了依据 1989 年《行政诉讼法》第 51 条的规定知道原告申请撤诉的时间是行政案件宣告判决前或者裁定前之外，对于提出和解的时间，和解的期限都无从得知。既然没有规定和解的期限，即意味着只要双方同意和解，那么双方就可以开始朝着自己预计的方向动用各方力量进行利益博弈，这个过程不会很短，所以和解"时间过长"并不难理解。如果行政案件久拖不决，就必将增加原告的诉讼成本，在这种情况下只要被告稍作让步，哪怕不是最完美让步，原告出于诉讼成本的考虑，也有可能向人民法院申请撤诉。而另一方面，如果遇到比较坚持原则的原告也有可能造成久调不决的状况。但是西方法谚有云：迟来的正义非正义。在这漫长的过程中，彼此的权益还能否真正得到维护呢？第三，关于执行不力的问题。按照笔者之前的想法是认为，原告是三者中最担心执行问题的群体。

---

〔1〕 何海波："困顿的行政诉讼"，载《华东政法大学学报》2012 年第 2 期。

但是调查结果显示，原告相较于行政人员和律师对执行的担心反而是最少的。这也可能是源于J区法院处理和解撤诉问题的方式。据J区法院一位很有经验的老法官介绍，关于执行的问题他也不担心，因为一般情况下，在当事人双方和解之后，是要行政机关先改变原来的具体行政行为，原告才会向法院提起撤诉，法院才会同意撤诉。尽管在这一过程中，法院并没有实质性审查行政机关是如何改变原行政行为，但或多或少行政机关是有所作为的。这就让笔者产生了疑问：既然没有法律约束力的和解都能很好地执行，那有约束力的判决何愁不能很好地履行呢？第四，关于操作困难的问题。操作困难是肯定的。因为无论是行政诉讼法及其解释还是撤诉规定都没有关于“和解”的任何规定，可以说法律法规是刻意回避了这个问题，当事人操作起来自然也是无所适从。而律师之所以比原告和行政人员觉得操作容易，或许是缘于其具备的充足法律知识和法律经验。多地行政审判白皮书显示，“和解”已经面临实实在在的困境。据重庆市高院相关负责人解释，2014年判决确认违法或判决确认无效的案件同比增长64.5%，其中多数案件虽然被告已经改变了原行政行为，但是原告还是不愿意撤诉，一直坚持诉讼。该负责人表示，“和解撤诉”工作的难度已经越来越大。〔1〕上海市行政审判白皮书也显示行政机关败诉率和案件和解撤诉率双双下降。〔2〕看来，对“和解”作出比较明确的规定是很有必要的。

(二) 对“和解撤诉”的认可和规范

由于没有明确的法律规定，各个法院只能在司法实践中根据自己的理解进行操作，但对于和解的范围、程序、时限等各个法院的认识和做法并不完全一致。一般来说，只要双方当事人达成了表面上的“和解”，原告提起撤诉，法院就会认定达到了和解的目的，基本不会顾及和解是否真正从根本上解决了问题，化解了争议，这可能就是目前以“运动方式”推行和解撤诉的最大弊病。〔3〕但黑格尔说过存在即合理。在现阶段，既然完全取消司法实践

〔1〕“行政机关未及时书面回复败诉占一半”，载http://cq.qq.com/a/20150714/017836.htm，最后访问时间：2015年8月19日。

〔2〕“2014年度行政审判白皮书：浦东法院‘民告官’案同比上升48%”，载http://sh.eastday.com/m/20150527/u1a8728223.html，最后访问时间：2015年8月3日。

〔3〕应星、徐胤：“‘立案政治学’与行政诉讼率的徘徊——华北两市基层法院的对比研究”，载《政法论坛》2009年第6期。

中“和解撤诉”无法做到，那么就只能转向如何界定和规范“和解撤诉”。“必须在法制上承认和采用这些机制后，再来谈如何放松管制，谈如何减少对这些制度不必要约束。”〔1〕

第一，明确“和解”的性质。我国行政诉讼中的“和解”到底是什么性质？我国的司法文件均没有表明。我国台湾地区2000年实施的“行政诉讼法”明确了和解制度在行政诉讼中的地位，该法第219条第1项规定：“当事人就诉讼标的具有处分权，并不违反公益者，行政法院不问诉讼程序如何，得随时试行和解，受命法官或受托法官亦同”。〔2〕该条把“和解”明确定位为一种结案方式，称其为“诉讼中的和解”。但我国台湾地区“行诉法”上的和解和我们通常所说的撤诉和解意义并不一样，其和解必须要符合行诉法的基本要件，是诉讼过程中的和解，法律规定始终是和解双方讨价还价的筹码。这和大陆司法实践中的和解至少有以下区别：①大陆司法实践中的和解是双方私下进行，法律规则在这个过程中可能一点作用都不起。②大陆司法实践中的和解，导致的直接结果是撤诉，是终结诉讼程序。故而大陆目前司法中的和解撤诉现象在我国台湾地区的行政诉讼实务中，被称之为“事实上的和解”。〔3〕这种“事实上之和解”是什么性质？笔者赞成我国台湾学者的观点，认为应该属于行政合同，是一个典型的双务合同，只不过是发生在行政诉讼的过程中。说其为双务合同，不仅因为这种事实上的和解要求原告一方负起撤诉的义务，而且也要求作为被告的行政机关负起撤销或改变原具体行政行为等义务。说它是行政合同又表明，不仅在行政程序中可以签订，起到澄清事实争议的作用；也可在行政救济过程中签订，承担终结诉讼的功能。因此，解决行政争议的协调制度其实就有两个阶段：前一阶段是在行政程序中的调解，后一阶段是在行政诉讼中的调解。〔4〕换句话说，我国行诉中的和解是当事人将在行政程序中产生的行政争议，先诉诸行政诉讼之后，又再在行诉过程中以类似行政程序中的行政协调方式处理。那么，要想真正解决问题，行政程序本身也要有一个保障行政协调可以实现的机制存在。换句话说，

---

〔1〕 陈新民：“和为贵——论行政协调的法制改革”，载《行政法学研究》2007年第3期。

〔2〕 陈新民：“和为贵——论行政协调的法制改革”，载《行政法学研究》2007年第3期。

〔3〕 徐瑞晃：“行政诉讼撤销之诉在诉讼上之和解”，载《行政契约及新行政法》，元照出版社2002年版，第337页。

〔4〕 陈新民：“和为贵——论行政协调的法制改革”，载《行政法学研究》2007年第3期。

行政诉讼中的和解只有和行政合同、行政指导等制度相互配套，才能真正有效。既然行政争议的解决可以分为行政程序与行政诉讼两个阶段，行政协调也必须在行政程序及行政诉讼中能有一个可以彼此衔接的行政协调机制，而不只是内科、外科互相推诿的两段。目前我国具有行政协调性质和功能的行政行为主要包括行政合同、行政调解和行政指导等。而这些行政行为要得以实现必须依仗行政法上的一个基本信赖保护原则，如果不保护双方的信赖利益，行政合同等双务合同便不会有实际效力。但就目前来看，我国尚未有明确法律法规规范这些行政行为，信赖保护原则也并没有真正落实。这正是前面在对行政人员访谈时，他们所谈到的“当事人不讲诚信”，这也是律师和原告所担心的“执行难”。因此，在我国还没有建立起良好的行政程序中的行政协调时，就直接跨到行政诉讼程序中的协调，是不是太操之过急？笔者认为在我国行政诉讼中不是不能搞“事实上的和解”，而是应该将现在已经存在的“和解”模式纳入行政法和行政诉讼法的大框架下去考虑和规范。

第二，对和解事项的限制。不是任何行政争议都可以作为和解的对象。按照我国台湾地区“行政诉讼法”的规定，行政诉讼和解必须满足两个条件：①当事人对诉讼标的具有处分权。“具有高权性的行为的合法性，不是因为国家机关与当事人达成的合意之意思或者意见一致而获得。只有在于法有据时，并严格按照法律法规而作出时，才是合法有效的。”〔1〕一般来说，“公权不可处分”，这也是传统司法理念不赞成行政诉讼和解（或调解）的原因。②和解的过程和结果不违反公益。从原告的角度，即使付出高昂的诉讼成本和忍受漫长诉讼程序的煎熬，也会有败诉的风险存在，相对人还要担心诉讼后被告打击报复，正如原告 W 在访谈中所说：“赢了面子，输了里子，行政机关会记恨我们的。”从被告角度，行政人员出于对自己政治前途的考虑，为了明哲保身，也可能愿意与原告私下达成交易来换取暂时的安宁，而置国家、社会和第三人的利益于不顾。这或许也是前面所提到的表面上看大部分撤诉都是在被告没有变更行政行为的情况下，原告主动提出的原因。加之，法律对和解也没有规定。因此，我国司法实践中，只要双方达成和解就万事大吉，对是否侵犯第三者利益或公共利益完全没有顾忌。

---

〔1〕 杨建顺、[日] 南博方：“行政诉讼中和解的法理（上）”，杨建顺译，载《环球法律评论》2001 年第 4 期。

第三，对和解结案方式的规范。对和解结案方式的规范是为了让和解能够更加公开、公平。在访谈中，无论是律师还是原告都告诉笔者，他们想知道行政机关究竟违法在哪里，违法的依据是什么，因为只有让他们明白具体的法律法规，才能为以后的胜诉做好准备，才能更好地监督行政机关。他们希望在“和解”的过程中不是稀里糊涂。从司法实践来看，目前通过和解结案的方式主要有三种：一是依照《行政诉讼法》（1989 年）第 51 条的规定，由双方当事人达成和解协议，记入笔录，原告向法院申请撤诉，法院裁定准予撤诉。这也是目前最常用的方式；二是由行政机关当场出具行政协调意见书，法院直接宣告终结诉讼程序。司法实践中很少适用这种方式；三是由法院出具行政协调和解书，双方在该书上签字，协调和解生效，受现行法律规定的限制，实践中这种方式也很少适用，只有极个别法院有所突破。[1]可见，无论采取哪种方式，大部分和解都未得到实质性的公开和作必要的解释。这与行政诉讼各方，特别是原告的需求还存在较大差距。在未来的发展中，和解结案方式理应更加明确规范，行政协调和解书也应更加详细。

四、提升行政裁判的社会认同

法社会学认为“合法性”是属于意识形态的范畴，而不是一种制度形态。它是指主体对法律、规则和制度的态度，是主体对规则的制定过程和权威的看法，是主体对规则制定者如何产生和制定者权威来源的判断。中国的法治化过程同时也是国家现代化的过程，是体现国家重建的过程，即是通过建立和强化国家政权的行政管理、军队、警察、财政、税收等来有力保障国家推动社会现代化的过程。故而我国的法治化更多的是在回应国家的需要。改革开放三十多年后，中国的改革始终由政府主导，所以改革的过程、议题和内容大多仍由政府自主决定。中国的法治建设也不例外，也是自上而下由政府推进的过程。也就是说，法律的权威仰仗于政府的权威，法律权威是在政府权威的引导下建立，在政府权威的协助下发挥作用。在中国的法治化进程中，法制与权治、法律权威与政府权威一直纠缠在一起。司法和行政不分，不仅没有独立的司法，法律制度也不算完善，法律与行政之间依然保持着千丝万

---

〔1〕 胡建淼、唐震：“行政诉讼调解、和解抑或协调和解——基于经验事实和规范文本的考量”，载《政法论坛》2011 年第 4 期。

缕的联系，甚至我国许多法律直接规定了行政机关或者具有行政职能的机构可以以职权解决特定的民事纠纷。[1]这就会出现两种弊端：第一，法律比较欠缺合法性基础，社会认同性较低。在我国不少法律的制度是为了满足国家和政府治理的需要，在立法时没有经过合理的论证，没有坚定的合法性基础，群众基础比较欠缺。通过前面几章的内容也可以得知，目前在我国，相较于法治化国家，大部分民众对法律合法性的认同程度还比较低，对于一些新颁布的法律法规，即使法律的目的是为了整个国家和社会的长远利益，也难以在短时间内获得社会的接受和认同，人们既不知道和理解立法的原因，也不明白为什么一定要遵守，以及怎样遵守。有一些人从自己的角度和判断出发就可能不去履行。尽管，最初个别人对法律的不履行看起来问题不大，也不会产生较多的不利益，但是随着越来越多的人去模仿，就可能产生消极的法律实效，最终导致这部法律形同虚设。这就是心理学研究理论中所说的“模仿定律”，即社会是由彼此互相模仿的人所构成的，人与人之间的模仿会产生示范效果。当人们面对毫无先例可循的情况时，总是会从周围的人身上找寻答案，通过观察他们怎么行动，然后再去模仿，故而榜样的行为选择可能会影响一群人，这就是理论上所说的模仿的涟漪功能。这样一来，法律就可能会受到民众的抵制，而只停留在表面上，不能真正融入整个社会，甚至还有可能会视这些颁布的法律为排除异己的“恶法”。第二，转型时期“权威”的缺失。一方面，在我国法治建设的进程是在政府的指导和推动下进行的，法律的权威来自于政府，如果不依赖政府，法律权威也没有立足之地；另一方面，法律的生命就是其至高无上的权威，法律的本质要求法律权威要超越一切权威，包括政府权威。但是仰仗于政府建立和发展起来的法律权威又如何能够超越政府权威呢？于是，在法律权威的建立过程中，就有可能出现三种不同情形：政府权威高于法律权威，这种情况通常存在于权治社会；法律权威高于政府权威，这种情况通常存在于法治社会；政府权威下降、法律权威欠缺，这种情况通常存在于转型社会，也就是中国当下的情况。在转型社会中，由于存在各个法律规范之间的矛盾和冲突以及法律规范的“真空”地

---

[1] 如《土地管理法》第16条规定：“土地所有权和使用权争议，由当事人协商解决；协商不成的，由人民政府处理。单位之间的争议，由县级以上人民政府处理；个人之间、个人与单位之间的争议，由乡级人民政府或者县级人民政府处理……”

带，民众在无所适从的时候，就倾向于采纳对自己有利的方式。当法律权威对自己有利的时候，民众会实施法律，以法律的权威来保障自己的利益；当政府权威更有利于自己的时候，民众又会求助于政府，以政府权威来维护自己的利益；当两种权威对自己都不利时，民众就可能两种权威都不服从。[1]加之在我国的法治建设过程中，大量借鉴和移植了国外的法律，1989 年颁布实施的《行政诉讼法》也主要是参照了西方国家，如奥地利、德国的经验。[2]行政诉讼的目的、价值、过程和结果都面临被社会所误读的危险。民众在解决行政争议时，也会采取利己主义的原则，而不是完全按照法律规定维护自己的合法权益。所以，如何提高社会对行政诉讼的接受和认可，必须得到重视。

（一）加强行政诉讼中的民意沟通

行政诉讼的过程是一个高度专业性和技术性的过程，既需要丰富的司法实践经验，又需要全面系统的法律专业知识和技能。同时，我国的根本政治制度和行政审判的工作性质还决定了，行政诉讼的过程和结果还不能与群众脱离。研究表明，受访者是否接触过法官，是否参与过行政诉讼，会对法官的评价产生较大的影响。接触过法官的受访者，对法官队伍的整体评价较高。而参与过行政诉讼的受访者，对法官队伍的评价则呈两极分化趋势，正面评价和负面评价均高于平均比率。尤其是以旁听的方式参与过行政诉讼的受访者，对法官队伍的评价比较低。如果将民众、行政人员、律师三类群体对此题的回答作比较，可以发现，外界的评价与法官的自我评价之间尚存在一定的差距。[3]三类不同群体对法官的评价都比法官的自我评价更为负面，其中民众和律师对法官的评价最低。但是好的一面是，三类群体选择居中“一般”的比例最多，这也表明法院与民众、律师、行政人员之间还是有相互沟通的基础信任。反过来，对法官来说，也认为民众法律素养的欠缺是有碍司法公

---

〔1〕 郭星华：“走向法治化的中国社会——我国城市居民法律意识与法律行为的实证研究”，载《江苏社会科学》2003 年第 1 期。

〔2〕 何海波：《法治的脚步声——中国行政法大事记（1978－2004）》，中国政法大学出版社 2005 年版，第 51 页。

〔3〕 民众回答“很好”“较好”“一般”“不好”“很差” 的比例分别是 3.8%、18.1%、41.1%、9.4% 和 6.1%；律师回答“很好”“较好”“一般”“不好”“很差” 的比例分别是 1.6%、22.2%、59.2%、12.1% 和 4.9%；行政机关工作人员回答“很好”“较好”“一般”“不好”“很差” 的比例分别是 8.6%、29.5%、45.8%、5.5% 和 3.3%。详见林莉红主编：《行政法治的理想与现实》，北京大学出版社 2014 年版，第 267 页。

正的原因之一。在本书第四章提到，半数以上法官认为"群众不懂法"是导致审判难的原因，这个数据与1992年《行政诉讼法》实施不久，龚祥瑞先生主持调研的数据几乎接近。[1]二十多年来，应该说随着国家普法宣传的跟进和大众自身知识文化水平的不断提高，民众对法律的了解肯定也会相应提高，但是法官仍然认为民众不懂法，这是为什么？到底是普法效果有待加强，还是法官对社会公众的法律意识期望太高。事实上，相较于法官而言，民众的法律知识可能永远都不如法官，那么民众的法律意识和素养要达到多高的水平，法官才可能满意，才觉得可以不阻碍行政审判的顺利进行呢？或许受传统理念的影响，在民众心中始终更重视结果公正，这本身与具有专业法律知识和理念的法官理解的司法公正、公平是有差距的，对法律而言，有时候程序法律事实是大于客观事实的。这或许也是在遇到棘手案件时，法官更倾向采取案外协调的方式解决行政争议的原因之一。我国《行政诉讼法》的实施，还没有建立起广泛而强有力的民众基础，当事人很难理解其中的意思，更不能判断对自身的价值。本书第四章也提及整个社会，特别是普通民众对《行政诉讼法》的了解程度还不高，对行政诉讼制度的内容及其程序运作仍然比较陌生。只有让民众能够走进司法、参与司法才能信赖司法、守护司法。只有通过加强行政诉讼中的民意沟通，让老百姓更了解法律法规，才能增进法官与民众的相互理解。只有民众对行政诉讼制度的精神和内容从内心上接受与认同，才能内化为民众的自觉行动和选择，进而反过来推动法律的实施。

《行政诉讼法》的有效实施，需要获得民众的信任。司法实践中，强调要通过法律效果和社会效果的统一，决不意味着违背法律去寻求社会效果，而更多的是要求审判人员在法律的框架内，适当作一些辅助性的工作。如增强行政裁判的说服力，重视在裁判书里的解释和说明，提高当事人对裁判结果公正性、合法性和合理性的认可，提高社会对裁判结果的可接受度，以此逐渐培养民众的法律意识和素养；转变法院和法官的工作态度，开展审判外的延伸性工作如"沟通协调""提出建议"等，追求裁判的社会效果；在立案阶段，对各项起诉条件做好解释和说明工作，让当事人清楚行政诉讼程序，

---

〔1〕 1992年调研数据显示选择这一选项的比例为68.3%，2012年的调研数据显示选择这一选项的比例是64.2%。详见龚祥瑞主编：《法治的理想与现实》，中国政法大学出版社1993年版，第186页。

并告知可能出现的各种法律后果；在审判阶段，继续对程序性事项进行解释和说明，告知当事人举证、辩论、陈述等程序的要求和运用；在结束审判后，向当事人解释和说明裁判的理由和依据，帮助双方理解、接受裁判的结果，引导他们尊重法院的裁判。最后，要充分注重行政判决和裁判文书中的释法说理，既能够充分反映行政审判法官进行审理和裁决的依据和智慧，也能够在客观上承载双方当事人持有的理由和证据，还有利于一定程度上消除当事人上诉、申诉、信访的想法和苗头。总之，在面对司法困境时，法院不是要一味地妥协和退让，而是要重视将宝贵的司法资源投入到案情复杂、适用法律困难、行政争议较大的案件说理上去，让双方当事人服判息诉，彰显司法文明公正。

（二）重视律师在诉讼中的释法说理

数据显示，普通民众在行政诉讼中聘请律师作为诉讼代理人的不足一半，在二审中这种状况更胜。〔1〕这或许是因为现行行政诉讼制度的规定不利于律师作用的发挥，难以达到当事人的预期。且在经过一审之后，当民众了解到委托律师也并不能帮助其更多时，出于成本的考虑就更倾向于不再委托代理人或者只委托普通公民作为诉讼代理人。笔者通过走访调研也发现，目前律师在我国行政诉讼中的收费也是比较尴尬，如果收费过高，当事人可能觉得不划算，如果收费太低，律师就不会愿意接受委托。这些表面上看是因为民众节约经济成本，但是横向对比民事诉讼和刑事诉讼，在行政诉讼中聘请律师的比例也是最低，可见，当事人不聘请律师的原因还在于律师在行政诉讼中不能很好地发挥应有的作用。尽管律师相较于普通民众更了解行政诉讼法，但是在实践中也受限于各种原因而不能很好地运用行政诉讼程序中对自己有利的程序。比如在调取证据的程序中，不论是法院依申请调取证据还是依职权调取证据数量均非常少，可见，不论是律师代理，还是非律师的其他法律工作者代理，还是普通公民代理，均较少运用申请调取证据的诉讼程序。〔2〕这或

---

〔1〕 原告没有聘请代理人的案件、聘请律师为代理人的案件、委托一般公民的案件、委托法律工作者的案件的比例分别为26%、47%、35.6%、9.1%。详见黄启辉：“行政诉讼一审审判状况研究——基于对40家法院2767份裁判文书的统计分析”，载《清华法学》2013年第4期。

〔2〕 在作为调查对象的一审案件中，共有25件案件法院依申请调取证据，其中律师代理的案件有9件，法律工作者代理的案件有1件，公民代理案件有7件。而有91件案件法院依职权调取证据，其中律师代理的案件有31件，法律工作者代理的案件有5件，公民代理的案件有25件。详见黄启辉：“行政诉讼一审审判状况研究——基于对40家法院2767份裁判文书的统计分析”，载《清华法学》2013年4期。

许就是常说的取证难。另一方面，本书第四章也提到律师对于代理行政诉讼案件的积极性不高。如果专业较强的行政诉讼案件缺少律师的介入实际上就是少了法院和原告之间进行专业知识解读的理性沟通的桥梁。从制度发展的角度来看，律师普遍具备良好的法律专业知识与诉讼技能，如果其不能充分参与到行政诉讼的过程中去，《行政诉讼法》也不能得到有效地实施和更好地发挥作用。

五、尊重行政诉讼发展的阶段性

任何一部法律的制定和实施最重要的一点就是要从本国的国情出发，解决本国的现实问题。在我国，立法最基本的世界观和方法论，就是马克思主义的哲学观。从历史唯物主义、辩证唯物主义来说，物质是第一性的，意识是第二性的，物质决定意识。法律作为上层建筑要反映经济基础和客观现实，否则，就不会产生良好的法律实效。由于各个国家不同的国情，中国的法治发展模式可以借鉴但绝不能完全照搬任何一个国家的模式。"……在寻找新的创新点时，往往需要抛弃本土经验，在改革和发展中借鉴他国的经验和政策制度，因为这些经验是经过历史的磨合的，体现出了先进的法律原则优势，展现了良好的立法意图。然而，若不假思索地全搬照抄，将西方先进的制度经验直接纳入我国的法律体系当中就很容易产生与我国的国情和社会现实背道而驰的弊端。"〔1〕

（一）行政诉讼制度发展的不同阶段及本次修法的循序渐进

行政诉讼本质上是一种国家权力结构设计，其存在和实践体现着当时的宏观权力结构图景。〔2〕行政诉讼制度在出现和发展的过程经历了如下几个阶段：第一阶段是萌芽阶段，大概是20世纪80年代左右。根据1987年《民法通则》第121条的规定："国家机关及其工作人员在执行职务时，如果侵害公民、法人的合法权益，应当承担民事责任"和《治安管理处罚条例》(1986年）第39条的规定："被治安管理处罚的人或者被侵害人不服公安机关或乡（镇）人民政府裁决的……可以向当地人民法院提起诉讼"。行政诉讼有了法

〔1〕［美］米尔伊安·R. 达玛什卡：《司法和国家权力的多种面孔》，郑戈译，中国政法大学出版社2004年版，"致中国"第2页。

〔2〕宋智敏："我国权力结构中的行政诉讼"，载《求索》2012年第12期。

律支持，司法实践中出现了少量的行政诉讼和行政赔偿诉讼。第二阶段为行政诉讼的正式确立和初步发展阶段，大约是指从1989年《行政诉讼法》颁布到2014年《行政诉讼法》的修改这段时间，在这一阶段行政诉讼法律体系已经基本构建完成，行政诉讼已经展开运作并且取得了一定效果，“民告官”的观念也逐步被政府和社会接受和认可。第三个阶段是行政诉讼制度的改革阶段，以2015年5月1日《行政诉讼法》的颁布为标志，大概需要二十年左右的时间。为了提高行政诉讼救济的数量和质量，降低行政诉讼的成本，让审理的过程更加顺利，这一阶段的重点就是逐步扩大行政诉讼的受案范围，逐步扩大原告的起诉资格，完善行政机关负责人出庭应诉制度，完善行政机关不履行行政裁判的惩罚机制等。第四阶段为继续改革行政诉讼制度的阶段。第四阶段改革的重点，主要是对行政诉讼救济的质量即公正性和有效性的改革，其实质是以行政诉讼改革为契机，推进司法独立，最终完成对司法体制的改革。每一次行政诉讼制度的变迁都遵循了帕累托优化〔1〕原则，让行政诉讼制度的改革既能促进社会进步，又能保障最大多数民众的利益，还能推动法律进程的现代化和稳定发展，以此实现多赢或共赢的博弈结局。

目前，行政诉讼变迁已经进入第三个阶段，在这个阶段《行政诉讼法》的修改不可能也不应该彻底改变国家权力结构和政治生态。在2015年修改的《行政诉讼法》中也是把握了法律发展的阶段性，改革永远不可能是一蹴而就，在这一点上立法者也是有清醒的认识的。主要体现在如下方面：(1) 进一步通过行政诉讼解决规章以下规范性文件的违法问题。根据国家《宪法》《立法法》及《地方组织法》的规定，2015年颁布的《行政诉讼法》增加了法院对规范性文件的审查权，根据该法第53条、第64条及其司法解释（法释［2015］9号）第21条的规定，法院有权认定和判断规章以下规范性文件是否违反法律法规，有权不适用违法的规范性文件，但是仍然不能作出规范性文件无效或者是撤销的裁决，这和国外的司法审查还是存在差异的。(2) 关于行政诉讼的受案范围的修改。1989年《行政诉讼法》受案范围列举的主要是公民的人身权、财产权受到侵害的情形。而随着经济和社会的发展，1989年

〔1〕 帕累托优化（Pareto Optimality），也称为帕累托效率、帕累托改善、帕累托改进，是以意大利经济学家帕累托（Vilfredo Pareto）命名的，并基于帕累托最优变化，在没有使任何人境况变坏的前提下，使得至少一个人变得更好。一方面，帕累托最优是指没有进行帕累托改进的余地的状态；另一方面，帕累托改进是达到帕累托最优的路径和方法。

《行政诉讼法》规定的 8 项受案范围已经明显不能满足民众需要。2015 年修改通过增加受理的具体列举事项在受案范围上力争扩大，将原法中规定的 8 个类型扩充为 12 个，主要将在司法实践中实际已经予以受理、对公民权利影响较大，急需法院处理的类型予以明确。如第 8 项规定的限制或排除公平竞争的行政行为以及第 11 项规定的行政协议类型。但是对于有学者提出的将公民的受教育权、知情权、劳动权、社会保障权等纳入行政诉讼受案范围的主张，考虑到我国正处于中国特色社会主义初级阶段的现实，上述权利还需要随着经济社会的发展和法治的完善才能逐步明确和规范，如果全部将这些类型纳入行政诉讼的受案范围，实际上也无法落实，法院既无法审理，判决也无法执行，这反而可能会激化社会矛盾。另外，对学术界大多希望的概括肯定和列举否定的规定形式，没有采纳，而是仍然采用原有的肯定列举与否定列举并存的方式。尽管，仅仅采用肯定与否定两种列举方式是不可能穷尽行政诉讼的受案范围的，故而可能为《行政诉讼法》之后的实施埋下了隐患。但是，考虑到我国正处于社会转型过渡时期的实际困难，还无法对受理事项进行全面的概括，只能沿用列举的方式。此外，法律制定者考虑到司法实践和社会的需要，仍然保留了“认为行政机关侵犯其他人身权、财产权等合法权益的和除前款规定外，人民法院受理法律、法规规定可以提起诉讼的其他行政案件”的兜底条款。兜底条款的运用既可以为《行政诉讼法》没有列举，但是其他法律、法规已经明确可提起行政诉讼的类型作出指引，同时也为未来《行政诉讼法》逐步扩大受案范围留下了空间。（3）在总则中增加了行政首长出庭应诉制度。从历史背景来看，国务院 2004 年就已经出台了《依法行政的实施纲要》，里面就提到了行政首长出庭，但时隔十年到 2014 年才出现了《行政诉讼法》上的行政首长出庭应诉制度。并且这个规定还是比较有弹性的，不是完全强制的。根据 2015 年《行政诉讼法》第 3 条第 3 款的规定，“被诉行政机关负责人应当出庭应诉。不能出庭的，应当委托行政机关相应的工作人员出庭。”可见，对行政机关负责人的出庭与否并没有强制性规定，即使行政首长不出庭也没有相应的惩罚措施。这是考虑到现实中，行政机关负责人事务一般比较繁重，若让他们每个案件都必须出庭并不现实，即便第 3 条强硬规定，实际也不能落实。现在全国实现行政首长出庭应诉制度的省份也只是规定每年有一个案件行政首长必须出庭。所以该条被制定的目的并不是强制行政机关负责人出庭，而是更有利于行政争议的解决和尽可能让行政机关负责人及其相关人员有机会接触行政审判，提高法律素养。

同时，在本次修法之外也在议行合一、一府两院的体制下对目前的行政审判制度进行了变革创新。主要体现在三个方面：（1）合理调整行政诉讼案件管辖制，完善行政诉讼机制。主要是跨行政区设立法院〔1〕改革，以防止当地行政机关的干预和地方保护主义，尽量从根本上解决立案难、审理难、执行难等行政诉讼的典型问题。（2）完善行政案例指导制度和最高人民法院的司法解释。随着司法改革的逐渐深化，最高院的案例指导功能进一步加强。最高院应该更重视严格指导性案例的筛选、评估、论证和发布机制，同时建立将行政裁判转化为指导性案例的工作机制。按照《中共中央关于全面推进依法治国若干重大问题的决定》，最高院应该完善司法解释机制，重视司法解释的规范性和针对性，保证司法解释的及时、有效，充分发挥最高院统一法律适用标准的功能。（3）建立领导干部干预司法活动的责任追究制度。目前，人民群众反映较为强烈的问题之一就是领导干部干预司法和插手个案处理。因此，应当结合法院正在全面推行的司法公开、监督留痕和司法责任制等一系列改革措施，通过电话记录、转递材料、口头指示等进一步建立领导干部干预司法和插手个案的信息提取、封存、公开和举报制度，为法院独立行使审判权营造理想的实施环境。

（二）不同主体的需求及中国行政诉讼的发展预测

从行政诉讼制度需求的视角来考虑，不同主体对行政诉讼救济的数量、质量、需求程度是不同的。（1）比如作为司法机关的法院最希望摆脱来自政府的干预，促进法院和法官地位的独立，提高司法的公正、效率，尽量降低行政诉讼的错误成本和直接成本，〔2〕提高行政诉讼的程序利益。故而，在能够保障办理案件经费和法官人数的前提下，法院不会反对行政诉讼受案范围

---

〔1〕如上海市第三中级人民法院依托上海铁路运输中级人民法院设立，同时组建上海知识产权法院，与上海市第三中级人民法院合署办公，实行“三块牌子一个机构”。自 2015 年 1 月 1 日起，上海市第三中级人民法院将依法管辖以市级人民政府为被告的一审行政案件，以市级行政机关为上诉人、被上诉人的二审行政案件（不包括知识产权行政案件）。

〔2〕诉讼直接成本是指法院作出判决的成本，包括公共成本和私人成本。前者如法官的薪金，陪审团、法院房舍等的费用等；后者如当事人聘请律师、取得司法鉴定的费用。参见刘晓东：“生产正义的成本”，载 http://www. law-lib. com/lw/lw_ view. asp? no=1777，转引自王学辉、邓华平：“行政诉讼制度变迁的经济逻辑——以和谐社会构建为背景”，载《法学评论》2006 年第 1 期。

的扩大。因此，比起司法费用的预算成本，法院更重视司法的道德成本。[1]（2）对民众而言，他们更希望把因为政府的违法行政行为给自己合法权益造成的损害尽量降低，自己能够得到全面、公正的司法救济。由于制度变迁的成本不是由单独某个民众，而是由财政承担的，因此，只要行政诉讼的直接成本能够接受，任何提高行政诉讼救济数量、质量、效率所产生的成本都是可以接纳的。（3）而行政机关对行政诉讼制度改革和变迁的态度具有两面性：一方面希望通过司法监督手段降低自身的运行风险和道德成本；另一方面又害怕司法的介入会阻碍既得利益的获得和降低行政效率，不利于地方经济增长。因此，行政机关对提高行政诉讼效率改革不会反对，但比起提高行政诉讼的救济质量，行政机关显然更愿意提高行政诉讼救济的数量，因为行政诉讼扩大了受案范围，不但可以向人民法院转移部分道德成本，并且由于各级法院的财政仍然控制在政府手中，政府仍然可以把控行政诉讼的结果。

以上不同主体的不同需求和制度供求的不对称性也可以表明，行政诉讼制度发展过程中的高成本性、非均衡性所决定的改革和变迁的阶段性。中国行政诉讼制度的演变过程是一个渐进性的过程。一般而言，某个制度的变迁最容易发生在旧有机制体制里机会成本最低、收益最高及危机最严重的地方。在我国行政诉讼救济数量、质量和效率的改革和制度变迁中，增加行政诉讼的救济数量即扩大行政诉讼受案范围，符合法院和民众的需求会得到支持，但是由于会对行政机关的利益产生影响，所以行政机关并不是完全情愿。但是，出于降低自身道德成本的需要，行政机关仍会在一定范围内支持。所以行政诉讼受案范围可以逐步扩大；提高行政诉讼救济的质量即提高行政判决和裁定的公正性和有效性，虽然与人民法院和民众的需求相符合，但可能妨碍行政机关某些利益的获得和目标的实现，所以在某种程度上会受到来自行

---

〔1〕 德沃金认为道德成本是指由于错误地惩罚了无辜者所带来的非正义，以此区别错误判决带来的纯粹损害，道德成本的产生源于人的权利受到剥夺，因为剥夺一个人应得的权利就是不公正地对待他。笔者认为，德沃金并未给出道德成本可资分析的明确含义，笔者更愿意把道德成本理解为对法律和政府道德评价的损失和受到不公正对待者的心理损失，在错误判决的不公正的对待中，无论受损者还是获益者都会对法律的权威性和公正性产生怀疑，甚至产生挑战政府的动机。比如，在错误的行政赔偿判决中，错误判决直接产生的经济成本为零（原告和被告的损益相抵），但错误的道德成本不容忽视。而一个人为了履行某种道德行为而消耗的资源（金钱、时间等），就是所谓的“道德成本”。

政机关的阻挠，行政诉讼制度改革和变迁也就可能无法进行；且从理论上讲，提高行政诉讼的救济质量即提高行政裁判的公正性有赖于司法的独立和法官素质的提高，而这两点就牵涉到国家的权力结构体系、司法体制、法官的法律素养以及法官自身的道德高低等，这些因素都不能一蹴而就。提高行政诉讼效率没有增加各个主体的直接成本，能满足各个主体的需求，机会成本最低，故而，在行政诉讼的各项变革中最容易达成一致，也最容易得到改革和变迁。虽然单纯提高行政诉讼效率在三个改革项目中最有可能达成一致，但是仅仅依靠提高行政诉讼效率无助于降低公众损害和政府道德成本，因此不能成为行政诉讼制度改革和变迁的关键点。行政诉讼制度改革的关键在于提高行政诉讼救济的数量和质量。相比之下，通过提高行政诉讼受案范围，提高行政诉讼救济数量就显得相对容易了，即使原告胜诉率保持不变，法院、民众和行政机关的收益也可以增加。当然除了受案范围的扩大，提高行政诉讼的救济数量还包括放宽原告和被告的主体资格、延长行政诉讼时效等途径。故而，拓展行政诉讼救济的新类型，开辟救济的领域，就成为当前行政诉讼制度改革和变迁的主要方向和关键。

那么，未来在行政诉讼发展的第四阶段，在受案范围上预计还会作出以下调整：（1）由于国家的发展和行政功能的多元化，会出现行政诉讼传统框架内无法应对的新的纠纷类型，如公益行政诉讼，环境行政诉讼等，从而有必要从法律上明确和界定。（2）将受教育权、知情权、游行示威等公民的基本权利，纳入行政诉讼的受案范围也应该会是下个阶段的立法目标之一。从司法实践来看，受教育权在最近这几年已经进入法院的审查范围，知情权也在慢慢得到法院的保护，逐渐进入行政诉讼。尽管如此，对《宪法》里规定的许多公民基本权利，法院对其的保护仍然十分有限。未来的《行政诉讼法》会逐渐将可能受到行政行为侵害的任何公民合法权益均纳入法院的救济范围。(3）将在行政诉讼的受案范围事项内增添行政机关制定“红头文件”的行为。现实生活中，尽管铺天盖地的“红头文件”常常是侵犯人们合法权益的主犯，却受限于现有法律规定的抽象行政行为不可诉的规定，不能起诉到法院，无法得到法院的救济。但事实上违法的抽象行政行为显然要比违法的具体行政行为后果严重得多，而“红头文件”就是一个典型的抽象行政行为，它的涉及面更广，影响范围更大，也更有损政府的形象。[1]（4）在彻底贯彻实施依法治国、依法行政理念的指导下，逐步扩大司法权对行政权的监督，将行政立法、行政命令等抽象行政行为纳入行政诉讼的受案范围，确立对特别权力关系的司法审查，为实务界和理论界都提出新的研究命题。

总之，任何制度的设立和变迁都会受到社会发展的制约，并反映当下社会存在的状况。在不同时期，公众对司法功能、司法公正、司法效果、司法过程的要求往往不同，司法改革也因此具有鲜明的时代特征。司法改革的目的不是要彻底地革命，而是要最大限度调动各方参与法治建设的积极性，让民众不仅可以无拘无束地参与司法活动，追求自身利益的最大化，还能更关注并参与到行政立法、行政执法、行政体制改革及司法改革等国家法治建设的过程中。如果有一天，社会民众而不是政府能成为推动中国法治建设的中间力量，那么行政诉讼制度在这一阶段的改革和变迁就达到了最优的效果，同时也为第四阶段的改革和变迁打下根基。

六、顺应社会治理模式的发展

伯尔曼曾在其著作《法律与宗教》中提到："新的时代会是一个'综合的时代'，在这个时代里，'非此即彼'将会让位于'亦此亦彼'，主体不再一味反对客体，而是主体与客体之间相互交互；不再是意识反对存在，而是意识与存在共存；不再是理智反对情感，或理性反对激情，而是整体的人在思考和感受。"[2]

（一）行政诉讼的演进动力：行政、司法与民众的良性互动

所谓和谐社会也并不是完全不存在利益冲突，而是各种冲突都能被化解的社会，其中在法律体制内化解冲突是和谐社会的特征，创建利益均衡的制度是构建和谐社会的本质要求。[3]有效的制度安排不仅可以使主体对利益的表达和追求更加规范和合理，也有助于利益分配结果的公平和正义。20世纪

---

〔1〕 如山东省潍坊市寒亭区政府日前出台文件，要求全区副科级以上现职干部，上半年每人至少替开发商销售一套住房；完不成任务者，按比例从所在单位已认定的全年招商引资额中扣减，个人还可能遭通报、扣工资等处罚。还有贵州省贵阳市白云区政府下发文件，要求辖区各单位干部职工每人购买100斤番茄。

〔2〕 ［美］伯尔曼：《法律与宗教》，梁治平译，中国政法大学出版社2003年版，第67页。

〔3〕 王学辉、邓华平："行政诉讼制度变迁的经济逻辑——以和谐社会构建为背景"，载《法学评论》2006年第1期。

以来，在新宪政主义的影响下，[1]西方国家逐渐看到了传统“分权制衡”理论的不足，不再一味地强调权力之间相互制约，认为通过各个权力之间的相互协调和配合同样可以达到发挥权力功能的目的。同时，当代西方国家权力结构的实际变化也显示各个权力之间的分立与制衡并不是民主国家权力关系的唯一模式。为了更好地实现权力运作的价值追求，权力间的相互“尊重”与“协作”在实践中不断弥补权力间的“分立”与“制衡”所带来的不足。“尊重”与“协作”的权力关系形态已经充分展示了其在完善社会管理、稳定政治秩序、促进社会发展等方面的作用。共同预防和化解矛盾纠纷，不仅是现代国家社会管理的一项重要内容，而且也成为各个国家机关的重要职责。权力间的彼此“协调”已经被认可并成为传统权力关系模式的有益补充。

那么，在中国司法权与行政权、公民权之间到底有无对话的可能呢？传统西方的三权分立制度要求司法权和行政权相互制约，这一观点尽管在反对封建专制、保障公民权利方面曾发挥巨大的作用，但在当下中国同样不适用。作为法治初期阶段的一个特征，我国的行政权和司法权处于失衡的状态，行政权过于膨胀，司法权过于薄弱。完全依靠司法权来监督和制约行政权，是司法权的不可承受之重，司法权只能在某种程度上作出妥协和让步。在这种情形下，与其说行政诉讼的目的是监督行政机关不如说是在解决行政纠纷，维护公共利益。行政审判只能是在解决行政争议的过程中完成保障当事人的合法权益和监督行政机关依法行政的目的。正如日本学者棚濑孝雄所言：“在实践中，常常把审判对席辩论的程序作为一种直接控制行政权力的方法。在诉讼过程中，进行对等的辩论既是当事人的权利，也是当事人的义务。那么，只要行政机关成为被告在法庭上出现，就必须要对被诉行政行为做出陈诉、说明和申辩。这个过程不仅仅是说服法官的过程，而在客观上，也向社会展

---

〔1〕“国家和社会”分析模式表达为权利分化—平衡关系，这种表达需要假定双方具有自主的权利，从而建立起一种相对的结构。它们的分立、互动、谈判或冲突，意味着权利的界定、变化或交换。权利分化与交换讨论秩序，其基本问题便由最一般层次的权利界定开始，运用抽象而简化的分析单位，组成国家与社会、个人与公众这样一些最基本的关系。就行政机关与法院而言，依法分别行使行政权和审判权，这是两种不同的权能。按照权力分立、权限法定、各权力间相互制约平衡的传统“分权制衡”理论，这两种权力似乎不存在沟通、协调的余地。但新宪政论者认为，宪政政体必须不只是限制权力的政体，它还必须有效地利用这些权力，制定政策，提高公民的福利。新宪政论不否认在宪政体制中政治生活的民主化是件好事，但它需要表明民主政府是怎样能够及时受到制约的，又是怎样能动进取的。

示了自己的行为方式和依据。在这个过程中，行政机关必须放低姿态，以更加理性的态度对待原告一方，和社会民众进行平等的对话。司法为这种平等的交流、对话的方式提供了场所和平台，并以此达到监督行政权的目的。"〔1〕在这个过程中，行政权与司法权须从直接防范、制约逐步走向一种新型的关系模式——良性互动。事实上，行政权与司法权的设置都有一个共同的目的——公共利益——以谋求良性的法律秩序促进社会的发展。〔2〕既然司法权和行政权的设立都有一个共同的目的——公共利益，那么当然司法权和行政权也是有对话基础的。

那么，司法权与公民权有无沟通的可能？从笔者掌握的资料来看，这方面的理论研究还比较少。但是正如三权分立理论在当下中国不适用一样，在公民法治意识还不健全的当下，如果让司法权完全消极中立，僵硬刻板适用法律，只会加深民众对司法判决的不认可。司法应该更加能动，因为"我们并不是渐渐失去了对于法律的信任而是一开始就不能信任法律"〔3〕。既然如此，那么行政诉讼这个本质上来源于西方传统文化的制度怎样能激发中国民众的尊重和信仰呢？其实民意并不是生来就与司法不相融合，司法的本质在很大程度上也是民意的结果。随着社会的发展，民意随之变化，民意对司法的影响也发生变化，司法也必须跟随着民意改变。由于各种因素的限制，司法有时候不能与时俱进，虽然我们不愿意看到这种现象，但有时难免事与愿违。〔4〕十八届三中全会通过的《决定》中明确提出"广泛实行人民陪审员、人民监督员制度，拓宽人民群众有序参与司法渠道"。可见，不管当下社会的发展已经多么专业化，司法本身的专业性程度有多高，司法裁判仍然离不开不具有专业性的普通大众参与。换句话说司法权和公民权是有沟通的基础的。在实践中，从邓玉娇案到许霆案，从孙志刚案到李双江案，民意也始终关注着司法。当然，民意也不是总是理性的，正因如此，最高法院才强调要独立

〔1〕［日］棚濑孝雄：《纠纷的解决与审判制度》，王亚新译，中国政法大学出版社 1994 年版，第 258 页。

〔2〕王学辉："中国行政审判自我意识的觉醒和发展"，载王学辉主编：《宪法与行政法论坛》（第 5 期），法律出版社 2012 年版，第 200 页。

〔3〕王学辉："中国行政审判自我意识的觉醒和发展"，载王学辉主编：《宪法与行政法论坛》（第 5 期），法律出版社 2012 年版，第 201 页。

〔4〕张永和："基层法院涉诉信访研究——民意与司法"，载《云南大学学报（法学版）》2010 年第 5 期。

审判，“不能因为舆论炒作、当事方上访闹访和地方‘维稳’等压力，就不顾法律，作出违反法律的裁判”。[1]那么，如何在行政诉讼的过程中合法合理地回应民意呢?

在制度改革中回应民意的需求，并非一味顺从，如果让民众觉得改判的原因是因为缠诉、闹访的结果，那将是司法的悲哀，制度的改革不应该走向民粹主义。因此，只有将行政诉讼作为一种救济手段，通过强化特定的制度供给来引导制度的改革，给行政权、司法权和公民权三者提供一个有序的对话和沟通的平台，在法官指导下，通过法官与当事人共同协商合作推进行政诉讼程序，才能重新修护已经受到损害的行政权和公民权的和谐关系，才能达到真正意义上的和谐。“所谓的实质性化解行政争议，就是通过行政诉讼，根本解决‘官’民矛盾，修复‘官’民关系，理顺群众的情绪，让社会重新回到和谐状态。”[2]

（二）行政审判中的“变通”：协同式行政诉讼

“协同诉讼”最早出现在德国，德国学者贝特曼于 1972 年最早使用了“协同原则”这一术语来概括民事诉讼制度的变革，[3]而后道鲁夫·瓦塞尔曼又在其著作《社会性民事诉讼——社会法治国家中民事诉讼的理论与实务》一书中提出用协同主义来代替辩论主义。[4]一般而言，学术界主要从以下三方面理解和运用“协同主义”：①将“协同主义”作为一个修正和完善辩论主义的诉讼原则。因为这一观点支持者甚多（如日本的高桥宏志、德国的格雷格教授等），也可以被认为是最主流的观点。②将“协同主义”作为既不同于职权主义模式也不同于当事人主义模式的一种独特的诉讼模式（比如我国的学者田平安、肖建华、德国学者斯瓦布等）。③从诉讼法律关系上定义“协同主义”，试图从当事人和法院的权利与义务的角度对“协同主义”加以诠释。[5]从以上描述我们可以看出，传统“协同主义”主要运用在民事诉讼中，该过程不绝对强调辩论主义，在必要情况下法官也可以依据职权调查证据。

---

〔1〕 最高人民法院印发《关于建立健全防范刑事冤假错案工作机制的意见》的通知（法发［2013］11 号）

〔2〕 江必新：“完善行政诉讼制度的若干思考”，载《中国法学》2013 年第 1 期。

〔3〕 张珉：“试论辩论主义的新发展——协同主义”，载《新疆社会科学》2004 年第 6 期。

〔4〕 唐力：“辩论主义的嬗变与协同主义的兴起”，载《现代法学》2005 年第 11 期。

〔5〕 田平安：《民事诉讼法原理》，厦门大学出版社 2005 年版，第 158 页。

民事诉讼中的协同主义强调法官和当事人协同搜集诉讼资料，其主要目的在于发现案件真实。[1]

当今世界主要存在对抗制诉讼和非对抗制诉讼两种诉讼模式，两者之间的区别主要在于特定法律文化对当事人和法官各自角色的定位。尽管不同法系国家都已经根据本国实际情况选择了最适合本国的诉讼模式，但是协同主义模式并不排斥任何一种模式。事实上，西方国家两大法系也正在不约而同地走向协同主义。[2]先是中欧国家奥地利在 1985 年的《奥地利民事诉讼法》采用了协同主义，随后，德国和法国也在其本国的民事诉讼法中确立了协同主义。而英美法系的代表美国也对法律进行了趋向协同主义的一系列修改，典型的如“管理者型法官”理论的注入。英国更是在 1998 年的《英国民事诉讼规则》中明确规定：“法院与当事人必须共同合作以便实现公正、公平和节约的诉讼目标。”[3]

在公法领域西方学者也对传统以私法诉讼为基础构建起来的诉讼模式提出了挑战。亚伯兰罕·蔡斯教授曾在 1976 年发表的文章《法官在公法诉讼中的角色》里将公法诉讼的特征总结为六个方面：“①诉讼的范围是发展变化的，没有固定的模式，当事人和法院可以共同创造诉讼的范围；②诉讼中当事人的结构是可以拓展的，结构的组成可以变化，并不是一定只由两方组成；③探究事实的过程是可以预期的，可以被立法所固定的，而不具有历史性和司法性；④诉讼救济的过程和结果往往具有导向性，它不光是对现有损害的弥补和修复，是对案件当事人利益的救济，而且还会对案件以外的人产生影响；⑤在诉讼过程中，法官不是消极无为的，而是积极能动的。在诉讼中，法官不仅仅对处理案件的适用规则进行分析和解释，还可以主动查明案件事实，选择合适的司法手段保障案件的顺利进行和结果的公正；⑥诉讼的对象不仅仅是当事人之间的争端和冲突，而是民众与公共政策实施的对抗。”[4]可见，法官在公法领域更应该发挥其能动性，“协同模式”不光在民事诉讼领域，在行政诉讼领域也同样有适用的空间和价值。

---

〔1〕 姜世明：“民事诉讼法总论”，载《月旦法学教室》1995 年第 23 卷。

〔2〕 肖建华：“构建协同主义的民事诉讼模式”，载《政法论坛》2006 年第 5 期。

〔3〕 王福华：“民事诉讼协同主义：在理想和现实之间”，载《现代法学》2006 年第 6 期。

〔4〕 Abram Chayes, “The Role of the Judge in Public Law Litigation”, 89 *Harverd Law Review*, 1032 (1976)。转引自汪庆华：“中国行政诉讼：多中心主义的司法”，载《中外法学》2007 年 5 期。

“司法的基本使命，就是通过司法实现法律，就是把应然的法律规定运用到实然的法律事实当中。”〔1〕但是庞德却对此抱以怀疑：“如果我们认真观察，实际行动的法与书本规定的法总是存在差距，因为立法上的规则与实际上调整社会关系的规则是有区别的，并且，这种差距还很深刻，经常存在于法学理论与司法行政之间。”〔2〕尽管《行政诉讼法》已经运行了二十多年，但是该法的运行却始终艰难曲折，不仅面临着案件数量少、原告胜诉率低、判决结案率低、撤诉率和驳回起诉率高等问题，而且出现了行政诉讼制度的立法表达和司法实践相偏离的司法现象（如行政撤诉率高、立案率低、非诉执行率高、变更权实施率低等）。这种法律表达和司法实践的“偏离”，在中国语境下可以权且称之为“变通”，“变通”可以说是中国社会一种特有的处理问题的逻辑和方式。如果将“变通”放在行政诉讼运行过程中，也是“博弈型制度变迁”的反映，即“正式制度由国家强制性推动之后，在其实施的过程中，正式制度与社会的其他规则彼此互动（这些规则既包括正式规则也包括非正式规则），并在互动中产生新的制度的过程”。〔3〕“博弈型制度变迁”和“强制性变迁”与“诱致性变迁”不同，它是制度变迁的“第三条道路”。〔4〕而这“第三条道路”恰恰可能是诉讼参与人自己作出的理性选择，是法院和当事人双方都认为这样选择的后果比以法律规定的判决方式结案更理想，共同合意而后为之。这种“合意而为之”，其实就是法院和当事人之间的相互沟通，相互协作，使意见趋同，笔者将这种解决问题的路径称之为“协同”。在“协同”的操作模式下各方更容易找到彼此都比较认可的“第三条道路”。

如前所述，作为移植法律的一个典型，西方行政诉讼模式与中国国情相结合，结果却出现诸如行政诉讼目标的实践偏移、行政诉讼裁判机制异化、柔性司法等特有的中国行政诉讼法律实效。同时由于西方诉讼模式是镶嵌在

〔1〕 谢晖：“论法律实效”，载《学习与探索》2005年第1期。

〔2〕 Pound, “Law in Books and Law in Action”, *American Law Review*, 1910, p.44. 转引自徐军、江厚良：“透视撤诉率：行政诉讼中的法律失效——以法院/法官的行动选择为视角”，载最高人民法院：《探索社会主义司法规律与完善民商事法律制度研究——全国法院第23届学术讨论会获奖论文集（上）》，人民法院出版社2011年版。

〔3〕 邓玮：“法律场域的行动逻辑”，上海大学2006年博士学位论文。

〔4〕 林毅夫：“诱致性变迁和强制性变迁”，［美］R. 科斯等：《财产权利与制度变迁》，上海三联出版社1994年版。

正处于急剧转型中的中国，也必然伴随着中国司法改革一起追寻一些新的诉讼价值：比如不再单纯追求法律效果而是追求社会效果和法律效果的统一；不再只求维护“虚无缥缈”的正义，而更追求“案结事了”；法院不再是单纯的消极被动，而是更加积极能动。这些现象无疑会给西方传统行政诉讼模式带来挑战，中国究竟需要什么样的行政诉讼模式？从现实需求的角度，笔者认为在当下，最适合中国的行政诉讼模式是在实践中已经存在的“协同式行政诉讼”，即在充分尊重当事人辩论权和处分权的前提下，在行政诉讼中充分发挥法官的主观性和能动性，在法官的指导和协助下，法官与当事人之间共同协商、相互合作推进行政诉讼程序，以减少各种诉讼弊端的一种诉讼模式。[1]与民事诉讼中的协同不一样的是，该模式要求法官不能一味消极被动地刻板适用法律，而应充分发挥个人智慧，通过审判与当事人达成“合意”促成行政纠纷的“案结事了”，力求达到法律效果和社会效果的统一。协同式行政诉讼也不是放弃西方经典意义上的辩论主义或者职权主义，而只是对前者的补充和修正。强调以协同的方式促成法官与当事人之间的“合意”，希望通过法官和当事人交往行为的“合理化”来构建合理的解决方案，以实质性地化解行政纠纷。如果说对抗式诉讼模式的基本理念是自由主义，非对抗式诉讼模式的基本理念是集权主义，那么协同式诉讼的基本理念就是“和谐主义”。“协同式行政诉讼”与中国的传统法律文化和当代社会倡导的“和谐文化”相契合，更具有中国特色，更容易被法院在司法中实践。诚然，任何事物都逃不脱产生和消亡的轮回，协同式行政诉讼也有其服务的特定时间段。或许在这个时间段协同式行政诉讼本身还有许多需要完善的地方，笔者也只是抛砖引玉。但无论如何，当代行政诉讼模式的建立理应成为理论界探索的一个新的命题。

（三）协同式行政诉讼重新诠释了行政诉讼的价值

第一，“协同式行政诉讼”有利于对行政争议的实质解决。当下中国采用的行政诉讼制度很大程度是对西方以“控权论”为基础的行政诉讼制度的借鉴，而“控权论”赖以存在的基础——权力的均衡和制约，对法治的普遍信仰在我国都不曾具有。中国行政诉讼的追求应该有所改变，现阶段中国的行政审判应从追求司法权对行政权的监督转向追求实质性化解行政争议。

---

〔1〕梁潇：“试论‘协同行政诉讼模式’在我国的建立”，载《河北法学》2013年第8期。

最高人民法院行政庭庭长赵大光早在2010年12月的全国法院行政审判基层基础工作座谈会上就提出：要致力于实质性解决行政争议，法院的职能定位应当是化解争议，法院不仅是依法审判案件的司法机关，更是一个协调化解矛盾的机关；法院在审理案件中不能结案了事，而是要实现案结事了。换句话说，法院追求的目标不是律制，而应当是法治，不是程序性结案，而是纠纷的实质性化解。要充分发挥协调机制化解矛盾争议的作用和高度注重法官释明权的运用，对当事人的诉讼活动特别是争议的实质性解决，在尊重和保护当事人诉讼权利的前提下，给予必要的解释、说明、指导和引导，以促进纠纷的及时妥善化解。而行政诉讼协同模式的特点恰恰迎合了行政诉讼追求目标的转变，重新诠释了传统行政诉讼所追求的诉讼价值。

法律运行是一个综合性的过程，其结果是希望形成稳定的社会秩序。当代法治社会的基本选择是通过法律运行达到理想的社会秩序。但是“协同式行政诉讼”所追求的“秩序”价值更强调如何恰当地安排“行政争议”，而不是一味回避争议。和谐社会并非没有冲突，而是能够及时地化解冲突，有效的控制冲突。培根说：“在很多时候，形成和导致司法判决的对象和关系也许只关乎你我，但由该司法判决引起的理由和后果却可能对社会的全部财产产生影响。”〔1〕也是因为这样的原因，目前，我国的行政诉讼是以客观诉讼为基础的，这种诉讼种类要保护的权益本来就不仅仅限于直接受到侵害的当事人的合法权益，而是立足于整个社会法律秩序、社会公共利益以及所有其他可持续发展的利益。法院对于《宪法》和法律法规未明文禁止的自由，可以根据权衡公共利益和私人利益作出行政裁判。司法从来都不是与公共利益无关的，行政司法更是如此。“行政诉讼协同模式”不仅希望达成通过案件的受理，完成行政秩序和司法秩序的对接和通过诉讼恢复已经被破坏的行政秩序或者保护正常的行政秩序不受侵害的效果，更重要希望通过诉讼，妥善安排、化解争议，达成案结事了，维护整个社会秩序的稳定。

第二，“协同式行政诉讼”既追求被诉行政行为的合法性也追求被诉行政行为的合理性。程序不是摆设，不应该仅仅是具有象征意义的循规蹈矩。尽管现有《行政诉讼法》规定行政诉讼不能调解，但是行政争议有些时候是可以通过协调和解有效解决的，事实上实践中，协调和解撤诉也是各级法

---

〔1〕［美］本杰明·卡多佐：《司法过程的性质》，苏力译，商务印书馆2002年版，第9页。

院特别是基层法院的一种惯常做法。行政行为的行使总是离不开自由裁量权的运用，而自由裁量权的运用就可能涉及行政行为的合理性问题，而这又是现行行政诉讼的一个短板。当然对行政行为的调解不仅仅是对行政权力的简单处分，而是法院、行政机关和行政相对人三者之间的共同协商、交流，共同促进行政裁判结果以人们可以接受的方式实现。这种行政审判的新局面其实就是行政诉讼协同模式在实践中运用的雏形。尽管在协商的过程中可能出现权钱交易等违反法律的风险，但是简单的因噎废食无异于削足适履，问题的关键不在于一味否认和打击协同模式，而在于如何防止、规范和引导。

米尔伊安·R. 达玛什卡曾在其书中构建了两种理想型的国家：作为管理者的国家和作为服务提供者的国家，并总结出两种理想型国家的两种法律程序：政策实施型的法律程序和纠纷解决型的法律程序。[1]而现今的中国同时显示出达玛什卡笔下的国家的两种类型特征，国家不但要作为国家的管理者也要作为社会自我管理和民众活动的提供者。前者要求司法活动的目的是要实施政府的政策和实现政府的规划，后者要求司法活动的目的是解决纠纷。因此，法官考虑的不仅仅是法律还有适用这些法律所可能带来的后果。即法官在处理案件时，除了要考虑法律法规等形式理性法之外，还要考虑道德、伦理、政策等法律之外的实质性理性法和实质性法以及以个案的具体因素为法律外诉求的实质非理性法。由于多个诉求的同时存在，行政诉讼对当事人的权利救济可能因为现实的无奈而被否定。这样的局面作为法治初级阶段的一个特征，可能会持续几十年，这是法治发展不可逾越的一个阶段。在这个阶段，法官必须对何为值得保护的利益进行衡量和判断，以此来确保行政机关能够正常行使职权，并在实现公共利益的同时最大限度保护相对人合法权益，从而实现两者的双赢。因此，"协同行政诉讼模式"更强调让被诉行政行为既符合行政合法性原则也符合行政合理性原则。

第三，"协同式行政诉讼"强调行政诉讼过程中的"交往正义"。交往行为是伴随着主体借以协调其行动的以理解为取向的语言使用进行的，就此主体间的信念构成了社会和谐的媒介，通过价值、规范和理解而实现的社会整

---

〔1〕［美］米尔伊安·R. 达玛什卡：《司法和国家权力的多种面孔》，郑戈译，中国政法大学出版社 2004 年版，第 145~269 页。

合要完全取决于交往行动本身，法律则承担了这种交往的衔接与媒介。[1] 行政诉讼的过程也是一种法官、行政机关和相对人间的交往过程，而这种过程是否可以主持正义呢？行政诉讼是特定历史时空下的产物，要把握好行政诉讼发展的方向必须对当下的形式有深刻的认识。当下我国正处于法治的初级阶段，行政诉讼在我国一元化政治结构、"时空压缩" 法治环境和科层制下的"政策实施型法律程序" 等背景下艰难运行。[2] 这些因素共同作用于我国行政诉讼，结果出现诸如"选择性司法""政治控制的司法""规则统治性司法"等中国独有的司法现象，这是为什么呢？因为我国现行的行政诉讼制度与中国行政现象的实际脱节了，现行行政诉讼模式不能有效解决当下的行政争议。行政法的正当性不应该仅仅来自国家强制力而应该形成一种交往共识。行政相对人应当更加主动地去理解、参与、认可行政行为的执行而不是被动遵守和接受。"改变行政法的管理逻辑，将过去的管理思维塑造为治理思维，改变由国家自上而下向社会下达指令的模式，改变政府单向度对社会发布规制的封闭性，为各方平等的交流搭建平台，通过更加理性的方式形成共识。"[3] 人们在任何交往过程中都在追求社会的赞同，在交往过程中应该尽力实现交往正义。交往正义的目的在于达成行政诉讼合意，实现行政诉讼中法官、行政机关、相对人三者之间的有效交往，化解行政争议，提高行政机关和行政相对人对行政裁判结果的可接受度。交往本身不是目的，目的在于通过交往获得彼此的尊重和认可，而这一过程的关键在于交往过程中所使用的方式和技巧。理想的行政诉讼应该为三者的交往更好地搭建平台和空间，达成对交往的法律共识。"行政诉讼协同模式" 是在通过一种更加柔和地沟通方式来化解行政争议，并且期望这种方式能够成为行政主体和行政相对人自愿选择解决问题的一种方式，追求在法律范围内通过法官、行政机关、行政相对人之间的交往模式，能够更加能动地实现交往正义。

---

[1] [德] 哈贝马斯：《在事实与规范之间：关于法律和民主法治国的商谈理论》，童世骏译，生活·读书·新知三联书店 2011 年版，第 43~50 页。

[2] 王学辉："中国行政审判自我意识的觉醒及发展"，载《宪法与行政法论坛》（第 5 期），法律出版社 2012 年版，第 203 页。

[3] 罗豪才、宋功德："行政法的治理逻辑"，载《中国法学》2011 年第 2 期。

七、小结

“法律是一种地方性知识。”[1]考察中国目前的法律实效不能离开两大背景：一个是现代化。中国是一个既不仅仅拥有“殖民化—独立型”，也不仅仅拥有“冲击—反应型”特征，既不同于“早发内生型”法律现代化，不同于“后发外源性”法律现代化的国家。[2]中国的法律现代化一方面来自于外来文化，一方面又受到本土传统文化的影响。另一个是社会转型。即中国社会正在从一个传统的、自然经济和计划经济占主导地位的社会逐渐迈入现代的商品经济和市场经济占主导地位的社会。当然，从广义上说，一个社会的现代化和社会的转型过程是相互交叉、彼此联系的，这里将其分开表述是为了从两个不同的维度更好地理解这个问题。因为在当今世界格局中，现代化在某种意义上已经成为西方化的代名词，所以这里所说的现代化是侧重于从中西方的维度来考察中国的法治建设，而社会转型则侧重于从中国自身的历史发展脉络来考察中国的法治建设。那么，处于这样两大背景下的中国法治建设实际上就是三个因素互相作用的产物：传统法律文化，包括民间的信仰、伦理、习俗等；外来法律、主要是以英美为代表的西方法律；社会现实，包括社会转型实践和我国特有的制约因素（如人口、资源、环境等国家战略因素）。这三个因素也同时构成了法律现代性与地方性互动的框架。

从图7可以看出，传统法律文化、外来法律和社会现实的互动过程是这样的：①社会现实发生了某种新的重大变动，使得新的关系调整需求产生了，进而对法律系统的变革提出了新的要求。②这个时候，法律系统需要作出回应，回应的方式通常有两种方式：第一，从传统法律资源中寻求可利用的规则；

〔1〕［美］E. 博登海默：《法理学——法律哲学与法律方法》，邓正来译，中国政法大学出版社1999年版，第83页。

〔2〕根据起始时间的不同，可将现代化类型划分为早发型现代化和后发型现代化。前者是指启动时间较早，在传统社会一统天下的格局下启动现代化的国家，比如英国和法国；后者是指启动时间较晚，在现代化的全球格局基本奠定的时候才开始大规模现代化的国家，比如第三世界国家。根据现代化的起源和原初动力的不同，可将现代化类型划分内源的现代化和外源或外诱的现代化：前者是社会自身力量产生的内部创新，经历漫长过程的社会变革的道路，又称为内源性变迁，其外来影响居于次要地位。后者是指国际环境影响下，社会受外部冲击而引起内部的思想和政治变革并进而推动经济变革的道路，又称为外诱变迁，其内部创新居于次要地位。参见罗荣渠：《现代化新论——世界和中国的现代化进程》，北京大学出版社1993年版，第123页。

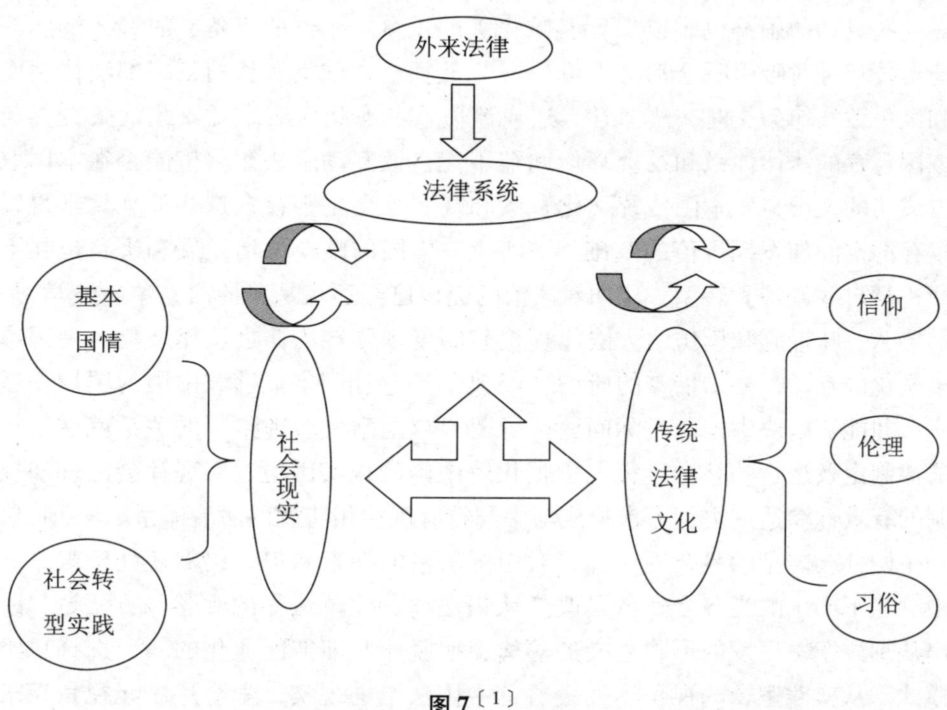

图 7〔1〕

第二，如果传统法律资源无法作出回应，或者作不出理想的回应，就借鉴外来的法律。③外来法律一旦被移植过来，就会与传统法律文化和社会现实都发生复杂的互动关系。这种复杂的互动过程，既包括传统法律文化和社会现实对外来法律的形塑，使其以中国的方式发生作用，也包括外来法律文化对传统文化和社会现实的改变，同时，也包括传统法律文化与社会现实之间的相互建构、彼此形塑。转型时期我国的法律系统内部矛盾和冲突主要表现在外来文化与传统文化的冲突，新传统与旧传统的冲突。

因此，法律实效的改善与提升在很大程度上不在于立法程序的完备和法律规范的健全，而主要取决于法律规范的内容与司法实践所生长的特定国家的历史文化背景和现存的制度之间是否可以有效整合和充分地兼容。主持一部法律制度的改革好比筹备一场音乐会，其中，每一条法律条文就好比是一个乐符。诚然，每一个乐符都有它自己独特的艺术魅力和内在价值，但是光

〔1〕 郭星华主编：《法社会学教程》，中国人民大学出版社 2011 年版，第 271 页。

靠这些灵动的乐符也难以保证奏响完美的乐章。乐器的完备、演奏者娴熟的演奏技巧等对吸引听众都必不可少。[1]故而，在欣赏和移植某一部法律制度和某一款法律条文时，法律学者还应该慎重考虑此部法律（或此款条文）与该国现存的法律体系和社会环境间能不能良性互动。法律移植能否在本国取得成功的关键在于本国传统文化背景和现实社会是否存在这些外来规则得以生存的空间和发挥价值的基础。事实上，中国的整个法治发展和进路也在不断进行自我调整和转型，比如对法治的建设已经逐步从只向西方单向地学习、借鉴，一味追赶和模仿西方法律理论和制度规则转为西方法律文化与中国本土文化的互动，要求借鉴的所谓“经典”理念和制度能够和中国的国情相适应，并能够解决中国的实际问题。所谓“自主型法治进路”的关键就在于在法律制定及运行的整个过程之中把化解中国的现实困境、实现社会治理和控制的有效性渗透进去，力求形成与中国特有国情相协调的法治体系。[2]但是，和中国社会转型的复杂性一样，对中国法治的探索和追寻仍然还处于艰难之中。当下中国的当务之急就是改变认识法律和改革法律的观念和方法论，跳出从理论逻辑出发的形式主义的藩篱，摆脱非此即彼的僵化的一元选择思维模式。从实践逻辑的视角出发去看待中国法治的现实，学会从多元视角探求法律的真谛，认识和接受非逻辑性的甚至矛盾的现实存在，并能够在差异之上做出相对合理的选择和行为。[3]总之，从实践逻辑出发，考察中国行政诉讼的法律实效，分析行政法治理想与现实运作之间的关系和差距，从“本土”和“中国特色”的角度看待和理解中国行政诉讼的现状，并尝试在遵循法律自身发展规律基础上改善行政诉讼的法律实效，逐步完成行政法治的历史目标和使命，注定会是我们长期面临的课题。

---

〔1〕［美］米尔吉安·R. 达玛什卡：《司法和国家权力的多种面孔——比较法视野中的法律程序》，郑戈译，中国政法大学出版社 2004 年版，第 2 页。

〔2〕顾培东：“中国法治的自主型进路”，载《法学研究》2010 年第 1 期。

〔3〕黄宗智：“悖论社会与现代传统”，载《读书》2005 年第 2 期。

参考文献

一、中文类参考文献

（一）著作类

1. ［法］皮埃尔·布迪厄、［美］华康德:《实践与反思——反思社会学导引》，李猛、李康译，中央编译出版社 1998 年版。

2. 瞿同祖:《中国法律与中国社会》（第 2 版），中华书局 2003 年版。

3. ［奥］凯尔森:《法与国家的一般理论》，沈宗灵译，中国大百科全书出版社 2003 年版。

4. 汪庆华:《政治中的司法：中国行政诉讼的法律社会学考察》，清华大学出版社 2011 年版。

5. 张文显:《法理学》，高等教育出版社 1999 年版。

6. 江必新、梁凤云:《行政诉讼法理论与实务》（上、下卷），北京大学出版社 2009 年版。

7. ［英］罗杰·科特威尔:《法律社会学导论》，潘大松等译，华夏出版社 1989 年版。

8. ［美］约翰·麦·赞恩:《法律的故事》，刘昕、胡凝译，江苏人民出版社 1998 年版。

9. 李国慧、刘学智、李国雁:《法官的逻辑和经验——行政诉讼十大问题研究》，人民法院出版社 2006 年版。

10. 孙国华:《法学概论》，高等教育出版社 1990 年版。

11. ［美］庞德:《通过法律的社会控制》，沈宗灵、董世忠译，商务印书馆 1984 年版。

12. 薛刚凌:《行政法治道路探寻》，中国法制出版社 2006 年版。

13. 沈宗灵主编:《法理学》，北京大学出版社 2014 年版。

14. 张根大:《法律效力论》，法律出版社 1999 年版。

15. 郭宇昭主编:《社会主义法的基本理论》，中国人民大学出版社 1993 年版。

16. 汪庆华、应星编:《中国基层行政争议解决机制的经验研究》，上海三联书店 2010 年版。

17. 徐晨、余翠兰:《武汉市洪山区法院行政审判实务研究 1987-2009》，中国社会科学出版社 2010 年版。

18. 张文显:《二十世纪西方法哲学思潮研究》，法律出版社 1996 年版。
19. [美] E. 博登海默:《法理学——法律哲学与法律方法》，邓正来译，中国政法大学出版社 1999 年版。
20. 赵震江:《法律社会学》，北京大学出版社 1998 年版。
21. [法] 孟德斯鸠:《论法的精神》，张雁深译，商务印书馆 1961 年版。
22. [美] 波斯纳:《法律的经济分析》，蒋兆康译，中国大百科全书出版社 1997 年版。
23. 何珊君:《法社会学》，北京大学出版社 2013 年版。
24. 沈宗灵主编:《法理学》，高等教育出版社 1994 年版。
25. [英] 罗杰・科特威尔:《法律社会学导论》，潘大松等译，华夏出版社 1989 年版。
26. [英] 霍布斯:《利维坦》，黎思复、黎廷弼译，商务印书馆 1964 年版。
27. [德] 弗里德赫尔穆・胡芬:《行政诉讼法》(第 5 版)，莫光华译，法律出版社 2003 年版。
28. 中共中央马克思恩格斯列宁斯大林著作编译局:《马克思恩格斯全集》(第 2 卷)，人民出版社 1972 年版。
29. [美] 尤伊克、西贝尔:《法律的公共空间——日常生活中的故事》，陆益龙译，商务印书馆 2005 年版。
30. [日] 棚濑孝雄:《纠纷的解决与审判制度》，王亚新译，中国政法大学出版社 1994 年版。
31. [英] 麦考密克、[奥] 魏因贝格尔:《法律制度》，周叶谦译，中国政法大学出版社 1994 年版。
32. 朱景文主编:《法社会学专题研究》，中国人民大学出版社 2010 年版。
33. 林莉红:《行政诉讼法学》，武汉大学出版社 2001 年版。
34. 梁凤云:《最高人民法院行政诉讼批复答复解释与应用・法律适用卷》，中国法制出版社 2011 年版。
35. 朱景文:《现代西方法社会学》，法律出版社 1994 年版。
36. [美] 本杰明・卡多佐:《司法过程的性质》，苏力译，商务印书馆 1998 年出版。
37. [奥] 欧根・埃利希:《法社会学基本原理》，舒国滢译，中国大百科全书出版社 2009 年版。
38. [美] 布莱克:《社会学视野中的司法》，郭星华等译，法律出版社 2002 年版。
39. 郭星华主编:《法社会学教程》，中国人民大学出版社 2011 年版。
40. 侯猛:《中国最高人民法院研究——以司法的影响力为切入点》，法律出版社 2007 年版。
41. [美] 米尔伊安・R. 达玛什卡:《司法和国家权力的多种面孔——比较视野中的法律程序》，郑戈译，中国政法大学出版社 2004 年版。

42. ［英］尼尔·麦考密克：《法律推理与法律理论》，姜峰译，法律出版社 2005 年版。
43. 中华人民共和国最高人民法院行政庭：《中国行政审判案例》（第 2 卷），中国法制出版社 2011 年版。
44. 甘文：《行政诉讼法司法解释之评论——理由、观点与问题》，中国法制出版社 2000 年版，。
45. 杨伟东：《权力结构中的行政诉讼》，北京大学出版社 2008 年版。
46. ［美］理查德·波斯纳：《法官如何思考》，苏力译，北京大学出版社 2009 年版。
47. ［美］汉密尔顿、杰伊、麦迪逊：《联邦党人文集》，程逢如、在汉、舒逊译，商务印书馆 2004 年版。
48. ［法］让·雅各·卢梭：《社会契约论》，何兆武译，商务印书馆 2003 年版。
49. 龚祥瑞主编：《法治的理想与现实》，中国政法大学出版社 1993 年版。
50. ［澳］马尔科姆·沃特斯：《现代社会学理论》，杨善华等译，华夏出版社 2000 年版。
51. 费孝通：《乡土中国》，人民出版社 2008 年版。
52. 左卫民、周长军：《变迁与改革——法院制度现代化研究》，法律出版社 2000 年版。
53. ［意］莫诺·卡佩莱蒂：《福利国家与接近正义》，刘俊祥等译，法律出版社 2000 年版。
54. ［美］伯尔曼：《法律与宗教》，梁治平译，三联书店出版社 1991 年版。
55. ［古希腊］亚里士多德：《政治学》，颜一、秦典华译，中国人民大学出版社 2003 年版。
56. ［美］罗尔斯：《正义论》，何怀宏、何包钢、廖申白译，中国社会科学出版社 1988 年版。
57. ［美］德沃金：《法律帝国》，李常青译，中国大百科全书出版社 1996 年版。
58. ［德］哈贝马斯：《在事实与规范之间：关于法律和民主法治国的商谈理论》，童世骏译，生活·读书·新知三联书店 2014 年版。
59. 蔡志方：《行政救济与行政法学（一）》，三民书局 1993 年版。
60. 何海波：《法治的脚步声——中国行政法大事记（1978—2004）》，中国政法大学出版社 2005 年版。
61. 田平安：《民事诉讼法原理》，厦门大学出版社 2005 年版。
62. 罗荣渠：《现代化新论——世界和中国的现代化进程》，北京大学出版社 1993 年版。

（二）论文类

63. 赵震江等："论法律实效"，载《中外法学》1989 年第 2 期。
64. 谢晖："论法律实效"，载《学习与探索》2005 年第 1 期。
65. 何海波："行政诉讼受案范围：一页司法权的实践史（1990—2000）"，载《北大法律评论》2001 年第 2 期。
66. 高树德、王光辉："河南省《行政诉讼法》实施状况和发展调查报告"，载应松年、袁曙宏主编:《走向法治政府:依法行政理论研究和实证调查》,法律出版社 2001 年版。
67. 章剑生:“对违反法定程序的司法审查:以最高人民法院公布的典型案例(1985-2008)为例”,载《法学研究》2009 年第 2 期。
68. 李瑜青、邓玮:“司法实践中平衡术的动力与行动逻辑——对行政诉讼从法社会学视角所作的一种研究”,载《政治与法律》2008 年第 6 期。
69. 应星、徐胤:“‘立案政治学’与行政诉讼率的徘徊——华北两市基层法院的对比研究”,载《政法论坛》2009 年第 6 期。
70. 苏力:“20 世纪中国的现代化和法治”,载《法学研究》1998 年第 1 期。
71. 徐军、江厚良:“透视撤诉率行政诉讼中实践与表达的背离——以法院法官的行动选择为视角”,载《法律适用》2012 年第 2 期。
72. 何海波:“困顿的行政诉讼”,载《华东政法大学学报》2012 年第 2 期。
73. 常晓云:“抵触与憧憬——《行政诉讼法》实施状况调查报告·行政机关工作人员卷”,载《行政法研究》2013 年第 3 期。
74. 林莉红、宋国涛:“中国行政审判法官的知与行——《行政诉讼法》实施状况调查报告·法官卷”,载《行政法学研究》2013 年第 2 期。
75. [英] 科斯:“社会成本问题”,龚柏华、张乃根译,载盛洪主编:《现代制度经济学》(上卷),北京大学出版社 2003 年版。
76. 汤维建:“司法体制的四大矛盾与四大不足”,载《同舟共进》2013 年第 10 期。
77. [法] 布迪厄:“法律的力量:迈向场域的社会学”,强世功译,载《北大法律评论》1999 年第 2 期。
78. 费孝通:“经济全球化和中国‘三级两跳’中的文化思考”,载《理论参考》2002 年第 3 期。
79. 刘善春:“行政诉讼维护依法行政作用论纲”,载《政法论坛》1999 年第 3 期。
80. 孔繁华:“从性质看我国行政诉讼立法目的之定位”,载《河北法学》2007 年第 6 期。
81. 陈无风:“行政协议诉讼:现状与展望”,载《清华法学》2015 年第 4 期。
82. 贺欣:“法院推动的司法创新实践及其意涵——以 T 市中级人民法院的行政诉讼为例”,载《法学家》2012 年第 5 期。
83. 江必新:“法律效果与社会效果的统一”,载《人民日报》2006 年 5 月 10 日。
84. 章志远:“作为行政裁量‘法外’依据的公共政策——兼论行政裁量的法外控制技术”,载《浙江学刊》2010 年第 3 期。
85. 江必新:“论‘三个有利于’标准与合法性标准之间的关系”,载《人民司法》2000 年第 2 期。
86. 倪笃志、章文英:“‘公共利益’之特征界定与适用——以司法行政审判为视角”,载《法律适用》2012 年第 9 期。

87. 蔡小雪："因公民起名引起立法解释之判案解释"，载《中国法律评论》2015 年第 4 期。
88. "多地法院发布 2013 年度行政审判白皮书：行政机关不作为法院坚决判败诉"，载《法制日报》2014 年 9 月 1 日。
89. 何海波："行政法治，我们还有多远"，载《政法论坛》2013 年第 6 期。
90. 黄启辉："行政诉讼一审审判状况研究——基于对 40 家法院 2767 份裁判文书的统计分析"，载《清华法学》2013 年第 4 期。
91. 贺小荣："依法治国背景下司法改革的路径选择"，载《人民法院报》2014 年 10 月。
92. 何海波："《行政诉讼法》修改之后的悬念"，载《中国改革》2014 年第 12 期。
93. 包万超："行政诉讼法的实施状况与改革思考——基于《中国法律年鉴》（1991—2012）的分析"，载《中国行政管理》2013 年第 4 期。
94. 张忠厚等："多维考察、四个交织——江西高院关于人民法院司法公信力现状的调研报告"，载《人民法院报》2015 年 7 月 9 日。
95. 徐清："向行政诉讼执行难'亮剑'"，载《检察日报》2013 年 12 月 25 日。
96. 林莉红、宋国涛："《行政诉讼法》实施状况调查报告·法官卷"，载林莉红主编：《行政法治的理想与现实——〈行政诉讼法〉实施状况实证研究报告》，北京大学出版社 2014 年版。
97. "江必新在行政审判座谈会上要求切实解决行政诉讼告状难"，载《人民法院报》2009 年 7 月 17 日。
98. 孟天："被告抓原告：行政诉讼'带伤起跑'"，载《人民法院报》2007 年 9 月 9 日。
99. 马毅萍："法官工作状况实际调查——负重、坚守、期盼：基层法官职业心态调查报告"，载《审判研究》2014 年 7 月。
100. 顾大松："行政诉讼中的律师与律师眼里的行政诉讼——《行政诉讼法》实施状况调查报告·律师卷"，载《行政法学研究》2013 年第 3 期。
101. 赖尚武："美国公众的法律意识"，载《人民法院报》2004 年 8 月 13 日。
102. 郭星华、邱红敏："法律的'在场'与'不在场'——对一起赡养纠纷调解事件的法社会学分析"，载《中国农业大学学报（社会科学版）》2007 年第 3 期。
103. 马立群："中国法治坐标上的公民行政法律意识——《行政诉讼法》实施状况调查报告·民众卷"，载《行政法学研究》2013 年第 2 期。
104. 林莉红、沈小平、黄启辉："湖北行政审判现状调查报告"，载《湖北社会科学》2009 年第 10 期。
105. 公丕祥："当代中国的自主型司法改革道路——基于中国司法国情的初步分析"，载《法律科学（西北政法大学学报）》2010 年第 3 期。
106. 陆益龙："法律性的社会学建构——评述伊克和西贝尔《法律的公共空间——日常生

活中的故事》”，载《社会学研究》2006 年第 6 期。
107. 郭星华、张晶：“弱者的诉讼：过程与策略”，载《中国农业大学学报（社会科学版）》2010 年第 1 期。
108. “行政机关未及时书面回复败诉占一半”，载《重庆晚报》2015 年 7 月 14 日。
109. 赵正群：“‘打假’的司法审查标准”，载《人民法院报》2001 年 1 月 8 日。
110. “山东高院公布十件典型行政案例”，载《法制日报》2014 年 07 月 03 日。
111. 雷德亮等：“车辆通行收费引发行政官司　政府部门接受建议知错则改”，载《人民法院报》2010 年 8 月 15 日。
112. 周斌：“多地法院发布 2013 年度行政审判白皮书”，载《法制日报》2014 年 9 月 1 日。
113. 范愉：“法院调解制度的实证研究”，载王亚新等主编：《法律程序运作的实证分析》，法律出版社 2005 年版。
114. 公丕详：“当代中国能动司法的意义分析”，载《江苏社会科学》2010 年第 5 期。
115. 公丕详：“能动司法与社会公信：人民法院司法方式的时代选择——‘陈燕萍工作法’的理论思考”，载《法律适用》2010 年第 4 期。
116. 柯恩：“现代化前夕的中国调解”，载强世功主编：《调解、法制与现代性：中国调解制度研究》，中国法制出版社 2001 年版。
117. 陆思礼：“毛泽东与调解：共产主义中国的政治和纠纷解决”，载强世功主编：《调解、法制与现代性：中国调解制度研究》，中国法制出版社 2001 年版。
118. 陆思礼：“邓小平之后的中国纠纷解决：再谈毛泽东和调解”，载强世功主编：《调解、法制与现代性：中国调解制度研究》，中国法制出版社 2001 年版。
119. 季卫东：“调解制度的法律发展机制——从中国法制化的矛盾情境谈起”，载强世功主编：《调解、法制与现代性：中国调解制度研究》，中国法制出版社 2001 年版。
120. 章志远：“我国行政诉讼司法建议制度之研究”，载《法商研究》2011 年第 2 期。
121. 陈端洪：“对峙——从行政诉讼看中国的宪政出路”，载《中外法学》1995 年第 4 期。
122. 费丽芳：“我国行政审判现状管窥——以湖州市两级法院十五年行政诉讼案件调查为例”，载《浙江社会科学》2005 年第 3 期。
123. 汪庆华：“通过司法的非司法解决：群体性争议中的行政诉讼”，载《政法论坛》2010 年第 4 期。
124. 梁治平：“死亡与再生——《法律与宗教》译后”，载《读书》1998 年第 3 期。
125. ［德］卢曼：“法律的自我复制及其限制”，韩旭译，载《北大法律评论》1999 年第 2 期。
126. 苏力：“制度是如何形成的？——关于马伯里诉麦迪逊案的故事”，载《比较法研究》1998 年第 1 期。
127. 张永和：“民意与司法”，载《云南大学学报（法学版）》2010 年第 5 期。

128. 苏力:“无需法律的秩序”,载《北大法律评论》2004 年第 1 期。
129. 江必新:“在法律之内寻求社会效果”,载《中国法学》2009 年第 3 期。
130. 苏力:“关于能动司法与大调解”,载《中国法学》2010 年第 1 期。
131. 董礼洁,周欣:“行政性司法建议的法定功能与事实功能”,载《人民司法》2011 年第 3 期。
132. 解志勇:“行政诉讼撤诉:问题与对策”,载《行政法学研究》2010 年第 9 期。
133. 黄学贤、丁钰:“行政审判中的司法建议制度运行分析——以江苏法院为视角”,载《行政法学研究》2011 年第 3 期。
134. 汪庆华:“中国行政诉讼:多中心主义的司法”,载《中外法学》2007 年第 5 期。
135. 陈新民:“和为贵——论行政协调的法制改革”,载《行政法学研究》2007 年第 3 期。
136. 徐瑞晃:“行政诉讼撤销之诉在诉讼上之和解”,载《行政契约及新行政法》,元照出版社 2002 年版。
137. 杨建顺、[日] 南博方:“行政诉讼中和解的法理”(上),杨建顺译,载《环球法律评论》2001 年第 4 期。
138. 胡建淼、唐震:“行政诉讼调解、和解抑或协调和解——基于经验事实和规范文本的考量”,载《政法论坛》2011 年第 4 期。
139. 郭星华:“走向法治化的中国社会——我国城市居民法律意识与法律行为的实证研究”,载《江苏社会科学》2003 年第 1 期。
140. 宋智敏:“我国权力结构中的行政诉讼”,载《求索》2012 年第 12 期。
141. 王学辉、邓华平:“行政诉讼制度变迁的经济逻辑——以和谐社会构建为背景”,载《法学评论》2006 年第 1 期。
142. 王学辉:“中国行政审判自我意识的觉醒和发展”,载王学辉主编:《宪法与行政法论坛》(第 5 期),法律出版社 2012 年版。
143. 江必新:“完善行政诉讼制度的若干思考”,载《中国法学》2013 年第 1 期。
144. 张珉:“试论辩论主义的新发展——协同主义”,载《新疆社会科学》2004 年第 6 期。
145. 唐力:“辩论主义的嬗变与协同主义的兴起”,载《现代法学》2005 年第 11 期。
146. 姜世明:“民事诉讼法总论”,载《月旦法学教室》1995 年第 23 卷。
147. 肖建华:“构建协同主义的民事诉讼模式”,载《政法论坛》2006 年第 5 期。
148. 徐军、江厚良:“透视撤诉率:行政诉讼中的法律失效 以法院/法官的行动选择为视角”,载最高人民法院:《探索社会主义司法规律与完善民商事法律制度研究——全国法院第 23 届学术讨论会获奖论文集(上)》,人民法院出版社 2011 年版。
149. 何海波:“行政撤诉考”,载《中外法学》2001 年第 2 期。
150. 邓玮:“法律场域的行动逻辑”,上海大学 2006 年博士学位论文。
151. 林毅夫:“诱致性变迁和强制性变迁”,载 [美] R. 科斯等:《财产权利与制度变迁》,

上海三联出版社 1994 年版。

152. 罗豪才、宋功德："行政法的治理逻辑"，载《中国法学》2011 年第 2 期。

153. 顾培东："中国法治的自主型进路"，载《法学研究》2010 年第 1 期。

154. 黄宗智："悖论社会与现代传统"，载《读书》2005 年第 2 期。

155. 程金华："中国行政纠纷解决的制度选择——以公民需求为视角"，载《中国社会科学》2009 年第 6 期。

（三）其他类

156. 阿些和："行诉法解读（第 3 稿）"，载 http://blog. sina. com. cn/s/blog_ 690414ba0102vgsb. html，最后访问时间：2015 年 3 月 8 日。

157. "浙江宁海 361 名村民不服征地审查状告省政府案"，载 http://news. ifeng. com/mainland/detail_ 2010_ 05/22/1542688_ 0. shtml，最后访问时间：2014 年 12 月 20 日。

158. "广东廉江官员：很多律师不懂法忽悠村民告政府"，载 http://news. qq. com/a/20141203/002517. htm，最后访问时间：2014 年 12 月 20 日。

159. "广东廉江村民就土地纠纷状告市长被驳回"，载 http://news. xinhuanet. com/legal/2011-04/02/c_ 121262816. htm，最后访问时间：2014 年 12 月 20 日。

160. "广东廉江 800 村民状告市长等人侵占土地"，载 http://news. 163. com/09/0805/23/5G063SU700011229. html，最后访问时间：2014 年 12 月 20 日。

161. "云南晋宁征地冲突"，载 http://news. sina. com. cn/c/z/ynjnzdct2014/，最后访问时间 2015 年 12 月 30 日。

162. "陇西征地冲突事件"，载 http://yuqing. people. com. cn/n/2014/1204/c210114-26148210. html，最后访问时间：2015 年 8 月 30 日。

163. 叶逗逗："'民告官'在夹缝中生存"，载 http://www. sachina. edu. cn/Htmldata/news/2009/04/5166. html，最后访问时间：2015 年 10 月 14 日。

164. 梅春来：载 http://blog. ifeng. com/article/35074189. html，最后访问时间：2015 年 9 月 2 日。

165. "前检察官杨斌改行做律师　须证明 14 岁后无犯罪记录"，载 http://www. chinanews. com/sh/2015/07-26/7427466. shtml，最后访问时间：2015 年 9 月 8 日。

166. "周强：2013 年各级法院审结案件 9716 件"，载 http://legal. gmw. cn/2014-03/10/content_ 10631546. htm，最后访问时间：2014 年 5 月 17 日。

167. "称地方法规无效，洛阳种子案法官未被撤职"，载 http://news. 163. com/2004w02/12454/2004w02_ 1076030637797. html，最后访问时间：2013 年 10 月 27 日。

168. "省以下地方法院、检察院'人财物统一管理'的喜与忧"，载 http://news. xinhuanet. com/legal/2014-06/27/c_ 1111342347. htm，最后访问时间：2014 年 8 月 30 日。

169. "司法改革：审判独立的前提是人格独立"，载 http://paper. oeeee. com/nis/201312/

01/146352. html，最后访问时间：2015 年 6 月 6 日。
170. “法官被同事踢断 3 根肋骨，领导叮嘱单位内部解决”，载 http://news. qq. com/cmsn/20140326/20140326001173，最后访问时间：2015 年 9 月 30 日。
171. 孙静：“一名辞职法官的遗憾”，载 http://news. youth. cn/sh/201407/t20140719_ 5537742_ 3. htm ，最后访问时间：2014 年 9 月 19 日。
172. 吴邦国：“中国特色社会主义法律体系已经形成”，载 http://www. chinanews. com/gn/2011/03-10/2895965. shtml，最后访问时间：2014 年 11 月 3 日。
173. 周斌：“多地法院发布 2013 年度行政审判白皮书”，载 http://legal. china. com. cn/2014-09/02/content_ 33404898. htm，最后访问时间：2014 年 10 月 2 日。
174. 重庆高级人民法院 2014 年《行政审判白皮书》，载 http://www. legaldaily. com. cn/Court/content/2015-07/14/content_ 6168687. htm? node=53949，最后访问时间：2015 年 7 月 14 日
175. “行政机关败诉案去年 450 宗”，载 http://news. dayoo. com/guangzhou/201507/01/10002080_ 111695733. htm，最后访问时间，2015 年 8 月 1 日。
176. “告赢住建局却遇执行难，官赖奈何?”，载 http://sz. house. sina. com. cn/news/2015-07-02/0809602216405938502496l. shtml，最后访问时间：2015 年 7 月 2 日。
177. “陕西国土厅否了法院判决 导致矿权纠纷矛盾激化”，载 http://news. xinhuanet. com/legal/2010-07/20/c_ 12350550. htm，最后访问时间：2013 年 7 月 20 日。
178. “东莞一镇政府连日登报骂法院续：已向法院道歉”，载 http://i. ifeng. com/news/sharenews. f? aid=104238973&from=timeline&isappinstalled=0，最后访问日期 2015 年 12 月 17 日。
179. “倪顺义锤击女副科长 状告社保局终审胜诉”，载 http://news. sznews. com/content/2011-06/01/content_ 5701122. htm，最后访问时间：2014 年 6 月 6 日。
180. 吴亚东：“福建：政府法院良性互动行政机关败诉率降至 9%”，载 http://www. legaldaily. com. cn/zt/content/2013-10/21/content_ 4946807. htm? node=41441，最后访问时间：2014 年 10 月 30 日。
181. “行政机关未及时书面回复败诉占一半”，载 http://cq. qq. com/a/20150714/017836. htm，最后访问时间：2015 年 8 月 19 日。
182. “2014 年度行政审判白皮书：浦东法院‘民告官’案同比上升 48%”，载 http://sh. eastday. com/m/20150527/u1a8728223. html，最后访问时间：2015 年 8 月 3 日。
183. 最高人民法院行政判决书［2001］行提字第 2 号。
184. 江苏省兴化市人民法院行政裁定书［2003］兴法行初字第 14 号。

二、外文类参考文献

185. Engen Ehrlich, *Fundamental Principles of the sociology of law*, transl. W. L. Moll (Cambridge,

Mass.), 1936.

186. Lawrence M. Friedman, Stewart Macaulay, *Law and the Behavioral Sciences* (2nd ed.), Indianapolis, in Bobbs-Merrill, 1977.

187. Roscoe Pound, "Law in book and Law in Action", *in American Law Rev*, 1910, Vol. 44.

188. O. W. Holmes, T*he Common Law*, Macmillan, 1968.

189. Tom R. Tyler, *Why People Obey the Law*, Princeton: Yale University Press, 1990.

190. Henry Campbell, *Black's Law Dictionary* : *Definitions of the Terms and Phrases of American and English Jurisprudence*, Ancient and Modern 6th ed. West Publish Co. 1990.

191. RH Mnookin, L Kornhauser, "Bargaining in the Shadow of the Law: the Class of Divorce", *Yale Law Journal*, 1979, 88 (5).

192. Mary E. Gallagher, *Mobilizing the Law in China*: *Informed Disenchantment and the Development of Legal Consciousness*, (Unpublished Manuscript).

附　录

行政诉讼运作状况调查问卷

（普通民众卷）

尊敬的女士/先生：

您好！为了了解我国行政诉讼实施的真实现状，听取您对我国行政诉讼制度的宝贵意见和建议，我们设计并实施了此次问卷调查。本次调查采无记名方式，涉及的个人信息将会受到充分尊重和保护。调查问卷中的问题，如无特别说明均为单选题，在所列选项中选择一项打√即可；如作了特别说明，您可选择多项；您还可在空白处写下您的具体意见。

填写问卷占用了您的宝贵时间，在此谨对您的支持帮助表示衷心感谢！

2013 年 8 月 7 日

1. 目前为止，您作为当事人参与过几次行政诉讼？

①一次　　②二次　　③三次　　④更多

2. 在您作为原告参与的行政诉讼中，以下列哪种方式结案最多？

①判决结案　　②协调和解　　③其他（　　）

3. 在上次的行政诉讼中，通过和解撤诉是您主动提起的吗？

①是　　②不是

4. 在上次的行政诉讼中，是谁建议您通过和解撤诉的？

①法院　　②被告　　③律师

5. 在上次的行政诉讼中，您是自愿通过和解撤诉的吗？

①是　　②不是

6. 在上次的行政诉讼中，您对和解撤诉的结果还满意吗？

①满意　　②勉强接受　　③不满意

7. 您认为通过和解撤诉的这种方式好不好？

①很好　　②权宜之计、无奈之举　　③不好

8. 在未来的行政诉讼中，您有可能会主动选择通过和解撤诉吗？

①会　　②看情况　　③不会

9. 上次通过和解撤诉后，行政争议得到妥善解决了吗？

①有　　②没有　　③部分解决

10. 您认为和解撤诉这种方式存在哪些问题？

①维权不力　　②时间过长　　③执行不力　　④操作困难

⑤其他：（　　）

11. 您认为和解撤诉这种方式能否修复您和行政机关的紧张关系？

①可以　　②不可以　　③可以修复部分

12. 作为原告，您最初提起行政诉讼的目的是什么？

①输赢无所谓，就是出口气　　②打赢官司

③捍卫公民的权利和尊严

④尽量挽回损失，哪怕不能全部挽回也无所谓　　⑤其他（　　）

13. 凭您的经验，要赢得官司，最重要的是什么？

①法律知识　　②好律师　　③钱　　④社会关系

⑤捍卫权利的信念　⑥遇到一个好法官　⑦其他（　　）

14. 您认为，行政案件中，如果作为被告的行政机关败诉，它会执行法院的判决吗？

①积极履行　　②不予理睬　　③实在没有办法时才履行

④其他（　　）

15. 您认为现实中，行政审判难吗？

①难　　②不难　　③不太难

16. 您认为导致行政审判难最主要的三个原因是什么？（限选三项）

①行政审判人员素质不高　　②各级领导不重视

③原告取证难　　④判决执行难　　⑤行政机关干预

⑥法律法规不健全　　⑦群众不懂法

17. 您是否同意下面的看法，“要求行政机关完全‘依法办事’是不可能的，因为存在很多特殊情况，法律也还不完善”。

①完全赞成　　②比较赞成　　③比较不赞成　　④完全不赞成

18. 您是否同意下面的看法，“行政审判只是一种形式，实际解决不了什么问题”。

①同意　　②不同意　　③不完全同意

最后，您对完善我国诉讼和解制度还有哪些具体意见，请写在下面：

行政诉讼运作状况调查问卷

（律师卷）

尊敬的女士/先生：

您好！为了了解我国行政诉讼实施的真实现状，听取您对我国行政诉讼制度的宝贵意见和建议，我们设计并实施了此次问卷调查。本次调查采无记名方式，涉及的个人信息将会受到充分尊重和保护。调查问卷中的问题，如无特别说明均为单选题，在所列选项中选择一项打√即可；如作了特别说明，您可选择多项；您还可在空白处写下您的具体意见。

填写问卷占用了您的宝贵时间，在此谨对您的支持帮助表示衷心感谢！

2013年8月7日

1. 目前为止，您作为律师参与过几次行政诉讼？

①一次　②二次　③三次　④更多

2. 在您作为律师参与的行政诉讼中，以下列哪种方式结案最多？

①判决结案　②协调和解　③其他（　）

3. 在上次的行政诉讼中，是您建议当事人通过和解的方式撤诉的吗？

①是　②不是

4. 在上次的行政诉讼中，您对和解撤诉的结果还满意吗？

①满意　②勉强接受　③不满意

5. 您认为通过和解撤诉的这种方式好不好？

①很好　②权宜之计、无奈之举　③不好

6. 在未来的行政诉讼中，您有可能会主动选择通过和解撤诉吗？

①会　②看情况　③不会

7. 上次通过和解撤诉后，行政争议得到妥善解决了吗？

①有 ②没有 ③部分解决

8. 您认为和解撤诉这种方式存在哪些问题?

①维权不力 ②时间过长 ③执行不力 ④操作困难

⑤其他:( )

9. 您认为和解撤诉这种方式能否修复原告和行政机关的紧张关系?

①可以; ②不可以; ③可以修复部分

10. 作为行政诉讼的律师,您认为提起诉讼的目的是什么?

①输赢无所谓,就是出口气 ②打赢官司

③捍卫公民的权利和尊严

④尽量挽回损失,哪怕不能全部挽回也无所谓

⑤其他( )

11. 凭您的经验,要赢得官司,最重要的是什么?

①法律知识 ②好律师 ③钱 ④社会关系

⑤捍卫权利的信念 ⑥遇到一个好法官 ⑦其他( )

12. 您认为,行政案件中,如果作为被告的行政机关败诉,它会执行法院的判决吗?

①积极履行 ②不予理睬 ③实在没有办法时才履行

④其他( )

13. 为了最大限度维护当事人的权益,您作为一个律师常常会作何选择?

①只要能维护当事人的合法权益,可以不惜一切代价,甚至牺牲个人的利益

②点到即止,不愿意付出更多精力

③帮助当事人采取折中的方式,尽量不伤和气地解决问题

④其他( )

14. 您认为现实中,行政审判难吗?

①难 ②不难 ③不太难

15. 您认为导致行政审判难最主要的三个原因是什么?(限选三项)

①行政审判人员素质不高 ②各级领导不重视

③原告取证难 ④判决执行难 ⑤行政机关干预

⑥法律法规不健全 ⑦群众不懂法

16. 您是否同意下面的看法,“要求行政机关完全‘依法办事’是不可能

的，因为存在很多特殊情况，法律也还不完善”。

①完全赞成　　②比较赞成　　③比较不赞成

④完全不赞成

17. 您是否同意下面的看法，“行政审判只是一种形式，实际解决不了什么问题”。

①同意　　②不同意　　③不完全同意

最后，您对完善我国诉讼和解制度还有哪些具体意见，请写在下面

____

行政诉讼运作状况调查问卷

（行政人员卷）

尊敬的女士/先生：

您好！为了了解我国行政诉讼制度实施的真实现状，听取您对我国行政诉讼的宝贵意见和建议，我们设计并实施了此次问卷调查。本次调查采无记名方式，涉及的个人信息将会受到充分尊重和保护。调查问卷中的问题，如无特别说明均为单选题，在所列选项中选择一项打√即可；如作了特别说明，您可选择多项；您还可在空白处写下您的具体意见。

填写问卷占用了您的宝贵时间，在此谨对您的支持帮助表示衷心感谢！

2013 年 8 月 7 日

1. 目前为止，您作为行政人员参与过几次行政诉讼？

①一次　　②二次　　③三次　　④更多

2. 在您作为行政人员参与的行政诉讼中，以下列哪种方式结案最多？

①判决结案　　②协调和解　　③其他（　　）

3. 在上次的行政诉讼中，是贵单位建议当事人通过和解的方式撤诉的吗？

①是　　②不是

4. 在上次的行政诉讼中，您对和解撤诉的结果还满意吗？

①满意　　②勉强接受　　③不满意

5. 您认为通过和解撤诉的这种方式好不好？

①很好　　②权宜之计、无奈之举　　③不好

6. 在未来的行政诉讼中，您有可能会主动选择通过和解撤诉吗？

①会　　②看情况　　③不会

7. 上次通过和解撤诉后，行政争议得到妥善解决了吗?

①有　②没有　③部分解决

8. 您认为和解撤诉这种方式存在哪些问题?

①维权不力　②时间过长　③执行不力　④操作困难

⑤其他：(　　)

9. 您认为和解撤诉这种方式能否修复原告和行政机关的紧张关系?

①可以　②不可以；　③可以修复部分

10. 假如贵单位被人告了，您认为你们会怎么办?

①认真准备应诉　②不与理睬　③设法让原告撤诉

④请上级出面与法院协商解决　⑤其他（　）

11. 凭您的经验，要赢得官司，最重要的是什么?

①法律知识　②好律师　③钱　④社会关系

⑤捍卫权利的信念　⑥遇到一个好法官　⑦其他（　　）

12. 您认为，行政案件中，如果作为被告的行政机关败诉，它会执行法院的判决吗?

①积极履行　②不予理睬　③实在没有办法时才履行

④其他（　　）

13. 您认为现实中，行政审判难吗?

①难　②不难　③不太难

14. 您认为导致行政审判难最主要的三个原因是什么?（限选三项）

①行政审判人员素质不高　②各级领导不重视

③原告取证难　④判决执行难　⑤行政机关干预

⑥法律法规不健全　⑦群众不懂法

15. 您是否同意下面的看法，“要求行政机关完全‘依法办事’是不可能的，因为存在很多特殊情况，法律也还不完善”。

①完全赞成　②比较赞成　③比较不赞成

④完全不赞成

16. 您是否同意下面的看法，“行政审判只是一种形式，实际解决不了什么问题”。

①同意　②不同意　③不完全同意

17. 上次通过和解撤诉后，行政争议得到妥善解决了吗？

①有　　　　　　　②没有　　　　　　　③部分解决

最后，您对完善我国诉讼和解制度还有哪些具体意见，请写在下面：

____

后　记

若非导师鼓励我将自己的博士论文整理成书，或许我这辈子也不会这么做，因为自我感觉前期成果还是差强人意的。按照最初的计划，这篇博士论文应该立足于行政诉讼的司法实践，通过实地走访一定数量和地区的法官，调研若干各级法院，了解法官们处理案件的工作经验与智慧，熟悉法院的日常办案习惯与实际方式。只是囿于个人的性情、能力和精力，最终只是分别访谈了全国最高人民法院法官3名、高级法院法官2名、中级人民法院法官3名和基层法院法官5名，实地调研了基层法院2个。故而，这本书的最终呈现就和当初的立意有了差距，成稿的质量也不免遗憾。

尽管如此，读博的这段时光却是无比充实和令人难忘的。这四年里，我经历了太多，学习、工作、生活……作为一名女性到底该如何平衡妻子、母亲、女儿这一系列角色，如何把碎片化的时间化零为整？孩子需要陪伴，自己的学习也不能懈怠；家庭需要照顾，自己的工作也不能敷衍。于是，等待孩子学游泳的时候，我在手机上查阅资料；孩子做作业的时候，我在旁边备课；待家人睡觉了，我又回到书房继续看书码字……非常开心能有这样的经历，因为这些对我而言并不是磨难。忙碌的生活也让自己的内心世界更加丰富多彩，让自己的精神得到了升华。毕竟生活的质感不仅仅在于锦衣玉食，而在于有更多追求的可能。一个人只要能够妥当安排时间、提高效率，是可以身兼数职的，我享受这个过程。

非常感谢我调研的两个法院的领导和行政庭的法官们，他们不但帮我设计和完善调查问卷还不辞劳苦地帮我分发和回收问卷。很庆幸，我能遇到不嫌弃我愚钝，并时刻提携我的老师；能遇到始终默默理解我、支持我的家人；能遇到非常热情和耐心帮助我的师兄师姐；能遇到不厌其烦帮我润色排版的编辑……我要感谢的人如此之多，以至于我无法在这里一一表示我的谢意。

写作过程是一个人的狂欢，但因为有你们的关心，我的学术生活不再孤单。“秀才人情纸半张”，我把前期成果出版成书也算是对你们的致谢和报答，同时也算是对我自己的一个交代。

作为一个天资并不算聪颖的孩子，年少的时候，从未想过自己会发表文章，更遑论出版专著。从我出生至今，三十几年来从没有一蹴而就的精明和侥幸，每当想完成一件事情的时候，只能先确定一个方向，然后“不急忙，不懈怠”一步一个脚印地追求，矢志不渝。“玩要玩个痛快，学要学个踏实”，李大钊先生这句话始终是没有过时的。

如今这本书终于面世了，书中难免错漏，还望大家包涵，并不吝赐教。

梁 潇

2018 年 3 月 30 日于重庆渝北